JOGOS
de empresas
fundamentos para competir

EDITORA
intersaberes

O selo DIALÓGICA da Editora InterSaberes faz referência às publicações que privilegiam uma linguagem na qual o autor dialoga com o leitor por meio de recursos textuais e visuais, o que torna o conteúdo muito mais dinâmico. São livros que criam um ambiente de interação com o leitor – seu universo cultural, social e de elaboração de conhecimentos –, possibilitando um real processo de interlocução para que a comunicação se efetive.

Rosinda Angela da Silva
Paulo Roberto Franco

Jogos de empresas:
fundamentos para competir

Rua Clara Vendramin, 58 . Mossunguê . CEP 81200-170
Curitiba . PR . Brasil . Fone: (41) 2106-4170
www.intersaberes.com . editora@editoraintersaberes.com.br

Conselho editorial	Dr. Ivo José Both (presidente)
	Drª Elena Godoy
	Dr. Nelson Luís Dias
	Dr. Neri dos Santos
	Dr. Ulf Gregor Baranow
Editora-chefe	Lindsay Azambuja
Supervisora editorial	Ariadne Nunes Wenger
Analista editorial	Ariel Martins
Preparação de originais	Mariana Bordignon
Edição de texto	Irinêo Netto
	Arte e Texto Edições e Revisão de Textos
	Natasha Saboredo
Capa	Laís Galvão (*design*)
	Titov Nikolai, Evannovostro e Gun/Shutterstock (imagens)
Projeto gráfico	Charles L. da Silva
Diagramação	Conduta Design
Equipe de *design*	Laís Galvão
	Charles L. da Silva
Iconografia	Celia Kikue Suzuki
	Regina Claudia Cruz Prestes

1ª edição, 2018.
Foi feito o depósito legal.

Informamos que é de inteira responsabilidade dos autores a emissão de conceitos.

Nenhuma parte desta publicação poderá ser reproduzida por qualquer meio ou forma sem a prévia autorização da Editora InterSaberes.

A violação dos direitos autorais é crime estabelecido na Lei n. 9.610/1998 e punido pelo art. 184 do Código Penal.

Dados Internacionais de Catalogação na Publicação (CIP)
(Câmara Brasileira do Livro, SP, Brasil)

Silva, Rosinda Angela da
   Jogos de empresas: fundamentos para competir/ Rosinda Angela da Silva, Paulo Roberto Franco. Curitiba: InterSaberes, 2018.

   Bibliografia.
   ISBN 978-85-5972-780-7

   1. Aprendizagem organizacional – Administração 2. Competitividade 3. Desenvolvimento profissional 4. Estratégia empresarial 5. Jogos de empresas 6. Marketing – Administração I. Franco, Paulo Roberto. II. Título.

18-17196   CDD-658.4

Índices para catálogo sistemático:
1. Jogos de aprendizagem: Programas educacionais: Administração de empresas   658.4

Iolanda Rodrigues Biode – Bibliotecária – CRB-8/10014

Sumário

Apresentação	11
Como aproveitar ao máximo este livro	17
Introdução	21

CAPÍTULO 1
Jogos de empresas como ferramenta de aprendizado — 25
- Diferentes formas de aprender — 27
- Universo dos jogos — 30
- Teoria dos jogos — 35
- Jogo de empresas: uma forma lúdica de aprender — 37

CAPÍTULO 2
Mundo simulado — 49
- Compreendendo o mundo simulado — 51
- Elementos que compõem um mundo simulado — 53
- Escopo genérico de um jogo de empresas — 62

CAPÍTULO 3
Estudo das estratégias — 73
- Conceito de planejamento — 76
- Conceito de estratégia — 77
- Estratégia nos jogos de empresas — 79
- Estratégias genéricas de Porter no contexto dos jogos de empresas — 83
- *Balanced Scorecard* (BSC) — 90
- Construindo cenários — 94

CAPÍTULO 4
Marketing — 105
- Definição e contextualização de *marketing* — 107
- Alguns tipos de *marketing* — 109
- Planejamento de *marketing* — 111
- Composto de *marketing* — 115

CAPÍTULO 5
Produção — 137
- Conceito de *input-process-output* — 140
- Escolha da localização da empresa — 143
- Sistemas de produção — 144
- Definição da capacidade — 152
- Gestão dos estoques — 157
- Escolha dos fornecedores — 172

CAPÍTULO 6
Gestão de pessoas — 179
- Desafio da gestão de pessoas na atualidade — 181
- Importância do capital humano nas organizações — 183
- Trabalho em equipe — 186
- Coordenação de equipes eficientes — 188
- Contratação de pessoas — 190
- Salários e benefícios — 193
- Sindicatos e greves — 196

CAPÍTULO 7
Gestão financeira — 203
- Importância da gestão financeira — 205
- Análise do Fluxo de Caixa — 209
- Avaliar os benefícios da provisão dos tributos — 211
- Pagamentos de fornecedores e recebimentos de clientes — 212
- Empréstimos, financiamentos e investimentos — 214
- Identificação dos desperdícios financeiros — 220
- Relevância dos tributos — 228
- Taxas de juros de mercado — 235

CAPÍTULO 8
Estudo dos custos — 241
- Importância dos estudos dos gastos — 243
- Custos — 246
- Despesas — 250
- Investimentos — 251
- Perdas — 252
- Desperdícios — 252
- Controle dos custos — 255

CAPÍTULO 9
Demonstrativos e índices econômico-financeiros — 263
- Importância dos demonstrativos contábeis — 265
- Demonstrativo do Fluxo de Caixa — 266
- Demonstrativo do Resultado do Exercício — 270
- Balanço Patrimonial — 272
- Índices econômico-financeiros — 274

Estudo de caso — 287
Para concluir... — 295
Referências — 297
Respostas — 307
Sobre os autores — 319

Ao meu filho Alexsandro, o estrategista apaixonado por jogos de computador; e aos meus alunos, que me desafiam a melhorar continuamente.

Rosinda Angela da Silva

À família, pelo amor, carinho e compreensão, ao grupo evolutivo, pelo estímulo na busca da evolução pessoal, e, principalmente, à Rosinda, pelas habilidades que admiro tanto, pela convivência e pelo convite para compartilhar este trabalho, além da agradável companhia em nossas horas de pesquisa.

Paulo Roberto Franco

Apresentação

Aprender fazendo. Esse é o anseio da maioria das pessoas que estuda ou participa de uma capacitação. É possível analisar essa situação por duas perspectivas. Na primeira, as empresas buscam colaboradores "com experiência". Mas como estudantes universitários podem ter experiência se ainda não estão no mercado de trabalho? Na segunda, profissionais de mercado buscam desenvolver novas competências em cursos de capacitação de diversas naturezas (qualificação profissional, extensão, pós-graduação, técnico ou outros) e se deparam com o seguinte desafio: Como ampliar suas perspectivas participando de um curso baseado em teoria, aula expositiva dialogada e *slides*?

Os estudantes que chegam às universidades hoje e os jovens que estão entrando no mercado de trabalho nesse momento pertencem a uma geração extremamente inquieta, curiosa e acostumada com a tecnologia. Desde a mais tenra idade possuem computadores, *tablets, smartphones, e-books, e-readers,* GPS, aplicativos, *videogames* e ainda interagem nas redes sociais diariamente. Com tanto estímulo, são ativos e querem ser desafiados, porque acreditam em seu potencial e não têm paciência para "esperar" as coisas acontecerem. Eles querem fazer parte do momento da construção de seu aprendizado e de sua carreira.

Todos esses elementos têm pressionado positivamente as instituições em geral a sair da zona de conforto e a buscar diferentes metodologias de ensino que chamem a atenção desse novo perfil de estudante e de profissional. Uma das metodologias que têm sido adotadas é o **jogo de empresas** – uma ferramenta que permite a esses jovens irrequietos trabalhar em equipe e aplicar o conteúdo que aprenderam em um ambiente simulado.

Na área de Administração, meio em que este livro encontrará seu maior público, durante todo o curso de graduação, o estudante acessa diversos conteúdos, dezenas de teorias, métodos e ferramentas de gestão, mas nem sempre é possível acessar a prática. Por isso, a metodologia de jogos de empresas usando *softwares* de simulação tem sido introduzida nas grades curriculares. Porém, para ampliar as chances de sucesso, é preciso preparar esse novo profissional para que ele consiga participar de uma experiência de jogo de empresas de maneira mais produtiva.

Com esse propósito, este livro foi dividido em nove capítulos. Os conhecimentos essenciais para preparar um profissional ou interessado na área foram cuidadosamente desenvolvidos para dar o necessário suporte teórico. Assim, no Capítulo 1, faremos uma abordagem sobre a importância das metodologias ativas como ferramenta de aprendizado, na qual os jogos de empresas preenchem a lacuna da falta de prática em muitos cursos de graduação, extensão ou formação técnica da área de gestão e afins. Apresentaremos os objetivos da metodologia e os tipos de jogos mais conhecidos e enfatizaremos os benefícios advindos da participação de uma vivência de jogo de empresas.

No entanto, para colher os frutos da experiência prática dos jogos de empresas, é preciso estar preparado. Dessa forma, no Capítulo 2, explicaremos o que é o mundo simulado e suas principais características. Com isso, o participante entenderá que, ainda que os *softwares* apresentem restrições e não retratem todas as rotinas de uma empresa real, o conteúdo abordado é mais que suficiente para compreender a interação entre as áreas. No capítulo, também abordaremos os atores do mundo simulado (instituições que representam empresas reais), como o governo, os fornecedores, os concorrentes e os clientes, e como interagem.

Para ganhar um jogo, é preciso ter uma estratégia. Assim, no Capítulo 3 focaremos os principais conceitos atrelados a esse conhecimento, como o conceito de planejamento e de estratégia, a importância de a empresa conhecer seus pontos fortes e fracos usando a matriz SWOT (*Strengths, Weaknesses, Opportunities and Threats*, que foi traduzida para o português como FOFA: Forças, Oportunidades, Fraquezas e Ameaças), as estratégias genéricas de Porter e o *Balance Scorecard* (BSC). Ainda nesse capítulo, comentaremos a respeito da importância da construção de cenários. Também será indicado que, depois que a equipe analisar a SWOT, escolher a estratégia e aplicar o BSC, poderão ser construídos cenários para preparar a empresa diante das adversidades.

No Capítulo 4, discutiremos os importantes conceitos de *marketing*. Além de apresentar diferentes tipos de *marketing*, esclareceremos a importância de as empresas desenvolverem bons planos nessa área. Para tal, é preciso compreender o que é o produto, que necessidade ele supre, em que fase do ciclo de vida se encontra, quem é o cliente e como fazer para encantá-lo. Como metodologia de apoio, apresentaremos o composto de *marketing* (também conhecido como 4Ps: produto, preço, praça e promoção, ou *mix de marketing*) com o objetivo de munir a equipe de conhecimento para traçar uma estratégia consistente.

Depois de compreender os objetivos do jogo de empresas e a importância de se ter uma estratégia e estudar os conceitos de *marketing*, o próximo passo será realizar um *"tour* pela produção" na empresa do mundo simulado. No Capítulo 5, abordaremos os principais conceitos da gestão de produção que podem ser utilizados nos jogos de empresas. Trataremos de temas como a importância em escolher uma boa localização para a empresa, os tipos de processos de manufatura, o cálculo simplificado da capacidade produtiva e o cuidado que se deve ter com estoques em razão dos custos que acarretam.

No Capítulo 6, postulamos como tema central a gestão de pessoas. A ênfase estará no trabalho em equipe, que, no jogo de empresas, é crucial para o sucesso na competição. No entanto, alguns assuntos voltados para a parte operacional da gestão de pessoas também farão parte do estudo: contratação, remuneração, capacitação e retenção de talentos nas organizações.

Continuando a construção da base do conhecimento para empreender em um jogo de empresas, no Capítulo 7 destacaremos informações essenciais para a gestão financeira em uma organização. Serão apresentadas as principais atividades desenvolvidas no departamento financeiro, bem como as principais decisões tomadas pelos gestores dessa área, além dos riscos e desafios que se apresentam diariamente nas organizações.

No Capítulo 8, trabalharemos com os conceitos de custos que ocorrem em uma organização real, porque é importante que o gestor do futuro compreenda a importância do gerenciamento e do controle dos custos. Para atingir esse propósito, serão apresentadas as diferenças entre os termos *custos diretos, custos indiretos, custos fixos, custos variáveis, gastos, despesas, investimentos,* entre outros. Isso é importante porque os custos altos atrapalham as organizações em seu desejo de serem mais competitivas.

Finalmente, no Capítulo 9, abordaremos os demonstrativos contábeis e financeiros — Demonstrativo do Fluxo de Caixa (DFC), Demonstrativo do Resultado do Exercício (DRE) e Balanço Patrimonial (BP) — e também os índices de liquidez, estrutura, atividade e rentabilidade.

Todo esse conteúdo tem o objetivo de munir os gestores das empresas do mundo simulado com todas as informações necessárias para a tomadas de decisões assertivas e que mantenham a equipe na competição com resultados positivos.

Diante desse desafio, nossa proposta é que não apenas estudantes dos cursos da área de gestão, mas também profissionais de diversas outras áreas possam utilizar esta obra como base preparatória para a participação em jogos de empresas, até porque uma empresa envolve várias áreas.

Você aceita esse desafio?

Como aproveitar ao máximo este livro

Este livro traz alguns recursos que visam enriquecer o seu aprendizado, facilitar a compreensão dos conteúdos e tornar a leitura mais dinâmica. São ferramentas projetadas de acordo com a natureza dos temas que vamos examinar. Veja a seguir como esses recursos se encontram distribuídos no decorrer desta obra.

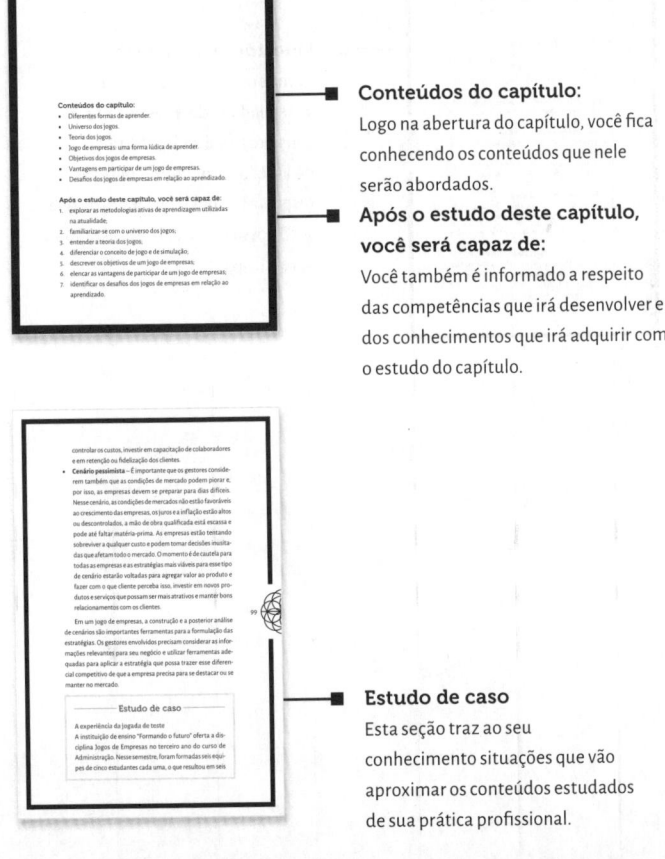

Conteúdos do capítulo:
Logo na abertura do capítulo, você fica conhecendo os conteúdos que nele serão abordados.

Após o estudo deste capítulo, você será capaz de:
Você também é informado a respeito das competências que irá desenvolver e dos conhecimentos que irá adquirir com o estudo do capítulo.

Estudo de caso
Esta seção traz ao seu conhecimento situações que vão aproximar os conteúdos estudados de sua prática profissional.

Síntese

Você dispõe, ao final do capítulo, de uma síntese que traz os principais conceitos nele abordados.

Questões para revisão

Com estas atividades, você tem a possibilidade de rever os principais conceitos analisados. Ao final do livro, o autor disponibiliza as respostas às questões, a fim de que você possa verificar como está sua aprendizagem.

■ Questões para reflexão
Nesta seção, a proposta é levá-lo a refletir criticamente sobre alguns assuntos e a trocar ideias e experiências com seus pares.

■ Para saber mais
Você pode consultar as obras indicadas nesta seção para aprofundar sua aprendizagem.

Introdução

A gestão é uma das áreas que mais exige, como competência do colaborador, a tomada de decisão. Para isso, o gestor precisa de conhecimento técnico e prático.

As instituições de ensino oferecem em suas estruturas curriculares inúmeras disciplinas que visam preparar o futuro gestor para tomar decisões assertivas assumindo riscos calculados. Por mais que os conteúdos sejam ótimos, atualizados e dinâmicos, que os professores deem um *show* em sala de aula, que a estrutura física seja confortável, que as bibliotecas e os laboratórios ofereçam suporte ao estudante ou treinando, ainda assim falta uma coisa: a prática.

Como tomar decisões embasadas apenas na teoria? Defendemos que a teoria é de extrema importância para formar gestores que desenvolvam suas competências intelectuais, técnicas, de relacionamento, de organização, de liderança, de solucionador de conflitos, de planejador, entre outras situações, mas a prática é fundamental.

O problema não está no conteúdo curricular, e sim na metodologia utilizada por muitas instituições, nas quais o participante é mero expectador da apresentação de extensos conteúdos, tendo um papel apenas passivo. O lado positivo é que se percebe um movimento, principalmente nos cursos da área de gestão, e muitas instituições de ensino têm buscado modelos diferenciados para capacitar os estudantes ou treinandos. Diversas metodologias são testadas com o propósito de prepará-los melhor para a futura profissão. Entre elas, os jogos de empresas estão obtendo um destaque especial. E por quê?

Porque o jogo de empresas proporciona ao estudante ou treinando a possibilidade de aprender testando as ferramentas e as teorias aprendidas, simulando cenários, errando, corrigindo, analisando criticamente, discutindo com a equipe a melhor estratégia, planejando, preparando, executando, monitorando e controlando, em suma: fazendo.

Hoje, a informação é veloz e os cenários modificam-se constantemente. Para continuarem competitivas no mercado, as empresas necessitam de colaboradores que tenham visão de negócio, sejam arrojados, comprometidos e que tomem decisões pautadas pelos números, mas também pelo bom senso. Para isso, eles devem saber o que estão fazendo. Mas como desenvolver esse perfil sem a oportunidade de praticar?

Nesse sentido, a utilização de jogos de empresas pelas instituições de ensino está em franco crescimento, pois é uma metodologia que estimula o aprendizado e proporciona aos estudantes e treinandos "testar" o mundo real em um ambiente protegido: o mundo da simulação.

O jogo de empresas como ferramenta de apoio ao aprendizado tem auxiliado os participantes a avançar rapidamente na compreensão dos conteúdos teóricos apresentados durante os cursos. Esse avanço é notório após os estudantes ou treinandos passarem pela vivência de um jogo de empresas.

No entanto, para participar de um jogo de empresas, o estudante ou treinando precisa estar preparado. Isso significa dizer que não é produtivo levar equipes de estudantes ou treinandos para laboratórios e explicar as regras do simulador se eles não têm os conhecimentos elementares para a gestão de um negócio.

Perceba que cada instituição pode utilizar um tipo de *software* de simulação diferente, pois várias empresas já disponibilizam jogos de empresas (*jogos de negócios*, *jogos corporativos*, como também são chamados) no mercado. Mas os conhecimentos a respeito de como funcionam as principais áreas empresariais que são retratadas no mundo simulado independem do *software*.

Este livro foi escrito com o intuito de acelerar o processo de resgate dos principais ensinamentos da área de administração e propiciar aos participantes de um jogo de empresas explorar tudo o que a ferramenta pode dar de contribuição para a sua formação. A meta é apresentar as principais noções necessárias para que as equipes adentrem no mundo simulado seguras dos conhecimentos prévios para uma boa competição.

1
JOGOS DE EMPRESAS COMO FERRAMENTA DE APRENDIZADO

Conteúdos do capítulo:
- Diferentes formas de aprender.
- Universo dos jogos.
- Teoria dos jogos.
- Jogo de empresas: uma forma lúdica de aprender.
- Objetivos dos jogos de empresas.
- Vantagens em participar de um jogo de empresas.
- Desafios dos jogos de empresas em relação ao aprendizado.

Após o estudo deste capítulo, você será capaz de:
1. explorar as metodologias ativas de aprendizagem utilizadas na atualidade;
2. familiarizar-se com o universo dos jogos;
3. entender a teoria dos jogos;
4. diferenciar o conceito de jogo e de simulação;
5. descrever os objetivos de um jogo de empresas;
6. elencar as vantagens de participar de um jogo de empresas;
7. identificar os desafios dos jogos de empresas em relação ao aprendizado.

APRENDER FAZENDO É algo que, sem dúvida, os estudantes desejam, independentemente do curso que façam. Por quê? Porque o ser humano tem como premissas para o aprendizado: compreender para que serve o conceito; visualizar onde ou em que momento utilizará tal conhecimento; e, por fim, sentir-se desafiado a mostrar na prática o que aprendeu.

Diferentes formas de aprender

As formas tradicionais de ensino e aprendizagem, ainda praticadas por muitas instituições e muitos professores, já não chamam tanta atenção dos estudantes. Para atender às novas perspectivas de profissionais que passam por capacitações, as instituições de ensino, em geral, têm buscado inserir novas metodologias que façam do momento de aprendizado uma experiência única para que o conhecimento seja apreendido na maior proporção possível.

A preocupação com a mudança das metodologias de ensino não é recente. Entre tantos estudos realizados com o objetivo de alertar que existem outras maneiras de compartilhar conhecimento além da lousa, do giz e das aulas expositivas (quando apenas o professor expõe o conteúdo e o estudante é passivo na construção de seu conhecimento), apresentamos o exemplo do professor americano Edgar Dale.

Em 1946, o professor Edgar Dale publicou o livro *Audio-Visual Methods in Teaching*, no qual apresenta o **cone do conhecimento**, também nomeado por alguns autores como *pirâmide do aprendizado*. Já naquele momento, o professor Dale deixou clara a importância de acrescentar diferentes ferramentas ou metodologias para que a retenção do conhecimento seja mais efetiva. A pesquisa do professor foi aprimorada com o passar do tempo e um provável percentual de retenção por metodologia utilizada foi sugerido, como mostra a Figura 1.1.

Figura 1.1 – Cone do aprendizado de Edgar Dale

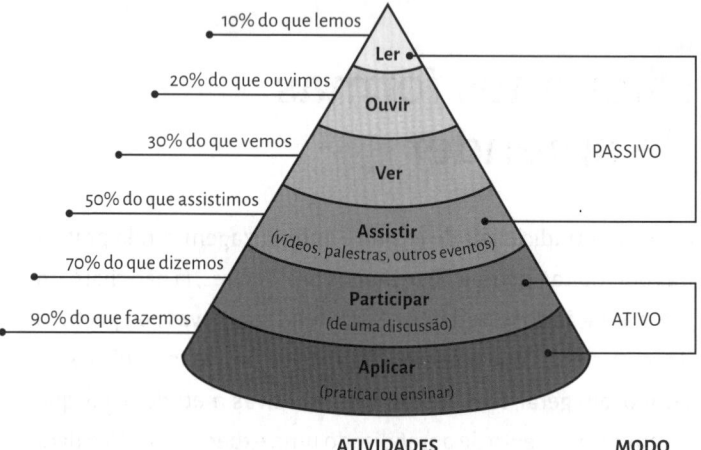

O cone de aprendizagem de Edgar Dale indica que o aprendizado é maior quando o estudante participa ativamente do processo, pois, pela proposta, a retenção fica entre 70% a 90%. Diante dessa constatação, cada vez mais as instituições têm introduzido metodologias ativas em seus sistemas de ensino. Entre elas, estão:

- *Business cases* **(casos de ensino)** – Parte da realidade de uma organização onde um caso foi criado (escrito); os estudantes leem e discutem os conceitos das disciplinas que foram aplicados nas situações apresentadas. Os casos de ensino podem ser criados pelos professores ou acessados nos bancos de casos. Um dos mais conhecidos bancos de casos é o *site* Central de Cases ESPM:

ESPM. **Cases**. Encontre um caso. Disponível em: <http://www2.espm.br/pesquisa/central-de-cases/banco-de-casos>. Acesso em: 22 maio 2018.

- *Flipped classroom* **(sala de aula invertida)** – Os estudantes acessam os conteúdos teóricos em casa, e na instituição, discutem as dúvidas com professores e colegas e realizam atividades práticas sobre os temas.
- **Grupos interdisciplinares de estudo** – Utilizado mais comumente em cursos de capacitação e extensão em que o público é mais eclético (diferentes perfis, idades, profissões, expectativas, formações). O foco é levar o grupo a discutir e encontrar soluções para determinados problemas.
- *Problem Basic Learning – PBL* **(aprendizagem baseada em problemas)** – Os estudantes buscam soluções por meio de pesquisas, discussões e prática de atividades para problemas identificados.
- **Ensino híbrido (presencial e a distância no mesmo curso)** – Algumas atividades são desenvolvidas em ambientes de estudo (não necessariamente uma sala de aula convencional) e outras são realizadas a distância. O estudante utiliza a tecnologia de som e imagem disponível para acessar conteúdos (computadores, *tablets*, *smartphones*) e também para trocar ideias, tirar dúvidas, discutir pontos de vista em qualquer local onde esteja, por meio de *chat* ou fóruns de debate.
- **Business games (jogos de empresas ou jogos de negócios)** – Propiciam ao estudante ou treinando a possibilidade de vivenciar o papel de gestor e praticar a ação de tomada de decisão, elemento crucial no mundo dos negócios.

Com essas novas formas de estudar e adquirir conhecimento, o estudante torna-se sujeito ativo de sua formação. No entanto, para que essas metodologias sejam realmente ativas, algumas

ações devem ser tomadas para que seja possível vivenciar situações o mais próximo da realidade possível. Nesse contexto, as teorias necessárias para participar de um jogo de empresas serão apresentadas a fim de municiar você, leitor, com os conceitos necessários para participar de uma experiência prática em laboratório.

Universo dos jogos

Para facilitar a compreensão do universo dos jogos, utilizaremos o exemplo de Gramigna (2007b), que narra a seguinte hipótese: imagine um fim de semana em que amigos resolvem jogar vôlei no clube. Vamos analisar essa decisão em partes.

- Jogar vôlei com amigos: trata-se de uma atividade espontânea e não obrigatória.
- Local definido: foi combinado que o jogo será no clube.
- Jogo de vôlei: é um esporte praticado por mais de uma pessoa.
- Regido por regras: vôlei é um esporte com regras definidas e conhecidas, como a quantidade de pontos para ter um vencedor.
- Terá um vencedor: vôlei é um esporte no qual um time ou uma dupla vence a partida, ou seja, haverá um ganhador e um perdedor.
- Indicadores sobre terminar a partida: a equipe que somar mais pontos durante o jogo ganha e a partida é finalizada.

Com base nessas observações, é possível compreender o seguinte conceito:

> "O jogo é uma atividade espontânea, realizada por mais de uma pessoa, regida por regras que determinam quem vencerá. Estas regras incluem o tempo de duração, o que é permitido e o que é proibido, valores das jogadas e indicadores sobre terminar a partida" (Gramigna, 2007b, p. 3).

Após compreender o conceito de jogo, é possível avançar e conhecer quais são os tipos de jogos utilizados como fonte de ensino e aprendizagem. Alves (2015, p. 15) propõe uma divisão simplista: "jogo de guerra, jogo de *role-playing* (RPG) e jogo de negócio". Já Barçante e Pinto (2007) propõem uma classificação por gênero, na qual é possível diferenciar a jogabilidade e a perspectiva. Observe o Quadro 1.1, que apresenta os tipos de jogos nessas duas categorias:

Quadro 1.1 – Tipos de jogos

TIPO DE JOGO	DEFINIÇÃO
Por jogabilidade	
Games de ação	O jogador controla, em geral, um único personagem (luta, tiros ou manobras físicas, como saltar sobre obstáculos e plataformas)
Games de aventura	O jogador deve decifrar enigmas, resolver quebra-cabeças e solucionar problemas que envolvem lógica, raciocínio e reconhecimento de padrões.
Games de estratégia	O jogador atua como comandante tático de um exército. Seu trabalho consiste em dar ordens de movimento, ataque e defesa em tropas, buscando sobrepujar taticamente seus oponentes.
Games de interpretação (*role-playing games* – RPGs)	São inspirados nos jogos de tabuleiro de mesmo nome, nos quais jogadores se reúnem em volta de uma mesa para interpretar personagens criados por eles em mundos imaginários, envolvidos em qualquer tipo de aventuras.

(continua)

(Quadro 1.1 – conclusão)

TIPO DE JOGO	DEFINIÇÃO
Por jogabilidade	
Games de esportes	Têm como objetivo simular partidas e campeonatos de algum esporte conhecido, nos quais o jogador controla um esportista ou uma equipe, e as regras de cada esporte são simuladas no *game*.
Por perspectiva	
Games com visão em primeira pessoa	São aqueles em que a imagem na tela é a visão do personagem do jogador; isto é, o jogador sente como se estivesse vivendo o personagem. Por isso, o jogador quase nunca vê o personagem em si, a não ser quando fica na frente de um espelho durante o *game*. *Games* em primeira pessoa tendem a ser mais imersivos devido a suas características.
Games com visão em terceira pessoa	São aqueles em que a visão do jogador não é a mesma do personagem; o jogador vê o *game* como plateia. O personagem do jogador pode ser visto e a câmera do *game* se movimenta de acordo com ele, mantendo-o sempre visível e no centro dela.

Fonte: Elaborado com base em Barçante; Pinto, 2007, p. 29-30.

Entendido o conceito genérico de jogo e também algumas classificações, é possível avançarmos para conhecer o conceito de jogo de empresas (jogo de negócios ou *business game*). Segundo Sauaia (2013, p. XXII):

> *O jogo de empresas (elemento intangível) constitui um processo de tomada de decisão com baixo risco em que grupos criteriosamente formados competem por resultados objetivos. Apesar de a situação inicial ser idêntica aos grupos, o entendimento assimétrico dos dados e os vieses cognitivos conduzem a resultados distintos em decorrência das competências assimétricas presentes nos grupos de competição.*

Para conhecer o universo dos jogos de empresas, observe o Quadro 1.2, em que Barçante e Pinto (2007) apresentam a classificação própria para esse tipo de jogo.

Quadro 1.2 – Tipos de jogos de negócios

UNIVERSO	CLASSIFICAÇÃO	AGRUPAMENTO
JOGOS DE NEGÓCIOS	Natureza do Jogo	Sistêmicos: ênfase no funcionamento do sistema. Humanos: ênfase nas variáveis humanas presentes nas negociações. Mistos: intervêm componentes sistêmicos e humanos.
	Quanto às áreas funcionais	Gerais: conjunto de empresas industriais e oligopolistas. Específicos: modelação de uma empresa particular. Setoriais: empresas de um setor da economia. Funcionais: área específica dentro da empresa.
	Meio de apuração dos resultados	Computadorizados: cálculos e relatórios via computador. Manuais: cálculos e relatórios manuais.
	Interação entre as equipes	Interativos: as decisões de uma empresa afetam os resultados das demais. Não interativos: as decisões de uma empresa não afetam os resultados das demais.
	Habilidades desenvolvidas	Comportamentais: enfatizam habilidades comportamentais voltadas para o desenvolvimento pessoal. Processo: enfatizam habilidades técnicas voltadas para o desenvolvimento gerencial. Mercado: enfatizam habilidades técnicas de mercado.
	Quanto à forma	De Sala de aula (*pen and paper*). De Tabuleiro. De Computador. Por *e-mail*. Livro-jogo. Dramatização.

(continua)

(Quadro 1.2 – conclusão)

UNIVERSO	CLASSIFICAÇÃO	AGRUPAMENTO
JOGOS DE NEGÓCIOS	Quanto aos objetivos educacionais	*Edutainment*: ensinam divertindo. Utilizam mecanismos lúdicos para associar prazer ao aprendizado. Analíticos: baseados em decisões estratégicas sem envolver o lúdico.
	Quanto aos modelos matemáticos	Tipo Zero: modelos estatísticos. Tipo I: solução de problemas que envolvam poucas dimensões e sejam determinísticos. Tipo II: modelos perturbatórios. Tipo III: incluem sistemas caóticos. Tipo IV: incluem modelos probabilísticos.
	Quanto ao tipo de variáveis envolvidas	Determinísticos: toda a sua estrutura apresenta variáveis determinísticas. Estatísticos: são incorporadas variáveis aleatórias.
	Quanto à dinâmica	Estáticos: todas as variáveis, os parâmetros e a negociação acontecem em um mesmo momento. Dinâmicos: o tempo é incluído como variável.

Fonte: Barçante; Pinto, 2007, p. 31-32.

O Quadro 1.2 exibe as inúmeras facetas de um jogo de empresas, mas, para que seja possível utilizá-lo como ferramenta, é preciso compreender, ainda, o conceito de **simulação**.

Segundo Gramigna (2007b, p. 5), "simulação constitui uma situação em que um cenário simulado representa os modelos reais, permitindo a reprodução do cotidiano". A utilização de simuladores para capacitações específicas auxilia na aproximação dos conceitos aprendidos com a atividade prática. São exemplos de utilização de simuladores: para direção veicular nas autoescolas; para simular processos como reproduzir as filas em serviços; para provisionar compras e vendas empresariais; para simular situações de investigação; para simular comparações entre locais (localização de empresas); para simular lotação de espaços como estudos de *layout*, móveis planejados; para simular impactos da mudança de sentido de ruas; para simular impactos de congestionamentos no trânsito; entre outros.

Unindo um simulador e as possibilidades de jogos de empresas apresentadas no quadro anterior, é possível idealizar um jogo simulado, o qual, segundo Gramigna (2007b, p. 5), "é uma atividade planejada previamente pelo facilitador, na qual os jogadores são convidados a enfrentar desafios que reproduzem a realidade do seu dia a dia. Todas as decisões são de responsabilidade do grupo e as tentativas são estimuladas".

As premissas dos jogos simulados são utilizadas em um jogo de empresas quando as situações retratadas são de cunho empresarial, como planejamento, organização, direção, execução e controle. Para deixar ainda mais próximo da realidade, é inserida a competição (nesse caso, entre empresas, ou seja, equipes diferentes), que retrata a concorrência no mercado.

Teoria dos jogos

Os jogos de empresas não são recentes e não foram concebidos aleatoriamente como ferramenta de aprendizado, mas se apresentam como uma possibilidade de os estudantes e treinandos aplicarem os conhecimentos adquiridos. Os jogos de empresas buscam retratar as possíveis situações que uma empresa e seus competidores podem vivenciar no mercado, considerando que a decisão de uma instituição muda o cenário do mercado e impacta nas demais. Isso pode ser explicado pela teoria dos jogos, a qual se ocupa também de analisar o comportamento racional dos participantes de um mesmo mercado e a reação da concorrência. Ou seja, se uma empresa de determinado segmento toma a decisão de baixar consideravelmente o preço de venda, qual será a reação da concorrência?

A teoria dos jogos oferece esse respaldo para os jogos de empresas porque analisa o *payoff* ou o resultado das interferências que cada empresa causa nas coexistentes da indústria em que atua, em virtude da característica de interdependência entre elas ao tentar aumentar seus retornos. A noção de jogos foi oficializada em 1944 com a publicação do livro *The Theory of Games and Economic Behavior*, de John Von Neumann e Oskar Morgenstern. Os autores oferecem as seguintes definições: **jogos estratégicos** ou **não cooperativos**, em que o ganho de um concorrente equivale à perda dos demais, como acontece nos esportes, também chamados *jogos de soma zero*; e **jogos cooperativos** ou **de coalizão**, em que o resultado corresponde à participação de cada um dos envolvidos. Como nos cenários de negócios poucos jogos parecem descrever a característica de soma zero, surgiu o conceito de **jogos de soma mutável**, fornecendo chances tanto de competição quanto de cooperação.

Apesar da carência de uma teoria geral ampla para os jogos com essa característica, princípios eficientes foram compartilhados em trabalhos publicados em 1950 e 1951 pelo matemático **John Nash**, laureado em 1994 com o Prêmio Nobel de Economia. Em 2002, a história do matemático foi retratada no filme *Uma mente brilhante*, que narra a descoberta de um equilíbrio estratégico: o **equilíbrio de Nash**, presente em **jogos não cooperativos**, e a proposta de analisar os jogos cooperativos por meio da dinâmica de jogos não cooperativos (Ghemawat, 2012).

Na atualidade, a teoria dos jogos tem sido utilizada como ferramenta de apoio ao desenvolvimento das estratégias organizacionais e diversas pesquisas têm sido realizadas com o objetivo de comprovar que essa teoria, aliada aos jogos de empresas, pode contribuir para a tomada de decisões mais assertivas.

A teoria dos jogos colabora com a constituição dos parâmetros dos *softwares* de jogos de empresas, pois, na competição, quando uma empresa se destaca, a outra perde competitividade.

Jogo de empresas: uma forma lúdica de aprender

Para compreender de que maneira o jogo de empresas pode ser utilizado como uma ferramenta de ensino e aprendizagem, é preciso discutir o efeito dos jogos na vida humana. Segundo Gramigna (2007b, p. 1), "o jogo acompanha o homem desde os primórdios da história da humanidade. Quando o homem ainda não sabia falar, fazia uso do jogo de gestos e dos sons para comunicar-se; ao descobrir a fala, teve início o 'jogo das palavras' – talvez tenha sido este o primeiro jogo consciente".

Os jogos fazem parte da vida cotidiana das pessoas. Para cada fase da vida, um ou mais jogos são adaptados. Por exemplo, as crianças gostam de jogar bola; os adolescentes gostam de jogar *videogame*; os adultos gostam de jogar cartas; os idosos gostam de jogar dominó. Gramigna (2007b, p. 1) explica ainda que Johan Huizinga, em seu livro *Homo ludens*, defende a ideia do jogo como

> *algo mais que um fenômeno fisiológico ou um reflexo psicológico. Para ele, o jogo é uma função significante e transcende as necessidades imediatas da vida: confere sentido à ação. E o poder do jogo é tão grande que nenhuma ciência ainda conseguiu explicar a fascinação que ele exerce sobre as pessoas. Sua existência independe de qualquer credo, raça, cultura ou ideologia.*

Considerando a colocação do autor, é possível afirmarmos que o lúdico é importante na aceleração do processo de aprendizagem.

Isso porque o jogo realizado de forma saudável, interativa e com regras claras pode ser utilizado como um instrumento de verificação do quanto a pessoa apreendeu de determinado conhecimento. Além disso, em um jogo, o participante pode demonstrar as capacidades, habilidades e competências que desenvolveu, bem como quais atitudes teria em determinadas situações de estresse, euforia, tristeza e cansaço.

No entanto, para ser utilizado como mecanismo de aprendizagem, é preciso diferenciar o jogo da brincadeira, principalmente em relação às regras que regem um e outro. Vamos discutir essa diferença de acordo com o exemplo de Gray, Brown e Macanufo (2012, p. 1):

> Imagine que alguns meninos vão a um pequeno parque e ficam entediados de só chutar a bola um para o outro (estão brincando). Um menino diz ao outro: "Vamos revezar para tentar acertar aquela árvore. Você tem que ficar atrás desta linha para chutar a bola". Um dos meninos desenha uma linha arrastando seu calcanhar na terra. "Vamos revezar para chutar a bola. Toda vez que você acertar a árvore, ganha um ponto. O primeiro que conseguir cinco pontos, ganha". O outro menino concorda e começam a brincar. Agora a brincadeira se tornou um jogo; um tipo de jogo fundamentalmente diferente.

No exemplo dos autores, o que tornou a brincadeira diferente do jogo? **As regras!** Os jogos têm regras claras, com começo, meio, fim e vencedor (ou vencedores). Já a brincadeira pode ser entendida como uma atividade espontânea, que pode ser realizada individualmente, não precisa de regras, nem de tempo de duração, nem de indicadores ou vencedores.

Assim como no exemplo apresentado, um jogo de empresas necessita de um **espaço** (pode ser virtual, em uma sala de aula, em uma sala de treinamento, em um laboratório, em um campo, ou outros); **limites** (tempo e espaço); **regras** para interação (concordância entre os participantes das regras que o mundo do jogo opera); **artefatos** (computadores, *softwares*, simuladores, relatórios, jornais do setor, mapas, dicas); e **meta** (saber quando o jogo acaba e quem foi o vencedor) (Gray; Brown; Macanufo, 2012).

Objetivos de um jogo de empresas

Os objetivos dos jogos de empresas estão conectados com as novas exigências da formação de profissionais. Sejam estudantes de graduação ou pós-graduação, sejam *trainees* ou profissionais liberais, sejam gerentes ou outros que passam por capacitações, todos compreendem que, tão importante quanto atualizar as informações de sua área, é a possibilidade de vivenciar uma experiência em que seja possível colocar em prática seus conhecimentos.

Assim, participar de um jogo de empresas tem como objetivo desenvolver:

- o trabalho em equipe, uma das competências exigidas pelo mercado atualmente;
- a tomada de decisão, muito importante para estudantes ou profissionais que ainda não fazem parte de áreas de decisão;
- a capacidade de planejamento, considerada atividade de alto valor agregado nas organizações;
- a visão para identificar capacidades, habilidades e atitudes de cada participante, ou a falta delas;
- a liderança;
- a experiência baseada no conhecimento adquirido em sala de aula ou em estudos prévios.

Vantagens em participar

A participação em um jogo de empresas oferece vantagens palpáveis para o participante, justificando o investimento de tempo e recursos financeiros. Barçante e Pinto (2007) listam algumas vantagens, resumidas a seguir:

1. **Estímulo à criatividade** — A integração rápida e a oportunidade de se lidar com problemas inéditos estimula a criatividade. Situações inusitadas acontecerão, exigindo que o participante busque soluções diferenciadas.
2. **Adaptação às mudanças** — Autoavaliação e reformulação de atitudes e valores levam a mudanças. Os participantes terão a possibilidade de testar sua flexibilidade para aceitar as mudanças que o mundo simulado apresentará.
3. **Sistematização de coleta de informações** — Desenvolver a capacidade de interpretar e processar apropriadamente as informações fornece grande vantagem competitiva. Os participantes terão a oportunidade de lidar com informações importantes para as empresas e, para isso, precisam desenvolver sistemática de coleta e análise.
4. **Desenvolvimento de novas habilidades** — As discussões orientadas favorecem o desenvolvimento de habilidades, como aplicação, análise e síntese. Os participantes terão a oportunidade de aperfeiçoar as habilidades que já têm e agregar outras mais complexas inerentes às funções que exercerão no jogo de empresas.
5. **Exercício da comunicação** — Por meio da interação da equipe ocorre a prática da comunicação. Ela será constante entre os integrantes da equipe para a discussão e a análise dos dados, bem como para a tomada de decisão em consenso.

6. **Intercâmbio de experiências** – O clima de abertura e a exploração de ideias enriquecem o participante e contribuem para a obtenção de resultados positivos. Os participantes têm conhecimentos distintos e, com isso, trocam experiências sobre assuntos reais, agregando valor a todos.
7. **Vivência de novos papéis** – É possível experimentar a gestão de diferentes áreas de uma empresa. Os participantes terão a oportunidade de vivenciar a gestão das empresas tomando decisões como responsáveis pelos processos.
8. **Visão empresarial** – A observação das dificuldades e complexidades resultantes da condução de uma empresa propicia a compreensão dela como um sistema harmônico e integrado. É uma oportunidade de compreender a empresa como um todo e exercer a visão integrada dos processos.
9. **Tomada de decisões em ambiente de risco** – A restrição de tempo e a limitação de recursos associados ao ambiente altamente competitivo (exigências e limitações dos mercados, políticas governamentais, taxas de juros etc.) fazem com que a incerteza seja uma constante no jogo. É uma possibilidade de os participantes atuarem em ambientes dinâmicos que retratam a realidade das organizações, com vários elementos de impacto, como mudanças de mercado, atuação da concorrência e taxas de juros para financiamentos.

10. **Proteção contra prejuízos reais** – Decisões precipitadas, tomadas por erro de planejamento ou por pressão das circunstâncias, podem levar a prejuízos irreversíveis ou mesmo à falência. O mundo simulado do jogo de empresas proporciona a possibilidade de tomada de decisão em ambiente seguro.
11. **Diversão instrutiva** – O grau de satisfação e motivação é muito maior do que em aulas e estudo de casos tradicionais. A união de elementos conteudistas com a metodologia lúdica deixa o ambiente de ensino e aprendizagem mais flexível e interessante para os participantes.

Muitas outras vantagens podem ser extraídas de um jogo de empresas, pois dependem da natureza e do foco da atividade do jogo (indústria, comércio, serviço).

Desafios em relação ao aprendizado

Os benefícios do jogo de empresas foram apresentados considerando a proposta de Barçante e Pinto (2007), mas, na prática, existem riscos reais de as vivências com jogos de empresa não serem uma experiência positiva. Isso acontece, na maioria das vezes, por ingerência dos aplicadores (instituições, instrutores, professores, facilitadores e outros). Esses riscos são os principais desafios na aplicação da metodologia, por exemplo:

- a temática do jogo não era do interesse do público participante;
- as regras não ficaram claras;

- os recursos tecnológicos (*software*, *hardware* e internet) não funcionaram adequadamente;
- a equipe vivenciou muitos conflitos durante as jogadas;
- a liderança da equipe não se comprometeu com o jogo;
- os facilitadores não detinham conhecimento suficiente para comandar a experiências;
- todas as empresas participantes faliram;
- não houve fechamento do jogo, ou seja, os participantes não entenderam "por que faliram" ou "por que ganharam o jogo".

Barçante e Pinto (2007, p. 43-44) também contribuem apresentando os seguintes riscos:

Riscos de o jogo de empresas não atingir o propósito educativo!
- *Um bom jogador não é um bom administrador: não existem evidências de que um bom jogador de empresas seja um bom administrador e vice-versa.*
- *Aquela teria sido a única saída: criação de resistência a outros tipos de enfoque e a novas abordagens dos problemas.*
- *Internalização de conceitos errados: é necessário que a coordenação do jogo esclareça bem os conceitos abordados, a fim de evitar precipitações futuras, como "melhor qualidade, mais vendas".*
- *Grande panaceia do jogo: jogos de negócios devem ser tratados como ferramentas de ensino e, portanto, devem estar integrados à [sic] outras técnicas, pois nem todos os participantes apresentam o mesmo aproveitamento com as diferentes formas de transmitir conhecimentos.*

Esses riscos, apresentados como desafios para a aplicação dos jogos de empresas, não se comparam aos benefícios e às vantagens que os estudantes e treinandos terão com o uso desse recurso dinâmico, que contribui de forma lúdica para a melhoria do ensino e da aprendizagem.

É salutar que os partícipes compreendam que os jogos de empresas simulam as condições mais próximas da realidade possível e que, na prática, as organizações atravessam inúmeras dificuldades, como as geradas pelo mundo simulado. Em muitos casos, tanto no mundo simulado quanto na vida real a empresa pode encerrar precocemente suas atividades, o que reafirma a importância do conhecimento prévio dos gestores.

Síntese

Neste capítulo, oferecemos um panorama geral sobre o universo dos jogos, enfatizando o jogo de empresas. Para isso, apresentamos diferentes formas de aprender evidenciando as metodologias que mais trazem resultado de acordo com a pesquisa de Edgar Dale, que, embora antiga, ainda retrata bem o cenário atual.

Depois disso, tratamos do conceito de jogo em geral, o qual está representado pelas seguintes premissas: um jogo deve ser uma atividade espontânea, praticado por mais de uma pessoa, que tenha regras e um objetivo, ou seja, um vencedor ou uma equipe vencedora. Também abordamos o conceito de jogo de empresas (ou jogo de negócios), que é uma experiência de que estudantes ou treinandos participam com o foco de exercitar o processo de tomada de decisão em uma empresa fictícia, a qual está sediada no ambiente seguro do mundo simulado. Além disso, comentamos sobre a teoria dos jogos e como tem sido utilizada no apoio ao desenvolvimento e à aplicação dos jogos empresariais.

Também explicamos as diferenças entre jogo e brincadeira, para que o participante do jogo de empresas valorize a atividade fora da sala de aula e se empenhe em criar uma atmosfera mais próxima da realidade, tomando decisões planejadas, assumindo riscos calculados e se responsabilizando pelos resultados.

Para finalizar, indicamos os objetivos esperados com uma atividade dessa magnitude, evidenciando as vantagens que o participante tem e, ainda, os riscos mais comuns que os jogos de empresas enfrentam como ferramentas que aceleram o processo de construção de conhecimento.

Questões para revisão

1. As formas de adquirir conhecimento mudaram significativamente nos últimos tempos e isso é positivo, uma vez que o estudante ou treinando cada vez mais participa da própria instrução. Para ilustrar isso, pode-se usar como exemplo o cone do aprendizado criado pelo professor e pesquisador norte-americano Edgar Dale, o qual demonstra:
   a) Ler, ouvir e ver são metodologias em que o estudante é ativo na formação de seu conhecimento.
   b) Cerca de 80% do conhecimento do estudante ou treinando é adquirido por leitura técnica.
   c) Ao assistir a palestras, os estudantes assimilam aproximadamente 90% do conhecimento apresentado.
   d) A leitura é considerada uma metodologia ativa porque depende de o estudante gostar ou não de ler.
   e) As discussões sobre os assuntos pertinentes propiciam que o estudante se torne ativo em sua formação.

2. Com a prática do jogo de empresas, é possível tornar o aprendizado uma atividade prazerosa e divertida. Mas, para que os participantes percebam que o jogo de empresas é uma atividade lúdica, e não uma simples brincadeira, algumas premissas devem ser consideradas. São elas:
   a) Time, desenhos, fórmulas, plano.
   b) Espaço, limites, regras, artefatos, metas.
   c) *Software*, fluxogramas, ferramentas, croquis.

d) Adrenalina, informações, *hardware*, escritório.
e) Liderança, cooperação, metodologia, dramatização.

3. O universo empresarial apresenta frequentemente novos desafios de gestão com negócios diferenciados, como *startups*, contratação de serviços via aplicativos e outros. Para atender a essas novas demandas, uma técnica que pode ser utilizada para reduzir o tempo de capacitação é o jogo de empresas, porque é interativa, efetiva e expõe os participantes a situações muito próximas da realidade, fazendo com que vivenciem a prática empresarial em um ambiente de simulação.

Com base nessa explicação, analise as sentenças a seguir, que versam sobre os objetivos que um jogo de empresas pode alcançar:

I. O estudante tem a possibilidade de exercitar seu potencial criativo, de planejamento e liderança.
II. O jogo de empresas promove a competição individual para atender às novas premissas do mercado.
III. O jogo de empresas fomenta o trabalho em equipe, considerado um diferencial para as empresas.
IV. Participar de um jogo de empresas é recomendável para estudantes de pós-graduação que já atuam no mercado de trabalho.

Agora, assinale a alternativa que apresenta as sentenças corretas:

a) I e II.
b) I e III.
c) II e III.
d) II e IV.
e) III e IV.

4. Leia a explanação a seguir:

   No Brasil, [os jogos de empresa] chegaram com força total na década de 1980. A princípio, os jogos eram traduzidos e, com o passar dos anos, profissionais e pesquisadores do tema criaram um modelo próprio. Hoje, temos no mercado uma variedade razoável de jogos cuja característica é a "adaptação à nossa cultura e às nossas necessidades específicas". A adesão aos jogos, pelos diversos profissionais, deveu-se, em grande parte, às vantagens e aos resultados obtidos. (Gramigna, 2007a, p. 13)

   Considerando a citação de Gramigna, aponte três vantagens a serem alcançadas pela participação em um jogo de empresas.

5. Maria Rita Gramigna (2007a, p. 14) cita Confúcio:

   Ouço e recordo! Leio e memorizo! Faço e aprendo! Ouço e recordo: toda a dinâmica de ensino, até bem pouco tempo atrás, voltava-se para atividades em que o participante colocava-se na posição de "ouvir e recordar" [...]. Leio e memorizo: estudos dirigidos, análise de textos, instruções programadas e avaliações baseadas em memorização ainda são utilizados com muito sucesso nos meios educacionais e de treinamento empresarial. [...] Faço e aprendo: aprender fazendo tem sido a forma mais efetiva de ensino, apesar de pouco difundida em escolas e empresas, devido ao contexto cultural e organizacional estabelecido.

   Tendo em vista essa explanação, faça uma síntese sobre a importância do lúdico no processo de aprendizagem.

Questão para reflexão

1. Na atualidade, tudo está em sua versão 4.0! Esse termo é usado na indústria, na tecnologia, no cinema, na logística, nos veículos autônomos, nos robôs cada vez mais parecidos com os humanos, nos aplicativos dos *smartphones*, entre outras possibilidades. Mas, e a relação entre ensino e aprendizado? Essa revolução também é visível na educação e na capacitação dos colaboradores?

Para saber mais

Para conhecer como algumas empresas estão utilizando os jogos de negócios para a capacitação de seus colaboradores, sugerimos a leitura da matéria a seguir:

EMPRESAS investem em games para estimular funcionários a bater metas. **G1**, Pequenas Empresas & Grandes Negócios, 21 maio 2017. Disponível em: <http://g1.globo.com/economia/pme/pequenas-empresas-grandes-negocios/noticia/2017/05/empresas-investem-em-games-para-estimular-funcionarios-bater-metas.html>. Acesso em: 22 maio 2018.

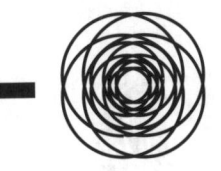

2
MUNDO SIMULADO

2

Conteúdos do capítulo:
- Compreendendo o mundo simulado.
- *Stakeholders* que compõem o mundo simulado.
- Escopo genérico de um jogo de empresas.
- Papel da presidência e trabalho em equipe.
- Atividades de gestão de pessoas e gestão da produção.
- Atividades de gestão financeira e gestão de *marketing*.

Após o estudo deste capítulo, você será capaz de:
1. entender a correlação do mundo real com o mundo simulado;
2. reconhecer os principais atores que participam do mundo simulado;
3. apontar as principais atividades de um jogo de empresas;
4. identificar as principais responsabilidades do presidente da empresa fictícia no jogo;
5. explorar as principais atividades que ocorrem nas áreas de gestão de pessoas e de produção;
6. explicar as atividades desenvolvidas nas áreas de gestão financeira e de *marketing*.

UM JOGO DE empresas tem como um de seus principais objetivos reproduzir a realidade empresarial e, para isso, utiliza o recurso da simulação.

Compreendendo o mundo simulado

O universo em que as empresas atuam é extremamente complexo, e recriar todas as variáveis do mundo real é complicado. É preciso considerar que os estudantes ou treinandos participantes de um jogo de empresas podem ter diferentes coeficientes de conhecimento – se for estudante, o conhecimento prévio depende do período em que está no curso; se for um treinando, depende da área em que atua.

Nessa linha de raciocínio, considere que muitas situações que impactam na empresa A não impactam da mesma forma na empresa B. Por inúmeros motivos, mapear e recriar em um *software* de simulação todos os possíveis eventos inviabilizaria um jogo de empresas.

Em razão dessas condições, o mundo simulado busca retratar apenas as operações mais críticas ou evidentes de uma organização. A título de ilustração, observe o exemplo simples proposto por Gramigna (2007b, p. 6):

> Se um grupo precisa melhorar suas técnicas de planejamento, podemos aplicar uma atividade em que os jogadores tenham por tarefa:
> - Comprar a matéria-prima, levando em consideração os recursos financeiros disponíveis e as possibilidades de lucro.
> - Planejar e organizar o processo produtivo.
> - Produzir o modelo solicitado.

- Acompanhar a produção, verificando critérios de qualidade exigidos pelos clientes.
- Avaliar resultados parciais e finais.
- Submeter a produção à apreciação do cliente.

Se esse exemplo simples fosse extrapolado para todas as variáveis que acontecem com as empresas reais, teríamos muitos impactos já na primeira tarefa: "Comprar a matéria-prima levando em consideração os recursos financeiros disponíveis e as possibilidades de lucro". Analise apenas a primeira parte do comando:

> **Comprar a matéria-prima**: De quem? Quanto? Quando? Qual é o *lead time*? Fornecedor novo? Já homologado? Tem ISO? Tem capacidade técnica e produtiva? É confiável? Onde está localizado? O frete é pago ou a pagar? Tem LEC – Lote Econômico de Compra? Dá desconto por quantidade? Tem embalagem-padrão? Vende por atacado ou varejo? Quais são as condições de pagamento do fornecedor? Cobra juros para condições parceladas? Qual é a taxa de juros praticada? Concede desconto pelo pagamento à vista? O produto é sazonal? Quais são os tributos incidentes?

A equipe ainda poderia ter muitas outras dúvidas em relação a esse primeiro comando; esses são apenas exemplos. Assim, optou-se por criar um mundo simulado no qual apenas as variáveis de mais impacto nas negociações empresariais são contempladas. Por mais que a equipe possa pesquisar e responder a todas as perguntas (uma vez que muitos partícipes já estudaram os conceitos nas disciplinas e sabem dos impactos de cada resposta), em um jogo de empresas, provavelmente a equipe se limitará a escolher entre três ou quatro fornecedores-padrão existentes no mundo simulado. As decisões certamente estarão concentradas em: preço, desconto por quantidade, custo do frete e tributos. As demais variáveis são suprimidas ou agrupadas para viabilizar a simulação.

Para que o estudante ou treinando consiga fazer parte do jogo de empresas, algumas etapas devem ser cumpridas, iniciando pela apresentação do funcionamento do mundo simulado. Para atender a essa premissa, a seguir serão apresentados os principais atores do mundo simulado.

Elementos que compõem um mundo simulado

Para imaginar um mundo simulado, sugerimos pensar em um mercado que já existe, do qual a empresa faz ou fará parte. Exemplos de mercados já existentes: indústria calçadista, alimentícia, bebidas, farmacêutica, brindes, confecções, automóveis, motocicletas, brinquedos, entretenimento, transporte, hospitais, educação, entre outros.

Partindo do pressuposto de que esse mercado já está formado, é possível identificar alguns atores interagentes (também chamado de *stakeholders*[1] em alguns simuladores) que fazem parte desse universo, os quais serão descritos em linhas gerais, considerando as análises requeridas para a tomada de decisão com maior assertividade.

---

1   De forma simples, compreendemos *stakeholders* como as entidades ou pessoas que têm interesse no negócio da empresa – como governo, clientes, bancos e colaboradores.

Mercado

Em jogo de empresas, é comum o mercado ter espaço para todos, isto é, existe demanda para o produto ou o serviço que será ofertado. Outra característica que pode ser percebida é que o mercado pode ser ampliado, ou seja, em algum ponto do mundo simulado, existe uma demanda reprimida (em alguns jogos, é o mercado internacional com a possibilidade de exportação). No entanto, para que as empresas participantes acessem esse mercado potencial, necessitam atender a sua demanda interna. Isso significa dizer que, se a quantidade produzida da empresa não consegue atender ao mercado doméstico, não conseguirá extrapolar para o mercado exterior.

Todas as empresas (equipes) iniciam o jogo com as mesmas condições: tamanho do mercado, infraestrutura, estoques, empréstimos ou investimentos, caixa positivo, alguns produtos produzidos para iniciar a operação e colaboradores suficientes para a produção. Mas, já na primeira jogada (rodada), as condições se alteram, porque as empresas tomam decisões distintas e, a partir desse momento, os próximos resultados se tornam imprevisíveis, tal qual no mundo real.

O mercado, mesmo o doméstico, tem potencial de crescimento para as empresas, pois, se uma empresa não consegue atender a seu mercado, o concorrente pode fazê-lo.

Concorrentes

Os concorrentes são os competidores do mesmo mercado, os quais têm papel fundamental no mundo simulado. Perceba que sem eles não faria sentido aplicar um jogo de empresas, tendo em vista que, para competir, é preciso ter adversários.

Os concorrentes iniciam o jogo com as mesmas condições, mas, conforme tomam suas decisões, os resultados de todas as empresas se movimentam também. Como é difícil prever o próximo passo do concorrente, todas as equipes participantes se mantêm atentas para não perder mercado.

Em alguns simuladores, ao analisar o resultado de uma jogada, é possível identificar o preço praticado pelos concorrentes, se eles investiram em *marketing* ou não, se perderam vendas ou se ampliaram mercado, sua posição no *ranking* do jogo, entre outras informações. Ao analisar tais informações, é como se a empresa estivesse monitorando o mercado, e isso deve ser utilizado como insumo para subsidiar as próximas estratégias.

Fornecedores

No mundo simulado, os fornecedores são responsáveis por oferecer os insumos para que as empresas possam operacionalizar os negócios. É possível ter dois tipos de fornecedores: um comercializa matérias-primas, partes, peças, componentes, módulos; e outro fornece ativo imobilizado, como máquinas e equipamentos. Mas, em alguns simuladores, um único fornecedor atende a tudo.

Os fornecedores oferecerão ao mercado seus produtos em quantidades suficientes para satisfazer a demanda de todos, mas praticarão preços e prazos de entrega diferenciados.

É recomendável que os gestores fiquem atentos aos prazos e planejem as compras. E por que isso é importante? Porque, como na vida real, se as empresas planejam as compras, conseguem melhores preços. Mas, se deixam para comprar na urgência, pagam preços maiores (ágio pela falta de planejamento) e, nesse caso, normalmente a forma de pagamento será à vista, ou seja, dentro do período atual, o que certamente impactará no fluxo de caixa da empresa.

Normalmente, o prazo de compra adequado é o período anterior (jogada anterior), tanto para matérias-primas quanto para ativos imobilizados.

Em termos de máquinas e equipamentos, as empresas iniciam o jogo com número suficiente para a produção inicial. Com o passar das jogadas, certamente sentirão a necessidade de adquirir outras máquinas. É bom ficar atento a isso, pois os fornecedores atualizam os modelos vendidos, os quais apresentam melhor produtividade. O ideal é realizar o investimento de maneira gradativa para se beneficiar dessa atualização tecnológica.

Clientes

No mundo simulado, existem clientes suficientes para absorver as produções de todas as empresas participantes, mas, para isso, haverá necessidade de estímulo. O cliente do mundo simulado é sensível a preço, condição de pagamento e investimento da empresa em *marketing*. Isso significa dizer que cliente gosta de preço baixo, pagamento parcelado sem juros e propaganda. Nesse caso, a empresa deve acompanhar o comportamento dos clientes para verificar se o composto desses três elementos tem surtido efeito nas vendas.

Governo

Esse elemento atua no mundo simulado como regulador econômico. Como na vida real, compete ao governo determinar as diretrizes econômicas e tributárias que regem o cenário das empresas. Determina a taxa de juros praticada no mercado, as alíquotas dos tributos, como Imposto de Renda, ICMS (Imposto sobre Circulação de Mercadorias e Serviços), PIS/Pasep (Programa de Integração Social/Programa de Formação do Patrimônio do Servidor Público), Cofins (Contribuição para o Funcionamento da Seguridade Social), IPI (Imposto sobre Produtos Industrializados), entre outros, dependendo da natureza do jogo (se as empresas são indústrias, prestadoras de serviços ou varejistas).

O governo pode alterar a qualquer momento os elementos de sua responsabilidade, bem como colocar restrições de aumento de preços, de demissão de colaboradores, alterar taxas de câmbio e outros. Por isso, os gestores precisam ficar atentos às fontes de informações que alimentam o mundo simulado, pois serão nesses materiais que as empresas encontrarão essas informações atualizadas.

Instituições financeiras

No mundo simulado, tal qual na vida real, as instituições financeiras estão presentes para atender às necessidades do mercado em termos de serviços financeiros.

Dependendo do tipo do simulador, tais instituições são mais ou menos atuantes, mas, no mínimo, dois serviços serão ofertados:

1. **Empréstimos** — Em relação aos empréstimos, vislumbramos geralmente duas situações: ele pode ocorrer de maneira programada, quando a equipe faz toda a simulação da jogada e, antes de fechá-la, analisa como ficará sua conta Caixa. Se essa conta estiver com valor muito próximo de zero ou se já estiver no vermelho, a equipe solicita um empréstimo ao banco. Esse empréstimo, conhecido como *empréstimo para capital de giro*, tem custo menor para a empresa. Mas se, por acaso, a equipe calculou mal e fechou a jogada, pode acontecer de,

quando as informações chegarem para análise, ser constatado que ficaram com o caixa negativo e o banco "gentilmente" concedeu um empréstimo à empresa devedora. Nessa situação, os juros são bem mais altos que os juros do capital de giro. Considerando o lado positivo, esse empréstimo salvou momentaneamente a empresa, porque não permitiu que entrasse em falência precocemente, e a equipe ainda poderia reverter a situação. O lado negativo é que, como dito, os juros são bem mais altos, e o ideal é que a empresa não utilize essa modalidade de empréstimo, chamado *especial* ou *compulsório*.

2. **Investimentos** – Se a empresa está com suas finanças em dia e tem dinheiro em caixa, o ideal é investir. Em alguns simuladores, os investimentos poderão ser resgatados nas jogadas subsequentes; em outros, o investimento tem prazo determinado para voltar ao caixa da empresa. O retorno do valor investido para a conta Caixa da empresa será acrescido da taxa de juro contratada no momento do investimento.

Colaboradores

Geralmente, os simuladores trazem uma quantidade de colaboradores para que a empresa possa iniciar sua operação. Todavia, com o passar das jogadas, a empresa terá de contratar pessoas e, em alguns casos extremos, dispensar.

Assim como na vida real, em alguns períodos, o mercado pode ofertar abundância de colaboradores; em outros, apresentar falta de mão de obra. Isso significa dizer que, em alguns momentos, a empresa precisará contratar mais pessoas e não terá disponibilidade. O ideal é pensar em todas as variáveis antes de dispensar.

Os colaboradores apresentam diferentes índices de produtividade e isso deve ser levado em consideração. Em alguns simuladores, quanto mais os colaboradores trabalham na empresa, mais rápidos eles ficam, porque se tornam especialistas naquilo que fazem, o que diminui o tempo de produção de uma peça. Mas, em outros simuladores, os colaboradores são impactados por questões motivacionais e podem apresentar produtividades menores, isso reflete na competitividade da empresa, pois ele demandará mais tempo para produzir e o custo de produção será maior.

Como boa parte dos simuladores trabalha com períodos trimestrais ou quadrimestrais de jogadas, significa dizer que rapidamente uma empresa encerra um ano de atividade, e, como na vida real, os colaboradores devem tirar férias. Se a equipe não atentar a esses detalhes, a empresa pode ser multada. O período de férias dos colaboradores resultará em produtividade menor para a empresa, ou seja, a operação não para totalmente, mas a quantidade de produção é reduzida.

Em alguns simuladores, os colaboradores podem ser contratados dentro do período, ou seja, começam a trabalhar imediatamente após a contratação, mas, em outros, os contratados só estarão disponíveis para a empresa no período subsequente.

Sindicato

O sindicato interage diretamente com as organizações porque representa a classe dos trabalhadores. Dessa forma, os sindicatos se envolverão nas negociações de salários, nos custos das horas extras e também tentarão impedir as demissões.

As negociações amistosas com o sindicato podem evitar greves, as quais prejudicam a produção das empresas, consequentemente reduzindo a competitividade no mercado.

Empresas de publicidade e propaganda

Na maioria dos simuladores, a parte de publicidade e propaganda é terceirizada porque se tem como premissa que as empresas participantes mantenham seu foco no *core business*. Isso significa dizer que, se as empresas participantes do jogo são indústrias, o foco é produzir, se for uma prestadora de serviços, o foco é atender aos clientes, e não criar campanhas publicitárias. Sendo assim, no mundo simulado, essas empresas são de grande valia para promover o produto no mercado.

Por questões de simplificação do processo no *software* de simulação, as empresas de publicidade e propaganda ofertarão ao mercado pacotes de inserção publicitária, os quais satisfazem as necessidades de todas as empresas do mundo simulado. Por mais que, nas disciplinas de Estratégia e *Marketing*, sejam estudados os 4Ps (Produto, Preço, Praça e Promoção) e todo o impacto das estratégias adotadas, no simulador, isso precisa ser simplificado.

A publicidade e a propaganda convencem o cliente a comprar principalmente quando a empresa é nova no mercado. No mundo simulado, isso é verdadeiro para todas as empresas participantes, pois estão todas na mesma situação. Por isso o investimento costuma ser alto nas primeiras jogadas. Contudo, com o tempo, as empresas se tornam mais conhecidas no mercado e as inserções em propaganda já não surtem tanto efeito nos clientes. Isso é um alerta, pois, em determinado momento, as empresas estão investindo valores que não mais resultam em vendas na mesma proporção.

Fontes de informações

Para que as empresas possam tomar decisões assertivas, é preciso acessar informações relevantes para o negócio. No mundo simulado, alguns canais (ou fontes) são disponibilizados para informar os gestores, o que depende do tipo do simulador utilizado. A seguir serão apresentadas as fontes mais usuais, entre as quais apenas a consultoria costuma ter custo extra para as organizações (as demais costumam ser gratuitas).

- **Jornal do segmento** – Essa fonte de informação traz notícias do mercado que são úteis para todas as empresas participantes. É o local onde as premissas do mundo simulado são atualizadas a cada jogada. Deve-se ficar atento às informações dispostas no jornal para observar tendências e embasar a formação das estratégias.
- **Material de apoio do simulador** – Cada empresa desenvolvedora de jogo cria seu próprio material de apoio, o qual será disponibilizado para a instituição de ensino ou treinamento que adquirir seus serviços. Todavia, esse recurso é imprescindível para o sucesso do jogo, pois apresenta todas as regras do mundo simulado, o qual foi adquirido e servirá de base para o entendimento do jogo para professores, aplicadores, facilitadores dos jogos, bem como para estudantes ou treinandos.
- **Relatórios gerados pelas jogadas** – Essa fonte de informação, no primeiro momento, é igual para todas as empresas, visto que todas iniciam com o mesmo escopo; mas, a partir da primeira jogada, esses relatórios serão únicos, ou seja, trarão um espelho da situação de cada empresa, porque vão gerar informações considerando as decisões tomadas nas jogadas anteriores. Tais relatórios podem ser financeiros, contábeis, de *marketing* ou outros.
- **Consultorias** – Essa fonte de informação normalmente tem custo para as empresas. Isso porque, como no mundo real, quando se quer informações já analisadas por especialistas, remunera-se por esse serviço. Em alguns simuladores, apenas

em algumas jogadas oferece-se esse tipo de informação, para que as equipes não atuem no jogo somente adquirindo informações externas.

Mesmo acessando todas essas informações para embasar a estratégia e a tomada de decisão, tudo deve ser criticamente analisado pela equipe participante do jogo para compreender como essas informações impactam nos resultados das jogadas.

Em alguns simuladores, outros atores interagentes também participam, porque os jogos de empresas podem ser formatados buscando diferentes objetivos. No entanto, todos eles certamente exigirão análises detalhadas, estratégias bem estruturadas, visão de futuro e bom senso na tomada de decisão.

Escopo genérico de um jogo de empresas

Para que o estudante ou treinando compreenda melhor seu papel em uma simulação de um jogo de empresas, é preciso saber quais tarefas terá que desempenhar. O escopo genérico de um jogo de empresas apresenta os cargos ou setores imprescindíveis para que uma empresa possa existir no mundo real.

Esses setores ou departamentos são responsáveis pelas atividades que fazem uma empresa operacionalizar seu exercício – logo, seus gestores são os tomadores de decisões em suas respectivas áreas.

As principais decisões tomadas nos jogos de empresas seguem o escopo apresentado na figura seguir.

Figura 2.1 – Escopo dos principais setores/cargos para tomada de decisões

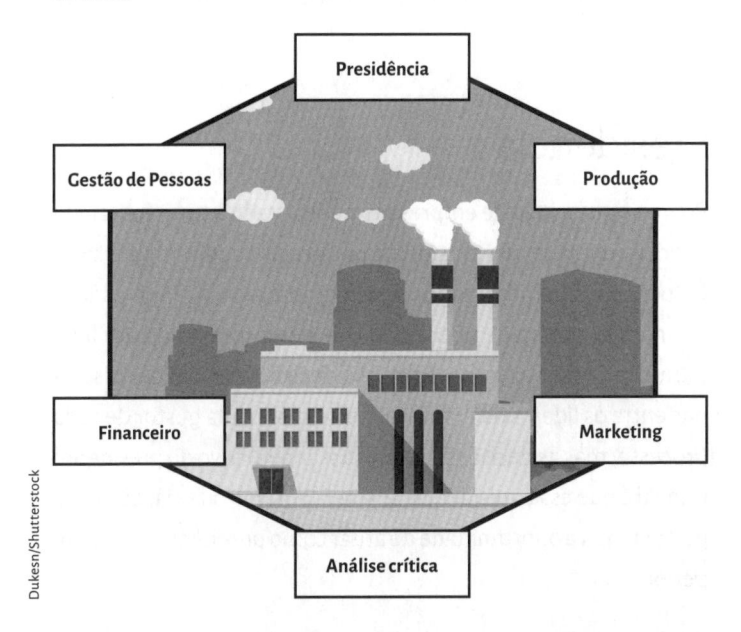

[Figura: diagrama hexagonal com uma ilustração de indústria ao centro e os setores nos vértices: Presidência, Produção, Marketing, Análise crítica, Financeiro, Gestão de Pessoas]

Dukesn/Shutterstock

Como esse escopo está conectado à responsabilidade de cada gestor e também às tomadas de decisões no jogo, tais atividades são realizadas em equipe para que as competências esperadas sejam desenvolvidas. Segundo Gramigna (2007b), algumas competências são:

- ouvir, processar, entender e repassar informações;
- fornecer e receber *feedback* de forma efetiva;
- discordar com cortesia, respeitando a opinião dos outros;
- adotar posturas de cooperação;
- ceder espaços para os colegas;
- mudar de opinião;
- tratar ideias conflitivas com flexibilidade e neutralidade.

A seguir, serão apresentadas em linhas gerais as principais responsabilidades que cada gestor interno terá em um jogo de empresa.

Presidência

Por mais que o jogo de empresas seja realizado em equipe, ainda assim é preciso ter um presidente para a companhia. Alguns simuladores consideram a hipótese de empresas S.A. (Sociedades Anônimas), porém é importante que a empresa tenha um líder para capitanear as estratégias. As decisões devem ser discutidas entre os líderes da empresa, nesse caso, cada gestor de cada processo, mas as decisões devem passar pelo crivo do presidente. O ideal é que essa presidência seja temporária, ou seja, que cada gestor tenha a oportunidade de atuar como presidente em algum período.

Gestão de pessoas

O encarregado pelo setor de gestão de pessoas também precisa ter alguns conhecimentos prévios das práticas de recursos humanos. Isso significa dizer que, além de gerenciar e contratar pessoas, é preciso também conhecer aspectos técnicos, como: Descanso Semanal Remunerado (DSR), quantidade de horas extras permitida, custos das horas extras, prazo de concessão de férias, períodos em que se pode dispensar e em que se pode contratar colaboradores, valores das indenizações, valores de salários, benefícios. Além disso, terá de conhecer também o tempo necessário para a produção de um produto da empresa a fim de dimensionar corretamente quantos colaboradores contratar ou manter na empresa, analisando a produtividade de cada um.

Gestão da produção

O gestor do setor da produção terá de conhecer o ambiente fabril da empresa – deverá ter todas as informações que impactam ou são impactadas pela produção. Os conhecimentos principais serão: insumos necessários para montar um produto; quantidade de hora/homem e hora/máquina necessária para montar um produto; quantidade de máquinas disponíveis e capacidade produtiva delas; taxa de envelhecimento (porque isso reduz a produtividade das máquinas); reconhecimento do melhor momento para trocar as máquinas; estoques disponíveis; quantidade de matérias-primas a serem adquiridas para o próximo período. Considerando que uma empresa no mundo simulado somente produz se tiver matéria-prima, a tarefa de programar a compra dos insumos é de extrema relevância.

Gestão financeira

O gestor financeiro terá a grande responsabilidade de manter a empresa com as finanças saudáveis. Isso significa dizer que deve estar atento às decisões tomadas porque todas elas impactam no financeiro, como: despesas financeiras, administrativas e comerciais; quantidade de matéria-prima comprada; valor a ser pago para o fornecedor; impostos a serem recolhidos por causa das compras e vendas das mercadorias; valor da folha de pagamentos e benefícios; provisão de férias e décimo terceiro salário; contas a pagar e a receber; empréstimos a pagar ou a contrair; investimentos a recuperar e investimentos em *marketing*; formas de recebimento das vendas (à vista ou a prazo); indenizações de demissão; gastos com fretes de compras dos fornecedores (no mundo simulado, geralmente o frete da venda fica por conta do cliente); entre outros.

O gerente financeiro deve estar atento também aos estoques parados porque geram custos financeiros e de armazenagem. Tais estoques podem ser tanto de matérias-primas como de produto pronto que não foi vendido.

Alguns simuladores agregam as funções dos custos das operações da empresa também ao financeiro; outros, abrem uma nova gerência para analisar esses aspectos.

Gestão de *marketing*

É de responsabilidade do *marketing* todas as decisões que envolvem os produtos, como: preço (o qual não pode ser muito baixo, porque não traz rentabilidade ao negócio, nem muito alto, porque pode reduzir as vendas); quantidade do investimento em publicidade e propaganda; formas de pagamento das vendas (à vista, parcelado); monitoramento do comportamento do cliente; *market share* da empresa; e tendências para o mercado (crescimento ou estagnação).

Todos os elementos citados são importantes, mas a previsão de demanda é a principal informação que o *marketing* pode oferecer para a empresa. Será pela previsão da demanda que a empresa tomará as demais decisões, como compra de matéria-prima, contratação de mão de obra ou de novas máquinas, entre outras.

Análise crítica

Nesse caso, não precisa ser exatamente um departamento, mas é o momento em que a equipe se reúne e discute o andamento das estratégias e o futuro da empresa. Nessa fase, todos os gestores devem estar preparados para discutir os números de suas áreas, já devem ter acessado o simulador e visualizado as informações geradas pelas jogadas.

Nesse estágio do jogo, os componentes das equipes já entenderam a dinâmica da simulação e conseguem tomar decisões baseadas em constatações práticas, ou seja, em números. Juntos, analisarão os relatórios gerenciais e contábeis. Para isso, precisam compreender o que diz um Balanço Patrimonial (BP), o que significa a Demonstração de Resultado do Exercício (DRE), entender o Fluxo de Caixa (FC), compreender a situação da conta Caixa, analisar se a empresa está rentável e se essa rentabilidade está coerente com o esperado, compreender os indicadores econômicos e financeiros gerados pelas decisões tomadas pela equipe.

As informações até aqui apresentadas podem variar dependendo do tipo de simulador utilizado, mas as principais estão contempladas.

Síntese

Neste capítulo, apresentamos o mundo simulado, porque os participantes precisam compreender que não é possível parametrizar todas as variáveis da vida real em um *software* de simulação. Para possibilitar a construção de um jogo de empresas, os desenvolvedores dos simuladores costumam agrupar diversas atividades (ou decisões) em uma única ação. Isso impacta em como as equipes participantes devem compreender os assuntos estudados nas disciplinas e como conseguirão aplicar diretamente em campo próprio do simulador. Diante disso, é possível afirmar que a equipe que assimilar melhor a teoria terá vantagens em relação às demais.

Para contextualizar o mundo simulado, abordamos os *stakeholders* que interagem com as organizações e como a ação deles ocorre no ambiente do jogo, representando o ambiente externo da simulação. Na sequência, apresentamos um escopo conceitual de um jogo de empresas, evidenciando os principais setores de uma organização (ou disciplinas dos cursos) que fazem parte do jogo, representando, assim, o ambiente interno da simulação. Para finalizar, discutimos algumas atribuições e responsabilidades dos gestores nas diferentes áreas de uma empresa, as quais ocorrem também no jogo de empresas.

Questões para revisão

1. Para que uma equipe de estudantes ou treinandos possa participar de uma prática de jogo de empresas, é preciso compreender como funciona o mundo simulado. Diante disso, é correto afirmar:
   a) É comum o mundo simulado retratar as atividades internas das organizações desconsiderando os elementos externos (*stakeholders*).
   b) As empresas participantes do mundo simulado são impactadas da mesma forma pelo fato de que estão no mesmo ambiente de negócios.
   c) Os estudantes ou treinandos que atuarão no mundo simulado precisam ter conhecimentos sólidos das disciplinas que serão contempladas no jogo.
   d) O mundo simulado contempla todas as variáveis do mundo real para que os partícipes efetivamente compreendam o funcionamento de uma organização.
   e) O mundo simulado tem como um dos seus objetivos reproduzir a realidade empresarial propiciando aos participantes a vivência de uma experiência prática.

2. Para que um jogo de empresas possa retratar situações reais, o mundo simulado deve ser composto dos principais atores interagentes de um ambiente organizacional. Isso é relevante para que o estudante ou treinando possa agir como se estivesse atuando em empresas legítimas.

Analise as sentenças a seguir, que apresentam atores interagentes de um ambiente organizacional e sua respectiva definição, e avalie se são verdadeiras (V) ou falsas (F).

( ) Os colaboradores de um jogo de empresas apresentam diferentes índices de produtividade.
( ) O papel do sindicato em um jogo de empresas é fomentar greves para que as empresas aumentem os salários.
( ) Em um jogo de empresas, o mercado é apresentado como um local no exterior do qual as equipes podem importar insumos.
( ) O mundo simulado de um jogo de empresas retrata o governo como a entidade que determina as regras econômicas e financeiras do mercado.
( ) Os fornecedores do jogo de empresas disponibilizam quantidades menores de matérias-primas e componentes de que o mercado necessita, visando manter o preço alto.

Agora, assinale a alternativa que apresenta a sequência correta:

a) V, V, V, F, F.
b) V, F, F, V, F.
c) F, F, V, V, V.
d) F, V, F, V, F.
e) V, F, V, F, V.

3. Analise as duas proposições a seguir:
   I. As fontes de informações disponíveis no mundo simulado trazem dados do mercado e são disponibilizadas para as empresas mediante pagamento.
   II. Isso ocorre porque a qualidade das informações disponíveis no mundo simulado é imprescindível para que as equipes tomem decisões, o que justifica o pagamento.

Sobre a relação entre as duas proposições, é correto afirmar:

a) A proposição I é verdadeira e a proposição II é falsa.
b) A proposição I é falsa e a proposição II é verdadeira.
c) As proposições I e II são verdadeiras e se justificam.
d) As proposições I e II são verdadeiras.
e) As proposições I e II são falsas.

4. No mundo simulado, os gestores tomam importantes decisões em um ambiente considerado "seguro", porque não afetam uma empresa real. Isso é benéfico para que estudantes e treinandos possam praticar os conceitos adquiridos durante o curso, seja de graduação, seja de pós-graduação, técnico ou outro, sabendo que estão realizando um experimento.

   Considerando essa ideia, descreva três competências que um estudante ou treinando pode desenvolver ao participar de uma experiência de jogo de empresas.

5. No mundo simulado, as empresas participantes apresentarão alguns setores tais quais as empresas reais, entre eles: financeiro, gestão de pessoas, produção, *marketing*, entre outros. Identifique, no mínimo, quatro atividades inerentes ao processo de gestão da produção.

Questão para reflexão

1. No escopo de um jogo de empresas, foram apresentadas as funções mais visíveis de uma organização: presidência, área de decisão, produção, gestão de pessoas, financeiro e *marketing*. Você já pensou como os produtos seriam vendidos se não houvesse a competência do *marketing* envolvida na promoção, publicidade e propaganda no mercado?

Para saber mais

Você já ouviu falar de realidade aumentada? É uma tecnologia que está em crescimento e trará mudanças significativas na forma como vemos o mundo, pois a proposta é misturar o mundo virtual ao mundo real. Para esclarecer um pouco mais sobre esse assunto, indicamos a leitura da seguinte matéria:

MUNARO, J. Olhar virtual para o futuro. **G1**, Pequenas Empresas & Grandes Negócios, 17 set. 2017. Disponível em: <http://g1.globo.com/economia/pme/pequenas-empresas-grandes-negocios/noticia/2017/09/olhar-virtual-para-o-futuro.html>. Acesso em: 22 maio 2018.

3
ESTUDO DAS ESTRATÉGIAS

3

Conteúdos do capítulo:
- Estudo das estratégias.
- Conceito de estratégia.
- Estratégia nos jogos de empresas.
- Estratégias genéricas de Porter.
- *Balanced Scorecard* (BSC).
- Construção de cenários.

Após o estudo deste capítulo, você será capaz de:
1. entender o conceito de estratégia;
2. compreender a importância de ter uma estratégia no jogo de empresa;
3. empregar as estratégias genéricas de Porter;
4. utilizar o BSC como base para estratégia;
5. construir cenários para formação das estratégias.

PARA GANHAR UM jogo, é preciso planejamento e estratégia. Isso tanto é verdade que jogadores profissionais de várias modalidades gastam parte do tempo analisando os cenários do jogo e o perfil dos oponentes, planejando as jogadas e criando estratégias que permitam a eles ter mais de uma possibilidade de vencer a partida. Como no jogo de empresas isso não é diferente, compete aos gestores participantes utilizar seus conhecimentos para criar estratégias que lhes tragam vantagens competitivas perante a concorrência do mundo simulado.

Dessa forma, após compreender em linhas gerais os conceitos de jogo e também o funcionamento do mundo simulado, o próximo passo será acessar os conceitos acerca de importantes temas, como planejamento, estratégia e construção de cenários.

Para facilitar a compreensão dessas importantes informações, o escopo do estudo será o seguinte:

Figura 3.1 – Etapas de estudo do capítulo

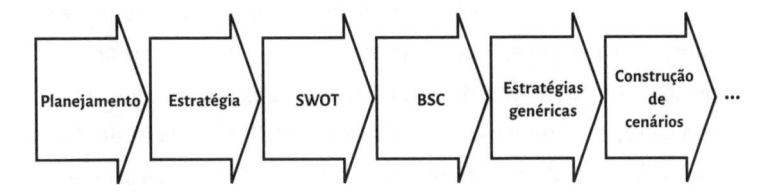

Planejamento → Estratégia → SWOT → BSC → Estratégias genéricas → Construção de cenários → ...

Além de apresentar os conceitos das ideias representadas na Figura 3.1, trataremos da interação delas com os jogos de empresas.

Conceito de planejamento

Planejar é se preparar para realizar uma atividade futura, pois, quando planejamos, consideramos a meta a ser atingida e os recursos necessários para alcançá-la. Extrapolando essa visão para as organizações, é possível afirmar que o planejamento é uma atividade imprescindível para o atingimento dos objetivos propostos e deve orientar a direção mais eficiente para a aplicação dos esforços organizacionais. Isso é verdadeiro porque, se considerarmos que a empresa aplica seus recursos financeiros, tecnológicos e humanos para a realização de suas atividades, é imprescindível que sejam bem utilizados para a perenidade dos negócios.

Robbins (2002, p. 3) explana que "planejamento engloba a definição das metas da organização, o estabelecimento de uma estratégia global para o alcance dessas metas e o desenvolvimento de uma abrangente hierarquia de planos para integrar e coordenar atividades". Isso nos remete ao fato de que a empresa precisa, primeiramente, de um planejamento estratégico, que tem como propósito determinar aonde a empresa pode chegar, desde que utilize estratégias coerentes com esse propósito. Depois de definir o planejamento estratégico (objetivos globais), faz-se o planejamento das atividades-chave da organização.

Exemplificando por meio do jogo de empresas: uma organização fictícia pode estipular como meta global alcançar o maior *market share* nas jogadas. Para atingir esse pressuposto, a equipe terá que determinar como os departamentos-chave deverão proceder. Depois disso, os departamentos terão de planejar detalhadamente as operações com foco em se tornar a empresa com o maior *market share*.

Para planejar as operações da próxima jogada, a equipe analisará atentamente os números da empresa (fictícia) usando relatórios, volume de vendas, compras, tributos, capacidade produtiva, produtividade dos colaboradores, efeitos das ações de *marketing*, entre outras informações. Essa análise crítica, que ocorrerá antes e depois de cada jogada, permitirá à equipe conseguir mudar o curso da empresa por meio de alterações das estratégias, caso não tenham surtido os efeitos desejados.

Conceito de estratégia

No ambiente onde as organizações atuam, tudo é extremamente dinâmico – e o termo *estratégia* teve de evoluir também para atender as novas premissas do mercado. Observe a contextualização na sequência.

Pesquisando sobre o histórico da estratégia empresarial, Maximiano (2009) compartilha que a palavra *estratégia* é uma herança grega relacionada à arte dos generais no planejamento da guerra. Os conceitos de estratégia e técnicas de administração estratégicas alcançaram as empresas no início do século XX, sendo aplicados por dois executivos: Pierre Du Pont e Alfred Sloan, de forma mais evidente por meio de "políticas avançadas", moldando a administração estratégica empresarial como existe hoje.

Maximiano (2009) narra ainda que um pesquisador chamado Chandler analisou as vivências de Du Pont e Sloan, e o fruto de suas pesquisas e análises resultou no livro intitulado *Estratégia e estrutura*, de 1962, que faz a seguinte definição: "estratégia é a determinação das metas e objetivos básicos e de longo prazo de uma empresa; e a adoção de ações e alocação de recursos necessários para atingir esses objetivos" (Chandler, 1962, citado por Maximiano, 2009).

Maximiano (2009) também cita outro autor importante: H. Igor Ansoff, que em 1965 publicou o primeiro livro acadêmico com essa temática, chamado *Estratégia corporativa*, que discute a importância de uma empresa ter metas e objetivos baseados nas análises das oportunidades que os ambientes oferecem.

Mintzberg et al. (2009, p. 29) também apresentam um conceito para estratégia abrangendo um pouco de cada ideia dos autores citados anteriormente:

> Uma estratégia é o padrão ou plano que integra as principais metas, políticas e sequências de ação da organização em um todo coeso. Uma estratégia bem formulada ajuda a organizar e alocar os recursos de uma organização em uma postura única e viável, baseada em suas competências e deficiências internas relativas, mudanças antecipadas no ambiente e movimentos contingentes por parte dos oponentes inteligentes.

E, para finalizar os conceitos sobre a temática da estratégia, citamos a abordagem de Cruz (2011), que apresenta a estratégia com um foco mais voltado para os resultados financeiros das organizações, considerando a maximização dos lucros resultantes da aplicação de uma boa estratégia. Segundo Cruz (2011), a maximização do lucro é o maior motivador para que uma empresa adote uma estratégia dinâmica a fim de atuar no mercado.

O fato de vários autores (e há muitas outras definições para o termo) discutirem o termo *estratégia* remete ao fato de que isso é um elemento crucial para o sucesso de todas as empresas, inclusive no mundo simulado.

Para uma empresa atuante no mundo simulado, as abordagens de todos os autores citados fazem sentido. O desafio está em traduzir o que disseram em conhecimento para formatar a estratégia adequada para cada jogada, uma vez que o ambiente simulado também é dinâmico, assim como na vida real.

Estratégia nos jogos de empresas

Formular e aplicar estratégias no mundo simulado não é tarefa fácil. A equipe pode realizar todas as análises possíveis por meio de ferramentas sofisticadas de análise e tomar decisões somente após muitas discussões até atingir o consenso entre os sócios, mas, ainda assim, não é garantia de sucesso. Por que não?

Porque o mundo simulado é dinâmico e as demais empresas participantes analisam e decidem concomitantemente. Dessa forma, a decisão tomada pela empresa A impactará nas demais participantes e o inverso também é verdadeiro. Observe os exemplos a seguir:

- **Exemplo 1** – Como estratégia para melhorar o Fluxo de Caixa (FC), a empresa Azul aumentou muito o preço de venda do produto em determinado período e as demais empresas aumentaram moderadamente. O que aconteceu? As vendas da empresa Azul reduziram sensivelmente e os concorrentes assumiram as vendas perdidas por ela.
- **Exemplo 2** – Em um universo de dez empresas, as empresas Amarelo, Marrom e Cinza "esqueceram de conceder férias" no período correto para os colaboradores. Nessa jogada, as três empresas entraram automaticamente em férias coletivas (nos jogos de empresas, o período de férias significa produção em baixo ritmo) e, com isso, não conseguiram produzir a quantidade prevista. Nesse caso, essas três empresas tiveram, além da baixa produção, a multa das férias dos colaboradores e o custo com a manutenção do estoque de matéria-prima excedente. Isso certamente impactou negativamente na competitividade das três empresas naquela jogada.

- **Exemplo 3** – A equipe da empresa Verde analisou rigorosamente todas as fontes de informações: relatórios, jornais, manuais e outros; fez todos os cálculos possíveis de compra e venda das mercadorias, de contratação e de dispensa de colaboradores. Enfim, um bom trabalho. Para a surpresa da equipe, a empresa não alavancou as vendas naquele período e seus concorrentes ficaram bem próximos na pontuação. Por que será que isso aconteceu? No *feedback* que o mediador fez com as equipes ao fim daquela jogada, foi constatado que elas adotaram estratégias muito similares e, dessa forma, acabaram dividindo o mercado equitativamente também. Isso serve para reforçar a ideia de que uma empresa não atua sozinha no mercado.

O que pode ser feito para minimizar essas situações que podem ocorrer com qualquer empresa em qualquer etapa das jogadas? Uma das possibilidades é a **construção de cenários**.

Conforme Ghemawat (2012), mapear o cenário de negócios e procurar uma posição vantajosa dentro da indústria em que a empresa atua são atividades imprescindíveis, porém que precisam de certo complemento para garantir o êxito empresarial.

O autor afirma][que é necessário ter em mente o esforço que os competidores estarão dedicando à própria redução de custos e ao incremento de lucratividade de forma contínua, uma vez que eles não ficam estagnados, esperando, esperando...

Diante disso, para tentar vislumbrar movimentos significativos e antecipar as "dinâmicas competitivas" de maneira empática, algumas análises se fazem necessárias, até para que a empresa possa se preparar para as possíveis reações dos concorrentes. Tais análises, mesmo trazendo informações parciais, auxiliarão os gestores a conhecer o terreno em que atuam e possibilitarão a construção de cenários para a implementação de ações mais precisas.

Para as empresas do mundo simulado, a prerrogativa é que a análise e a projeção de cenários aconteçam tendo ciência de sua própria condição na competição. Isso significa que as empresas do mundo simulado precisam se conhecer, ou seja, os empreendedores precisam analisar a estrutura da empresa juntamente com as variáveis (internas e externas) que o jogo apresenta. A partir disso, é possível simular cenários para a formatação de uma estratégia eficaz.

Para conhecer a empresa, uma ferramenta eficiente é a matriz SWOT (*Strengths, Weaknesses, Opportunities and Threats*, em português, matriz FOFA – Forças, Oportunidades, Fraquezas e Ameaças), que tem como foco fazer com que os gestores avaliem as forças e as fragilidades da empresa perante seus concorrentes e conheçam as limitações internas ou as oportunidades de alavancagem.

Observe o modelo conceitual da matriz SWOT na figura a seguir.

Figura 3.2 – Matriz SWOT

Os quadrantes superiores levam o gestor a analisar as questões internas da empresa, quando ele buscará identificar as forças, segundo Kotler e Keller (2006), que podem ser: reputação da empresa, participação de mercado, qualidade do produto ou serviço, eficiência na distribuição e nas inovações, funcionários dedicados, liderança visionária e capaz. Em relação às fraquezas, é possível citar como exemplos: relações interdepartamentais, qualificação dos colaboradores, capacidade produtiva e de garantia da qualidade, ingerência nos custos, falta de políticas de melhoria contínua, entre outros.

Nos quadrantes inferiores, a análise residirá nos aspectos externos da organização, que são as oportunidades e também as ameaças. Kotler e Keller (2006) comentam que essas informações serão obtidas com a análise das forças macroambientais (econômicas, demográficas, tecnológicas, político-legais e socioculturais) e também de significativos agentes microambientais (clientes, concorrentes, distribuidores, fornecedores).

Não existe receita pronta para levantar os dados necessários para preencher uma matriz SWOT, uma vez que cada segmento tem suas próprias características, mas já existem inúmeras matrizes SWOT preenchidas de empresas conhecidas no mercado, disponíveis nas bibliografias e também em materiais da internet que podem auxiliar a equipe a montar sua própria matriz. Embora somente o levantamento das informações para preencher uma matriz SWOT não seja suficiente para garantir que a empresa se conheça inteiramente para construir cenários, ao menos auxilia a equipe a refletir sobre os pontos fortes e fracos que a empresa apresenta em cada fase da competição.

Estratégias genéricas de Porter no contexto dos jogos de empresas

Após analisar a condição da empresa através da matriz SWOT, é preciso determinar o posicionamento da empresa no mundo simulado. A empresa quer ser referência em quê? Preço baixo? Qualidade? Exclusividade? Para auxiliar a equipe a compreender quão importante é a empresa saber como deseja atuar no mercado, o próximo passo será conhecer as estratégias genéricas de Porter: baixo custo, diferenciação e enfoque.

Isso é relevante porque cada estratégia exige ações condizentes com o que se pretende. Vamos compreender melhor isso a seguir.

Porter (2004) nos explica que existe uma taxa de retorno considerada pelos investidores como a mínima atrativa para manter os recursos investidos, equivalente ao retorno dos títulos de longo prazo do governo acrescidos de uma parcela referente ao risco de perder o capital. Uma vez que têm outras indústrias e outros lugares para investir, empresas que frequentemente apresentam resultados inferiores ao rendimento procurado acabam saindo do mercado. Porém, a concorrência faz com que o retorno sobre o capital investido seja cada vez menor.

Porter (2004) lista as cinco forças competitivas: (1) ameaça de entrada de novos concorrentes; (2) ameaça de substituição por outros produtos; (3) poder de negociação dos compradores; (4) poder de negociação dos fornecedores; e (5) disputa entre a concorrência existente. Diante disso, entendemos que a concorrência na área de atuação de uma empresa em qualquer tipo de atividade excede os participantes previamente estabelecidos, independentemente do setor econômico a que a empresa pertence. Observe a seguir o modelo conceitual proposto por Kotler e Keller (2006).

Figura 3.3 – Modelo conceitual

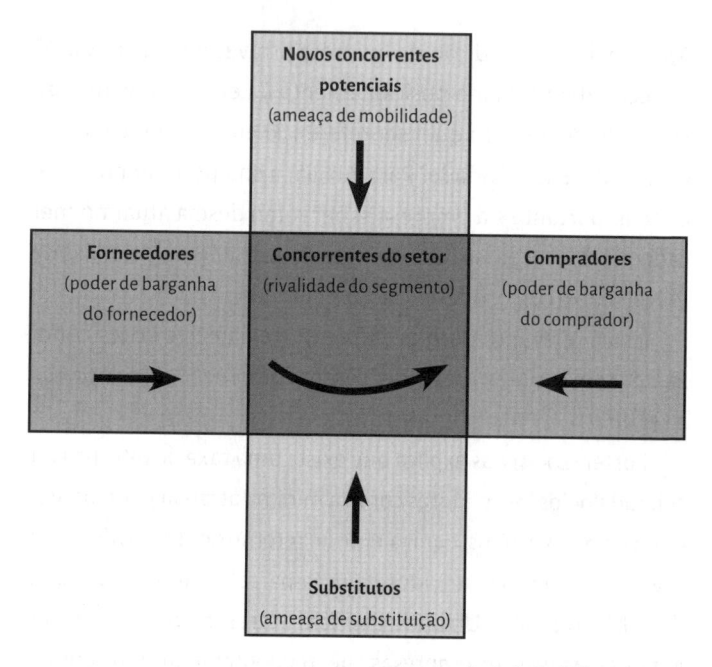

```
                    Novos concorrentes
                        potenciais
                   (ameaça de mobilidade)
                            ↓

   Fornecedores        Concorrentes do setor      Compradores
  (poder de barganha   (rivalidade do segmento)  (poder de barganha
    do fornecedor)                                  do comprador)
        →                    ↻                        ←

                            ↑
                        Substitutos
                   (ameaça de substituição)
```

Fonte: Kotler; Keller, 2006, p. 337.

No contexto do jogo de empresas, as forças competitivas podem se apresentar da seguinte forma:

- **Novos concorrentes** – Essa força costuma ser a que menos aparece nos jogos de empresa, pois os concorrentes já estão formatados com um número determinado de equipes participantes. Mas é claro que isso não impede que alguns modelos de jogos permitam a entrada de outras equipes com a partida em andamento.

- **Rivalidade** – Essa força é extremamente presente nos jogos de empresas, tendo em vista que é uma competição. A rivalidade existe da primeira até a última jogada. Além disso, alguma empresa pode fazer uma oferta de compra a sua concorrente. Tudo depende de como o jogo está formatado e do objetivo central dele.
- **Compradores** – No jogo de empresas, a força do comprador é representada pelo volume de compra e pela condição de pagamento que este pratica com o fornecedor.
- **Fornecedores** – Essa força também é bem atuante no jogo porque os fornecedores são os responsáveis por abastecer a empresa com as matérias-primas da produção. Impactam fortemente nos resultados financeiros em razão do aumento de preço e das políticas de pagamento. É comum nos simuladores de jogos empresariais constarem três ou quatro fornecedores para permitir a escolha de um deles pelos participantes.
- **Produtos substitutos** – Essa força é discreta no jogo de empresas porque, em alguns casos, o jogo está formatado para oferecer essa possibilidade, mas em outros, não. É mais comum ocorrer a substituição da tecnologia fabril (máquinas, equipamentos, bancadas) que do produto principal.

Tal qual na vida real, para o desenvolvimento de uma competitividade sustentável, as empresas podem utilizar as estratégias genéricas de Porter: liderança em custo, diferenciação e enfoque. A empresa pode optar por uma delas ou utilizar um sistema estratégico híbrido próprio, ou seja, fazer uma combinação entre as estratégias dependendo do tipo de produto ou serviço que comercializa. Observe o modelo conceitual da análise das estratégias básicas de Porter:

Figura 3.4 – Modelo conceitual das estratégias de Porter

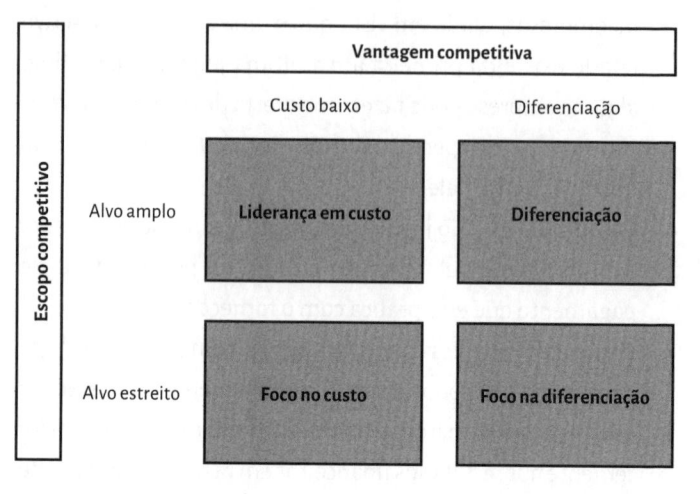

	Vantagem competitiva	
	Custo baixo	Diferenciação
Alvo amplo	Liderança em custo	Diferenciação
Alvo estreito	Foco no custo	Foco na diferenciação

Escopo competitivo

Fonte: Serrano, 2011.

Liderança em custo

A estratégia de liderança em custo consiste em uma empresa desenvolver a liderança do mercado em que atua por meio do menor custo total de produção. Assim, praticar o custo mínimo comparado aos concorrentes passa a ser o foco central dessa estratégia, porém evitando negligenciar aspectos como qualidade, atendimento e outros setores relevantes. Exige uma busca dedicada por melhorias de processos, além de uma sinergia dos esforços aplicados nas políticas de controle e redução dos gastos e desperdícios, o que melhora o retorno (Porter, 2004).

Analisando essa estratégia em comparação com as cinco forças competitivas, pode-se concluir que ela promove barreiras de entrada em razão dos benefícios embutidos nos custos, incluindo economia de escala; posiciona favoravelmente a empresa diante de possíveis substitutos produzidos pelos rivais; protege a empresa em negociações mais agressivas porque os compradores conseguiriam alcançar apenas um patamar próximo ao preço do segundo melhor competidor; encapsula a atuação de fornecedores com alto poder de negociação por meio da flexibilização quanto ao aumento de insumos; permite à empresa auferir lucro ainda que o preço do produto baixe além do ponto de exaurir o lucro dos outros competidores.

Diferenciação

Porter (2004) entende que essa estratégia consiste na criação de um diferencial nos produtos ou serviços da empresa, tornando-os "únicos" naquela indústria, o que permitiria alcançar retornos expressivos e resguardar a empresa com relação às cinco forças competitivas de maneira diversa da liderança em custo. Normalmente, o diferencial seria alcançado criando-se uma marca forte, com detalhes nos produtos, qualidade no atendimento aos clientes quanto à disponibilidade e robustez de peças para reposição ou, no melhor cenário para a empresa, otimizando várias características em conjunto.

A lealdade do consumidor à marca garantiria uma barreira de entrada de novos competidores, aliada ao fato de que um produto novo precisaria, antes, conquistar um lugar no gosto dos clientes para só então substituir o produto existente. Além de que a falta de produtos alternativos com padrão equivalente diminuiria o poder de negociação dos compradores e a maior margem de resultados permitiria enfrentar melhor as negociações com os fornecedores.

A constância dos consumidores também proporcionaria menor sensibilidade ao preço, às vezes sem exigir busca diligente pelo baixo custo, mas sem excluir essa demanda em definitivo, e, por fim, a diferenciação poderia encapsular o produto perante à concorrência. Por apresentar um sentimento de exclusividade, essa estratégia pode se mostrar não condizente com a conquista de uma grande parcela de mercado, além de acarretar altos investimentos, como projetos de novos produtos, pesquisa extensiva, criação da marca, disposição de materiais com alta qualidade ou ampla equipe de atendimento, conflito com outras posições da empresa etc., provocando, por exemplo, uma escolha ou *trade-off* com a estratégia de baixo custo.

A ideia central na estratégia de diferenciação é criar um grupo de consumidores leais a alguma característica apresentada pelo produto ou serviço que o faz ser o único, capaz de entregar esse valor agregado enxergado e buscado pelo cliente.

Enfoque

A empresa que opta por utilizar a estratégia genérica de enfoque trabalha com a hipótese de que consegue atender melhor seu alvo estratégico estreito e mais habilmente do que os competidores que estão atuando de maneira mais abrangente. Essa estratégia também pode adquirir várias formas de atuação ou focos, como determinada parcela de uma linha de produtos, um mercado geográfico ou um grupo de consumidores específicos.

Sua principal característica – especializar-se desenvolvendo a excelência no atendimento de determinado público-alvo – traz o marcante contraponto com as outras estratégias genéricas de diferenciação e liderança pelo custo que se busca alcançar da forma mais ampla possível. Como resultado, a empresa pode obter a diferenciação ao conquistar a satisfação dos clientes desse estreito alvo estratégico, liderar o segmento por ter um custo mais bem elaborado ou, mesmo, por ambos os motivos. Assim, o enfoque pode ser também empregado no desenvolvimento de produtos ou serviços menos sensíveis à substituição ou nas lacunas deixadas pelos competidores. Vale ressaltar que a estratégia de enfoque promove algumas restrições de mercado atendido, requisitando uma escolha ou *trade-off* entre a rentabilidade e o volume de vendas.

Após a apresentação desses importantes elementos que são utilizados como base para a formatação das estratégias empresariais, questionamos: Como traduzir esse conhecimento no jogo de empresas?

Emprego das estratégias genéricas

O desafio para as equipes participantes de um jogo de empresas será traduzir os conceitos aqui estudados em estratégias aplicáveis na competição. Vamos analisar os questionamentos a seguir.

No ambiente do jogo, para que servirá o conhecimento sobre as forças competitivas de Porter?

As forças competitivas servirão para a empresa analisar o mercado em que está inserida ou em que pretende atuar. Assim, antes de realizar o planejamento estratégico, é adequado analisar como essas forças se comportam no mundo simulado. Para isso, busque encontrar as informações nos materiais de apoio disponíveis.

Qual é a utilidade das estratégias genéricas?

No mundo simulado, as empresas também terão de se posicionar, como acontece na vida real. A determinação das táticas, o planejamento das ações e posteriores tomadas de decisões durante as jogadas seguirão os princípios da estratégia escolhida. Se a empresa determinar que a meta é "ser líder do mundo simulado em diferenciação", todas as decisões tomadas pelos gestores terão de buscar o atingimento desse objetivo.

A primeira orientação é que os participantes da simulação – os gestores das empresas fictícias – entrem no jogo e na empresa.

Explicando melhor: não há como montar uma estratégia sem ter informações. É preciso explorar os materiais que serão disponibilizados pelos facilitadores. Para a equipe entrar no jogo, terá de ler o manual ou material equivalente disponibilizado em formato impresso ou digital. Nesses materiais, serão explicadas as regras e também o funcionamento do mundo simulado. Assim, para que a equipe vista a camisa da empresa, precisará conhecer todos os procedimentos.

Entendidas as regras, é necessário conhecer a empresa fictícia que acabaram de assumir. A equipe deverá visitar as páginas do simulador, ler os relatórios iniciais, saber em que situação a empresa se encontra, bem como conhecer a concorrência e o mercado.

As atividades citadas precisam ser realizadas pela equipe em conjunto para que as dúvidas iniciais sejam sanadas pelo facilitador de maneira que todos tenham a mesma informação. Isso é importante porque, nos primeiros contatos com a metodologia e com os relatórios, as informações parecem confusas e os membros da equipe podem entendê-las de forma diferente – ou, pior, equivocada –, gerando conflitos futuros.

Para avaliar se a empresa está apta a reagir às mudanças de mercado, a análise das forças competitivas será extremamente útil. E, por fim, é preciso avaliar como a empresa está atuando no mercado de acordo com as estratégias genéricas de Porter: Está liderando em custo, em diferenciação ou em enfoque?

Balanced Scorecard (BSC)

Outra metodologia que auxilia na construção e na análise de cenários, bem como na formatação de estratégias consistentes com seus propósitos organizacionais, é o *Balanced Scorecard* (BSC). O *BSC*, como é comumente chamado, ajuda a estruturar a gestão do planejamento da empresa, uma vez que tem como premissa quatro dimensões de análise: financeira; de processos internos do negócio; de aprendizado e crescimento; e de clientes.

Conforme Herrero Filho (2005), apenas a análise de informações explícitas (as financeiras, por exemplo) não basta para que os gestores elaborem um arranjo estratégico integrado com metas qualitativas, elegendo este como o mais adequado para manter a competitividade de uma empresa. Após algumas experiências, houve a formação de um cenário empresarial que apresentava alguns fatores peculiares: a constatação de alguns líderes de empresas e especialistas de que a utilização apenas de indicadores financeiros impossibilitaria analisar profundamente a criação de valor considerando ativos intangíveis referentes a relacionamento com clientes, inovações, gestão de informação, habilidades e qualificação dos colaboradores.

Também foi constatada pouca aderência proporcionada entre os métodos de medição de desempenho e a estratégia competitiva implantada, pois, mesmo quantificando bem o resultado operacional, isso não contribuía para a gestão estratégica, ou seja, a medição mais precisa não resultava em melhor gerenciamento. E, por último, havia a compreensão sobre a carência de melhorias na comunicação das empresas para mobilizar a dedicação dos colaboradores em prol da estratégia adotada.

Percebeu-se, dessa forma, que o êxito de uma empresa dependia também da evolução das habilidades e competências dos integrantes das próprias equipes. Assim, nesse ambiente em transformação, surgiu o BSC, sistema de acompanhamento elaborado por Kaplan e Norton na Harvard School para a gestão estratégica. Esse contexto propiciou que o BSC fosse reconhecido como um dos melhores métodos de gestão a partir da década de 1990.

De forma resumida, a metodologia criada por Kaplan e Norton em 1992 tem a premissa de acompanhar, por meio de mensurações, como está o desempenho da empresa em realizar a missão e a visão aplicando os recursos em função da estratégia adotada, analisando determinados focos de atuação ou perspectivas específicas. Nesse ponto, vamos tratar de algumas questões:

- A missão da empresa se refere ao motivo de ela ter sido criada? A qual necessidade e público atende? Que benefício cria e qual é seu propósito de existir?
- A visão se refere à expectativa de evolução? Aonde ela quer chegar? Como pretende ser enxergada no mercado em que atua?
- As mensurações são realizadas por meio de ferramentas denominadas *indicadores de desempenho*, em que são elencados pontos essenciais de acompanhamento, considerando que a grande questão está em como escolher indicadores factíveis e que realmente contribuam para o diagnóstico?
- Para a estratégia, podemos aludir ao conjunto de ações escolhido para alcançar determinado objetivo?
- Quais são os focos específicos ou aspectos relevantes para essa análise?

Os criadores do método BSC definiram que:

> *O Balanced Scorecard complementa as medidas financeiras do desempenho passado com as medidas de vetores que impulsionam o desempenho futuro. Os objetivos e medidas focalizam o desempenho organizacional sob quatro perspectivas: financeira, do cliente, dos processos internos e de aprendizado e crescimento.* (Kaplan; Norton, 1997, p. 8)

O Quadro 3.1 se baseia em Herrero Filho (2005) para abordar as perspectivas citadas, citando a essência de cada uma, com um questionamento que convida à reflexão do que deve ser feito para o bom andamento dos negócios.

Quadro 3.1 – Perspectivas de desempenho no BSC

Perspectiva	Essência	Descrição
Financeira	Como atendemos aos interesses dos acionistas?	Há a verificação se a estratégia adotada contribui de fato para melhorias na condição financeira da empresa, mais precisamente envolvendo o retorno, o lucro líquido e o crescimento.
Cliente	Como o cliente nos enxerga?	A empresa deve procurar descobrir quais são os valores mais importantes para seu público-alvo na intenção de manutenção do nível de satisfação no atendimento, visando cativar e fidelizar os clientes.
Processos internos	Em que processos precisamos ser eficientes?	Identificar os processos críticos da empresa para criação de valor, sustentando as perspectivas anteriores com o objetivo de conquistar e manter cada vez mais clientes satisfeitos.
Aprendizagem e crescimento	Como podemos continuar a melhorar e a criar valor agregado?	A evolução da empresa está vinculada à inexorável experiência adquirida gradualmente na melhoria dos processos internos enquanto opera e às qualificações de recursos humanos necessários e sempre presentes.

Fonte: Elaborado com base em Herrero Filho, 2005, p. 30.

O BSC tem sido utilizado por empresas de diversos segmentos como norteador das estratégias das organizações que necessitam garantir resultados financeiros positivos sem descuidar da análise dos demais elementos basilares do sucesso organizacional. Além disso, mostra-se uma eficiente ferramenta de apoio também para a simulação dos jogos de empresas. Observe a constatação de uma pesquisa realizada em uma empresa participante de um jogo e apresentada por Sauaia (2013, p. 77):

> À luz do referencial teórico que versa sobre as origens, a estrutura, a evolução e as mudanças no uso do modelo do BSC, foram analisados dados relativos ao desempenho da empresa Lion nas oito rodadas de múltiplas decisões. Na pesquisa, detectou-se que o raciocínio norteador da estratégia da empresa foi bem-sucedido graças à utilização do BSC, metodologia que também contribuiu fortemente para o sucesso na implantação e no gerenciamento da referida estratégia em grande parte do jogo. Conclui-se que o BSC pode agregar valor às empresas que o utilizarem como instrumento para tornar mais coesa e sistemática a revisão dos objetivos estratégicos, o que poderá conduzir a melhores resultados gerais.

O autor ainda explica que o BSC representa uma importante ferramenta de apoio aos gestores na tarefa de descrever a estratégia, pois auxilia na definição dos objetivos estratégicos em cada uma das dimensões, os quais serão validados ou não após a análise crítica de cada jogada (Sauaia, 2013).

Construindo cenários

Após preencher a matriz SWOT e com o escopo do BSC em mãos, é salutar construir alguns cenários para arquitetar estratégias condizentes com cada simulação.

Nos jogos de empresas, é comum os cenários serem analisados à luz da conjuntura econômica e financeira do mercado em que se atua, mas outros parâmetros devem ser considerados para obter uma leitura mais apurada. Lobato et al. (2006, p. 43) frisam que, "para entender os cenários alternativos, a organização precisa ir além da simples projeção futura dos acontecimentos passados e da análise dos dados imediatos, antecipando o que é relevante para a construção do seu futuro". Isso significa que, para ser útil, a análise de cenários deve ser realizada considerando uma visão sistêmica do mundo simulado, ou seja, do ambiente em que as empresas fictícias estão alocadas.

Na prática, a construção e a análise dos cenários em que as empresas atuam são exercícios interessantes, pois o gestor terá de extrapolar as informações expostas em várias fontes e diferentes momentos para a realidade de sua organização. E isso é extremamente necessário para a construção de estratégias úteis para o negócio.

Mas como construir um cenário?

Existem diversas metodologias de construção e análise de cenários propostas por vários autores, mas algumas são mais utilizadas nos jogos de empresas do que outras, em razão da simplicidade do método e do tempo disponível para essa tarefa antes das tomadas de decisões no simulador. O Quadro 3.2 faz uma comparação entre os métodos propostos.

Estudo das estratégias

Quadro 3.2 – Comparação entre métodos para a construção de cenários

Etapas	Schwartz (1988)	Schoemaker (1995)	Porter (1996)	Ghemawat (2007)	Godet (2008)
1. Coleta de informações iniciais e definição de escopo.	Identificação da questão principal.	Definição do escopo e do período de análise.	Propósito do estudo. Estudo histórico e da situação atual.	Coleta de informações. Estabelecimento de limites – definição setorial.	Delimitação do sistema e do ambiente. Análise estrutural do sistema e do ambiente (construção da base analítica e histórica).
2. Identificação dos principais elementos dos cenários.	Identificação das principais forças do ambiente local (fatores-chave).	Identificação dos maiores *stakeholders*.		Identificação de grupos de participantes/atores.	Identificação e análise de variáveis e atores.
3. Principais forças motrizes e variáveis-chave.	Identificação das forças motrizes (macroambiente).	Identificação das tendências básicas. Identificação das incertezas-chave.	Identificação das incertezas críticas e descontinuidades.		
4. Estabelecimento de condições futuras, testes e ajustes.	Hierarquização dos fatores-chave e das forças motrizes, por importância e incerteza.		Comportamento futuro das variáveis.	Análise estrutural: compreender o poder da negociação em nível de grupo.	Seleção dos condicionantes do futuro.

(continua)

(Quadro 3.2 – conclusão)

Etapas	Schwartz (1988)	Schoemaker (1995)	Porter (1996)	Ghemawat (2007)	Godet (2008)
4. Estabelecimento condições futuras, testes e ajustes.	Seleção das lógicas dos cenários.		Escolha das variáveis de cenário e definição das configurações.		Exploração das possíveis evoluções.
5. Construção de cenários.	Descrição dos cenários.	Construção de cenários iniciais.	Construção dos cenários.	Pensamento dinâmico	Elaboração dos cenários. Geração de cenário de referência.
6. Análise de implicações, testes de cenários e elaboração dos cenários alternativos.	Análise das implicações e opções.	Verificação de consistência e de plausibilidade. Desenvolvimento de cenários de aprendizagem. Identificação de necessidades de pesquisa. Desenvolvimento de modelos quantitativos.	Análise dos cenários sob as cinco forças e a concorrência.	Pensamento dinâmico	Testes de consistência, ajuste e disseminação.
7. Integração com a estratégia.	Seleção dos principais indicadores e sinalizadores.	Evolução para cenários de decisão.	Elaboração das estratégias competitivas.	Adaptação e molde do modelo de cenário de negócios.	Opções estratégicas e planos sobre monitoração estratégica.

Fonte: Carvalho et al., 2011, p. 13.

Entre os métodos apresentados, um que auxilia na construção de cenário nos jogos de empresas é o proposto por Porter, com a análise das cinco forças e também com a escolha da estratégia genérica competitiva compatível com o propósito da empresa.

Nesse contexto, é comum os gestores adotarem a sistemática de criar ao menos três cenários com o objetivo de preparar a empresa para as adversidades. São eles: otimista, mediano e pessimista.

- **Cenário otimista** – Nesse caso, as empresas estão em situações de lideranças no mercado, as questões econômicas, financeiras e políticas do país estão favoráveis e a perspectiva de crescimento é ascendente. A inflação e os juros estão controlados, os índices de desenvolvimento estão altos, o desemprego está decaindo e a demanda está em crescimento. Para esse cenário, as estratégias estarão voltadas para manter a liderança, reinvestir para continuar crescendo, investir em pesquisa e desenvolvimento de novos produtos e serviços, investir em capacitação dos colaboradores, cuidar do relacionamento com os clientes e manter os custos sob controle.
- **Cenário mediano** – Nesse tipo de cenário, as empresas estão estagnadas porque normalmente o mercado não responde positivamente a inovações, mas o faturamento continua equilibrado. As questões macro e microambientais estão controladas, a oferta de matéria-prima e de mão de obra está satisfatória, a demanda continua uniforme, não há perspectiva de crescimento, mas também não há grandes ameaças da concorrência ou dos produtos substitutos. Nesse cenário, é interessante que os gestores se mantenham em estado de alerta, pois as condições podem mudar repentinamente, surpreendendo-os com notícias que podem ser positivas ou negativas. As estratégias desse cenário estarão voltadas para manter o mercado existente, tentar aumentar o *market share*,

controlar os custos, investir em capacitação de colaboradores e em retenção ou fidelização dos clientes.

- **Cenário pessimista** – É importante que os gestores considerem também que as condições de mercado podem piorar e, por isso, as empresas devem se preparar para dias difíceis. Nesse cenário, as condições de mercados não estão favoráveis ao crescimento das empresas, os juros e a inflação estão altos ou descontrolados, a mão de obra qualificada está escassa e pode até faltar matéria-prima. As empresas estão tentando sobreviver a qualquer custo e podem tomar decisões inusitadas que afetam todo o mercado. O momento é de cautela para todas as empresas e as estratégias mais viáveis para esse tipo de cenário estarão voltadas para agregar valor ao produto e fazer com o que cliente perceba isso, investir em novos produtos e serviços que possam ser mais atrativos e manter bons relacionamentos com os clientes.

Em um jogo de empresas, a construção e a posterior análise de cenários são importantes ferramentas para a formulação das estratégias. Os gestores envolvidos precisam considerar as informações relevantes para seu negócio e utilizar ferramentas adequadas para aplicar a estratégia que possa trazer esse diferencial competitivo de que a empresa precisa para se destacar ou se manter no mercado.

Síntese

Neste capítulo, nosso foco foi revisar conceitos já conhecidos pelos estudantes e treinandos sobre estratégia ou até mesmo apresentar para aqueles que ainda não conheciam a matriz SWOT, o BSC e as estratégias genéricas de Porter. Explicamos a importância da construção de cenários que contemplem situações positivas e negativas de mercado para que os gestores se preparem melhor.

Indicamos que, para a empresa ter informações para construir cenários, pode utilizar a matriz SWOT, a qual auxilia a empresa a se conhecer melhor, tendo em vista que a faz refletir sobre os pontos fortes e fracos da organização. Depois de se conhecer melhor, a empresa precisa definir uma estratégia de atuação no mercado e, para isso, foi sugerida a utilização das estratégias genéricas de Porter, as quais são utilizadas pelas organizações como fonte de competitividade. Tais estratégias apontam em qual nicho de mercado a empresa pretende atuar: liderança em custo, que pode ser compreendida como ter o menor preço do mercado; diferenciação, que significa entregar um produto ou serviço considerado único no mercado; ou foco, voltado a um segmento bem específico no mercado.

Tratamos do BSC como uma metodologia que ajuda os gestores a acompanhar o desempenho da empresa. Observamos que é considerada uma ferramenta gerencial porque busca alinhar (ou demonstrar alinhamento) as diretrizes do planejamento estratégico da empresa e a *performance* alcançada pelos departamentos.

Para finalizar, argumentamos que, com as informações da empresa adquiridas com a aplicação da matriz SWOT e do BSC, é possível construir cenários que auxiliem os gestores a se antecipar aos períodos críticos e a aproveitar os momentos de crescimento. Tais ferramentas se mostram de extrema importância para a simulação de situações otimistas, medianas e pessimistas, permitindo que os gestores visualizem os impactos das decisões em ambientes mais amigáveis, mas também mais hostis.

Questões para revisão

1. "O planejamento, por meio da implementação de mecanismos e de procedimentos sistemáticos, visa alcançar o ajustamento adequado entre a organização e o ambiente. Também garante,

mediante um processo de análise de ameaças e oportunidades, a sobrevivência ao longo prazo além do domínio gerencial da organização" (Guindani, 2012, p. 21).

Com base nesse trecho, analise as sentenças a seguir, que abordam o planejamento no jogo de empresas, e avalie se são verdadeiras (V) ou falsas (F).

( ) O planejamento no jogo de empresas é realizado antes da primeira jogada e é válido por todo o período da competição.
( ) Os gestores do jogo de empresas podem definir como meta ter a empresa com maior participação de mercado durante a competição.
( ) Uma dificuldade do jogo de empresas é a impossibilidade de determinar uma meta, uma vez que não se sabe como a concorrência atuará.
( ) No jogo de empresas, alguns recursos de análise para o planejamento são: capacidade produtiva instalada e efeitos das ações de *marketing*.

Agora, assinale a alternativa que apresenta a sequência correta:

a) V, F, F, V.
b) F, V, F, V.
c) V, V, F, F.
d) F, F, V, V.
e) V, F, V, V.

2. Para a equipe que está participando de um jogo de empresas, é muito importante ter uma estratégia consistente com a meta proposta. Se a meta determinada foi "obter o maior *market share* durante a competição", a estratégia adotada deve levá-la para essa direção.

Considerando a contextualização apresentada, analise as duas proposições a seguir e a possível correlação entre elas:

I. Em um jogo de empresas, agir estrategicamente consiste em analisar os resultados passados, simular possíveis cenários e avaliar atentamente a atuação da concorrência.

II. Em um jogo de empresas, cada empresa tem sua própria estratégia, que independe das ações dos *stakeholders*, como fornecedores, concorrentes e clientes.

Sobre a relação entre as duas proposições, é correto afirmar:

a) As proposições I e II estão corretas.
b) As proposições I e II estão incorretas.
c) A proposição I está incorreta e a proposição II está correta.
d) A proposição I está correta e a proposição II está incorreta.
e) As proposições I e II estão corretas e a II complementa a I.

3. De maneira simples, é possível compreender a construção e a análise de cenário como ferramentas que auxiliam o gestor a definir a estratégia mais adequada para diferentes situações. Quando o ambiente organizacional é incerto, é interessante simular cenários com visões otimistas, pessimistas ou neutras.

Tendo em vista o contexto apresentado, analise as sentenças a seguir, que comentam a importância da análise de cenários para o sucesso do jogo de empresa.

I. Para analisar o cenário no mundo simulado, são necessárias informações sigilosas das demais empresas participantes.

II. No jogo de empresas, a análise de cenários ajuda a montar uma estratégia com base nas informações econômico-financeiras do mundo simulado.

III. Para que uma análise de cenário seja mais efetiva, é importante considerar, além das condições econômico-financeiras, também a atuação da concorrência.

IV. A análise de cenário considera exclusivamente as condições internas da empresa porque são as mais relevantes no desenho da estratégia da próxima jogada.

Agora, assinale a alternativa que apresenta as proposições corretas:

a) I.
b) I e III.
c) II e III.
d) II e IV.
e) III e IV.

4. A análise da matriz SWOT é uma ferramenta bastante utilizada para analisar as condições internas e externas da organização. Diante disso, como você apresentaria o foco dessa matriz?

5. Para que as organizações possam se preparar melhor para o futuro, é preciso planejar e, para isso, são necessárias informações sobre o mercado de atuação. De posse de informações relevantes sobre o negócio, os gestores podem construir cenários otimistas, medianos e até pessimistas. Você consegue distingui-los? Descreva brevemente cada um deles.

Questão para reflexão

1. O livro *A arte da guerra* é um símbolo do estudo da estratégia e foi traduzido para diversos idiomas, disseminando as lições de Sun Tzu. Os ensinamentos do Capítulo 1 são utilizados pelos gestores das organizações na atualidade e estão descritos da

seguinte forma, segundo Bueno (2012, p. 29): "Existem cinco coisas que devemos conhecer para prever o desfecho de uma guerra: (1) o caminho; (2) o tempo; (3) o terreno; (4) a liderança; e (5) as regras".

Substituindo a palavra *guerra* por *estratégia*, como você traduziria esses elementos em um jogo de empresas?

■ Para saber mais

Para saber como os jogos de empresas podem ser utilizados como estratégia nas instituições de ensino superior, sugerimos a leitura do seguinte artigo:

ROMÃO, L. da S.; GONÇALVES, M. S.; ANDRADE, M. A. R. Jogos de empresa como estratégia de ensino nas instituições de ensino superior. In: SIMPÓSIO DE EXCELÊNCIA EM GESTÃO E TECNOLOGIA, 9., 2012, Resende. **Anais**... Resende-RJ: SEGeT, 2012. Disponível em: <https://www.aedb.br/seget/arquivos/artigos12/32716288.pdf>. Acesso em: 22 maio 2018.

4

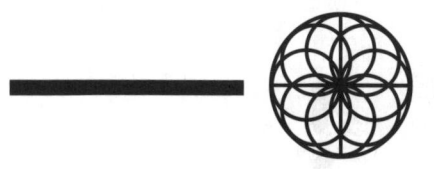

MARKETING

Conteúdos do capítulo:
- Definição de *marketing*.
- Tipos de *marketing*.
- Planejamento de *marketing*.
- Composto de *marketing* (preço, praça, produto e promoção).

Após o estudo deste capítulo, você será capaz de:
1. compreender a importância do *marketing* para a estratégia da empresa;
2. identificar os diferentes tipos de *marketing* utilizados pelas empresas;
3. articular as ações de *marketing* com foco no resultado;
4. planejar os elementos do composto de *marketing*.

MARKETING **ABRANGE UM** contexto fascinante por tratar das estratégias de encontrar o cliente certo para a empresa certa e cativá-lo. É com base nessa afirmação que abordamos o *marketing* e seus impactos nas organizações. Para tal, apresentaremos as definições, os conceitos mais importantes e as ferramentas mais utilizadas do *marketing*, bem como sua contribuição para o desenvolvimento e o crescimento das empresas.

Definição e contextualização de *marketing*

Como definição de *marketing*, utilizaremos a teoria de Kotler e Armstrong (2003, p. 3): "um processo administrativo e social pelo qual indivíduos e grupos obtêm o que necessitam e desejam, por meio da criação, oferta e troca de produtos e valor com os outros". Essa definição simples serve para desmitificar que *marketing* é apenas o setor responsável pela propaganda ou pela venda do produto.

Compreender os conceitos de *marketing* auxiliará os gestores a organizar melhor essa atividade na organização e investir corretamente em ações para oferecer os produtos e serviços adequados ao público-alvo. Mas, considerando que, em algumas empresas, não há um setor específico de *marketing*, vamos também abordar algumas áreas com que este se relaciona.

O *marketing* pode ter relação com a área comercial, que é a responsável por prospectar o mercado, identificar os clientes potenciais e fomentar as negociações com os clientes já conquistados. Quando o *marketing* atua nessas frentes, impacta diretamente no departamento comercial, porque traz vendas para a empresa. É comum os setores de *marketing* e comercial analisarem juntos a previsão de demanda para os produtos da companhia.

O relacionamento do *marketing* com o departamento financeiro reside na necessidade de programar o orçamento necessário para executar as ações de propaganda. Para que essa atividade seja bem coordenada, compete ao *marketing* planejar as ações antecipadamente e estimar o valor a ser utilizado para que o financeiro possa se organizar e disponibilizar o recurso necessário no momento oportuno.

Outro departamento com o qual o *marketing* se envolve é o de pesquisa e desenvolvimento (P&D), ou desenvolvimento de novos produtos. Isso ocorre porque compete ao *marketing* trazer para a empresa a expectativa do cliente para ser traduzida em produto tangível ou intangível (no caso dos serviços). O departamento de desenvolvimento, por sua vez, tem a *expertise* necessária para projetar o produto aliando os requisitos do cliente aos requisitos do projeto e do processo. Isso significa dizer que esse departamento é responsável por informar a possibilidade de produzir ou não determinado produto.

O *marketing* também se relaciona fortemente com o setor de logística no que concerne ao modelo de distribuição utilizado pela empresa. Isso porque o *marketing* é responsável por determinar os canais de distribuição, bem como a utilização ou não de intermediários.

Embora outros departamentos empresariais impactem ou sejam impactados pelas ações de *marketing*, as áreas comercial, financeira, de pesquisa e desenvolvimento e logística apresentam interação maior, por isso foram aqui contextualizadas.

Alguns tipos de *marketing*

Conhecer os tipos de *marketing* existentes ajuda os gestores a direcionar melhor suas ações de promoção do produto – essa promoção não é desconto de preço, mas sim a forma como o produto é mostrado ao mercado. Considerando que os públicos são diferentes para determinados produtos, é preciso encontrar a forma mais eficiente de conectá-lo com o público-alvo. Para ilustrarmos essa ideia, imagine como devem ser as propagandas para vender os seguintes produtos: tênis esportivos, malas de viagem, doces industrializados, pão sem glúten, confecções para executivos, veículos de luxo, eletroeletrônicos de última geração, livros para adolescentes, tecnologias para indústrias, entre muitos outros. É fácil compreender que cada produto aqui citado tem um público específico e necessita de abordagens diferenciadas para que a informação chegue até o comprador, certo? Para não errar na abordagem, conhecer os tipos de *marketing* – como mostra o Quadro 4.1 – é um fator muito importante.

Quadro 4.1 – Tipos de *marketing*

Tipo de marketing	Definição
Digital	É o tipo mais usado no momento em razão das facilidades que as plataformas digitais oferecem. Com a democratização do acesso à internet, os clientes estão cada vez mais conectados aos *sites* de busca, redes sociais e *market places*; dessa forma, as empresas estão investindo cada vez mais no ambiente *on-line*, em detrimento de outras mídias, como televisão, rádio, *outdoors*, entre outros (Andrade, 2012).

(continua)

(Quadro 4.1 – conclusão)

Tipo de marketing	Definição
Redes sociais	É a metodologia de estar onde o cliente está. Nesse caso, a empresa identifica de qual rede social seu cliente participa e se insere nela para monitorar e interagir com ele ou para captar novos clientes (Andrade, 2012).
Indireto	As empresas utilizam esse tipo de forma discreta e, na maioria das vezes, o cliente percebe a aparição "descomprometida" de determinado produto no ambiente. Estratégia frequentemente utilizada em filmes, novelas, séries e espetáculos. Os produtos são dispostos próximos dos atores, sugerindo que ele os consome, e isso faz com que os consumidores que se identificam com o programa ou com os atores os consumam também (Casarotto, 2015).
Game marketing	É uma metodologia bem recente que consiste em usar as ferramentas de jogos (*games*) e brincadeiras para atrair o consumidor (Casarotto, 2015).
Marketing pessoal	São as estratégias e ações que as pessoas utilizam para construir uma imagem, podendo ser no ambiente de trabalho e em seu círculo social ou familiar. A pessoa posicionada faz seu *marketing* pessoal de forma que se torna referência em determinado estereótipo. Ainda, é a decisão de como o indivíduo quer ser reconhecido no mercado: intelectual, atleta, engajado em causas sociais, vegano, politicamente correto, aventureiro, conservador, entre outras possibilidades. Isso tudo para conquistar a confiabilidade do público-alvo (Ritossa, 2012).

Os tipos de *marketing* aqui apresentados são apenas alguns exemplos, já que, ao consultar o *site Marketing de conteúdo* (Casarotto, 2015), você encontrará a descrição de, no mínimo, 81 tipos. No entanto, os aqui descritos são suficientes para entender que tudo depende do tipo de produto que a empresa quer promover e que tipo de mensagem deseja passar ao consumidor. Cada produto ou serviço requer uma estratégia diferenciada de *marketing* e, com o tempo, novos modelos foram (e ainda serão) desenvolvidos pelos profissionais que atuam nessa área.

Planejamento de *marketing*

Depois de conhecer alguns tipos de *marketing* utilizados pelas organizações, fica claro que essa área não é apenas uma disciplina em um curso ou um setor isolado nas organizações. O *marketing* é, antes de tudo, um assunto multidisciplinar e requer uma visão holística de todo o contexto organizacional. Para que o *marketing* ofereça um diferencial competitivo às organizações, é preciso planejá-lo de forma que os recursos empregados auxiliem a empresa a se posicionar corretamente no mercado.

Planejar essas ações é tarefa importante na organização porque tem como foco trazer resultados financeiros para a empresa. Os gestores esperam que todo o esforço e o investimento realizado para promover o produto ou o serviço resultem em vendas e reconhecimento no mercado. Por isso as ações de *marketing* devem ser meticulosamente planejadas, executadas e controladas para verificar se os objetivos foram atingidos ou não. Segundo Kotler e Keller (2006, p. 24): "O processo de planejamento de *marketing* consiste em analisar oportunidades de *marketing*, selecionar mercados-alvos, projetar estratégias de *marketing*, desenvolver programas de *marketing* e gerenciar o esforço de *marketing*".

Ainda segundo o autor, o ambiente de *marketing* é constituído pelo ambiente de tarefa e pelo ambiente geral, os quais exigem estratégias diferenciadas para trazer resultados satisfatórios. São compostos pela concorrência e também por outros atores, conforme discutem Kotler e Keller (2006, p. 24):

O ambiente tarefa: inclui os participantes imediatos envolvidos na produção, distribuição e promoção da oferta. Os participantes principais são a empresa, os fornecedores, os distribuidores, os revendedores e os clientes alvos. O ambiente geral é formado por seis componentes: ambiente demográfico, ambiente econômico, ambiente natural (meio ambiente), ambiente tecnológico, ambiente político-legal e ambiente sociocultural.

A Figura 4.1 a seguir apresenta um resumo do processo de *marketing*.

Figura 4.1 – Fatores que influenciam a estratégia de *marketing* da empresa

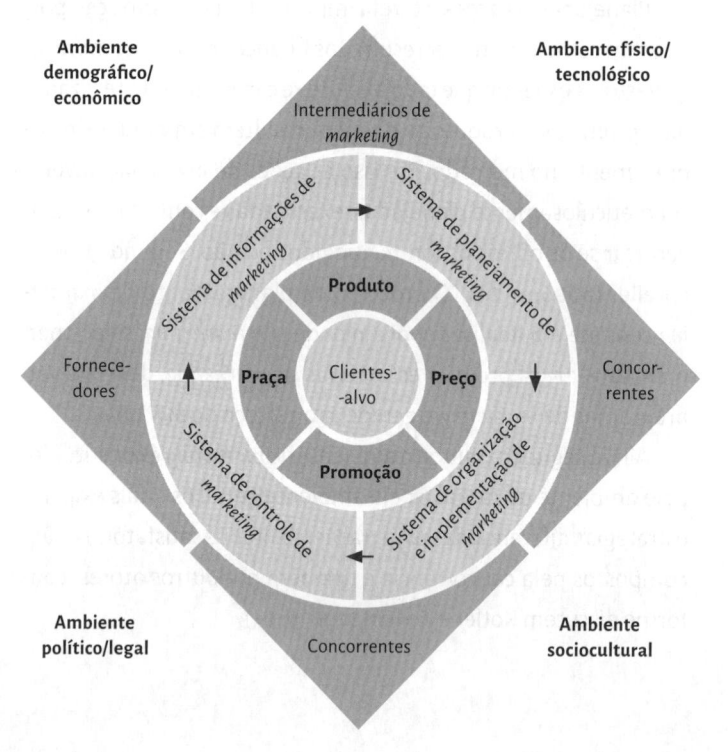

[Diagrama com os elementos: Ambiente demográfico/econômico, Ambiente físico/tecnológico, Ambiente político/legal, Ambiente sociocultural, Intermediários de marketing, Fornecedores, Concorrentes, Sistema de informações de marketing, Sistema de planejamento de marketing, Sistema de controle de marketing, Sistema de organização e implementação de marketing, Produto, Praça, Preço, Promoção, Clientes-alvo]

Fonte: Kotler; Keller, 2006, p. 24.

Pela imagem, entende-se que estratégias de *marketing* que consideram tais variáveis têm mais chances de sucesso que estratégias muito simplificadas. Elas são importante porque os clientes da empresa são impactados por tais elementos, e isso influencia as transações comerciais de compra e venda de mercadorias.

O planejamento visa o bom uso dos recursos financeiros nas áreas que exigem ações mais efetivas e que resultem em retornos para a organização.

Para isso, as empresas podem utilizar um Sistema de Informações de *Marketing* (SIM) que sirva de base para as tomadas de decisões. Segundo Reichelt (2013, p. 152), "um bom SIM pode trazer vantagem competitiva para a empresa, no mínimo, de três formas diferentes: (1) pela melhor definição dos mercados nos quais deve atuar; (2) pelo melhor desenvolvimento da oferta; e (3) por meio da melhor execução do planejamento de *marketing*". Com o uso do sistema, é possível planejar, aplicar, analisar e melhorar as ações de *marketing* continuamente.

Figura 4.2 – Sistema de Informações de Marketing (SIM)

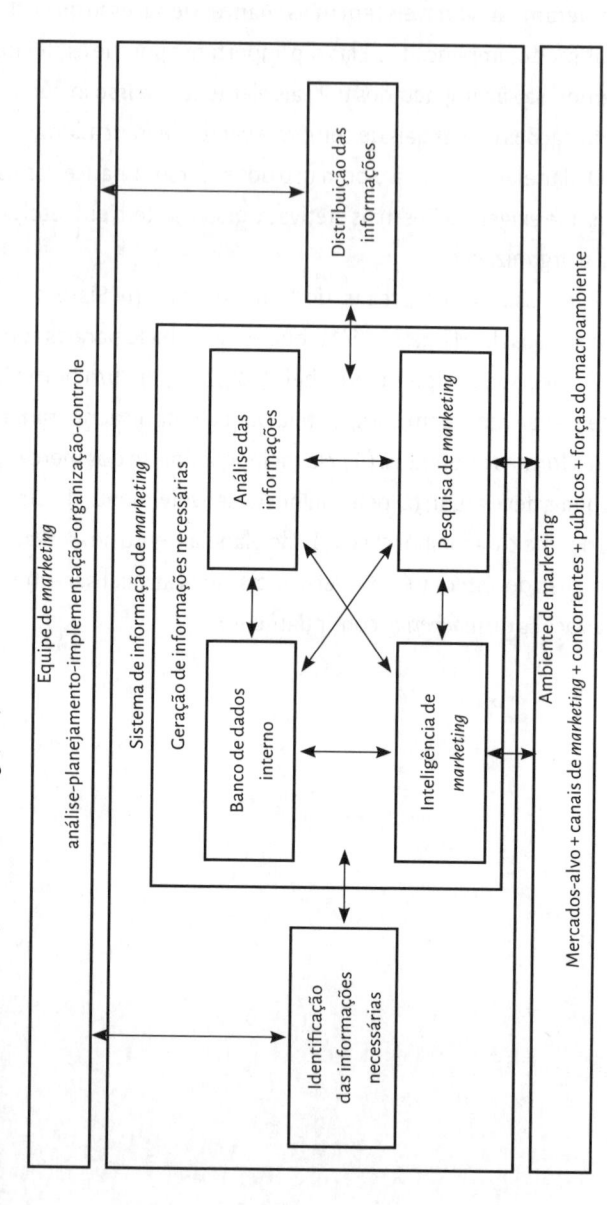

Equipe de marketing
análise-planejamento-implementação-organização-controle

Sistema de informação de marketing

Geração de informações necessárias

- Análise das informações
- Pesquisa de marketing
- Banco de dados interno
- Inteligência de marketing

Distribuição das informações

Identificação das informações necessárias

Ambiente de marketing
Mercados-alvo + canais de marketing + concorrentes + públicos + forças do macroambiente

Fonte: Kotler; Armstrong. 2003. p. 89.

Por meio do levantamento das informações com o SIM, as empresas conhecem melhor seus processos internos e, com isso, idealizam estratégias mais efetivas para sua atuação externa. Segundo Paixão (2012b, p. 78): "quanto maior o número de informações, maior a possibilidade de se alcançar uma vantagem competitiva".

No jogo de empresas, há um SIM para dar suporte à equipe? Em um jogo de empresas, o SIM estará inserido no ambiente do simulador contendo todos os dados necessários para que a equipe possa analisar conjuntamente e tomar as decisões baseadas nesse sistema. Os elementos essenciais estarão explicados tanto em telas do simulador quanto no material de apoio fornecido às equipes, pois o monitoramento do mercado dependerá da qualidade das análises e da formatação das estratégias por parte dos gestores.

Ainda na sistemática do jogo de empresas, há a necessidade de as empresas fictícias definirem seu composto de *marketing*, conhecido também como *mix de marketing*.

Composto de *marketing*

A idealização do composto de *marketing* é um exercício interessante ao gestor porque o auxilia a conhecer melhor os quatro principais pilares para uma estratégia eficiente. Segundo Kotler e Keller (2012, p. 24), o *mix* de *marketing* é composto de: produto, preço, praça e promoção (4 Ps).

Produto

A criação de um produto envolve uma série de elementos a serem considerados pelos profissionais de *marketing*. Não se deve criar um produto apenas para satisfazer a vontade de seu criador, e sim para atender a uma necessidade de mercado.

Segundo Reichelt (2013, p. 84, grifo do original),

> o "P" de **produto** se refere ao produto ou serviço que é ofertado ao mercado para satisfazer às necessidades do público-alvo, bem como à sua marca e à embalagem, que fazem parte da oferta total da empresa. Ele a primeira decisão do composto de marketing, pois de nada adianta a empresa decidir os outros Ps se ela não tiver algo (produto ou serviço) para oferecer aos clientes.

Reichelt (2013) também classifica o produto em quatro categorias: tangíveis, intangíveis, ideias e experiências.

Quadro 4.2 – Classificação dos produtos

Classificação do produto	Definição
Tangível	São os produtos físicos, os quais podem ser manufaturados por diferentes processos. Nessa categoria, é possível citar: veículos, confecções, calçados, eletroeletrônicos, eletrodomésticos, brinquedos, bolsas, joias, móveis, entre outros. Os bens físicos geralmente são produzidos distantes dos centros consumidores e o cliente não participa do processo, principalmente quando o bem é industrializado em massa. Além disso, os produtos tangíveis podem ser estocados, transportados e a qualidade é avaliada por suas funcionalidades e seus aspectos visuais.

(continua)

(Quadro 4.2 – conclusão)

Classificação do produto	Definição
Intangível	Os serviços também são considerados produtos, entretanto, são intangíveis, ou seja, não podem ser tocados. A prestação de serviço se diferencia e muito da produção de um produto, pois o cliente geralmente participa do processo, ou seja, pode acontecer na casa do cliente (serviço de manutenção elétrica, hidráulica, pintura, montagem e desmontagem de móveis, entre outros) e pode ocorrer também na empresa onde o profissional atua (serviços odontológicos, médicos, advocatícios, lavanderias profissionais, exames laboratoriais, entre outros).
Ideias	É considerado um produto intangível. Nesse caso, as ideias estão relacionadas a alguns produtos que desejam transmitir uma informação específica, tal como um livro, uma palestra ou serviços prestados por uma ONG.
Experiências	Esse tipo de produto é ainda mais efêmero que as ideias, pois é uma categoria nova desenvolvida pelo *marketing* em que o cliente participa de uma "experiência única patrocinada pela empresa", como: assistir a um filme em 6D (efeitos que saltam, criando a ilusão de volume, profundidade, movimento, vento, fumaça, bolhas de sabão, raios, aroma, espirros e água, entre outros); participar de um *show* com o ator ou cantor preferido do indivíduo; visitar a fábrica do produto que adquire; ter um dia diferenciado proporcionado pela empresa do produto que adquire ou do produto que consome; entre outros.

Fonte: Elaborado com base em Reichelt, 2013, p. 24.

A concepção de um novo produto (tangível ou intangível) deve ser planejada e organizada com base em um projeto para que os registros sejam realizados por fase. Deve-se atentar ao Ciclo de Vida do Produto (CVP), em que as ações diversas ocorrem e devem ser devidamente monitoradas. Observe a Figura 4.3 a seguir:

Figura 4.3 – Ciclo de Vida do Produto (CVP)

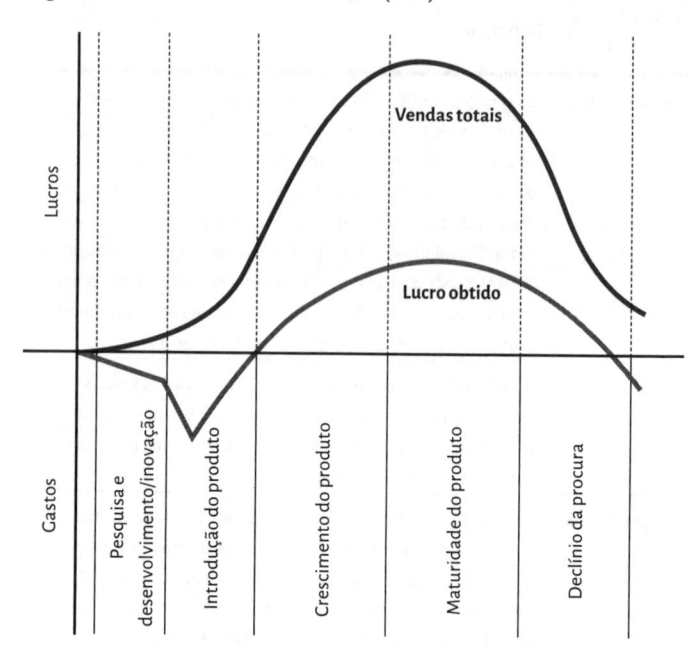

Eixo Y: Lucros
Curvas: Vendas totais; Lucro obtido
Eixo X (fases): Gastos | Pesquisa e desenvolvimento/inovação | Introdução do produto | Crescimento do produto | Maturidade do produto | Declínio da procura

- **Desenvolvimento** – Essa fase é caracterizada pela concepção de um novo produto. Nessa etapa, são definidas as características físicas do produto, suas funcionalidades, aplicações, matérias-primas que serão utilizadas, tipo de embalagem, processo produtivo necessário, hora/homem e hora/máquina necessárias, tamanho de lote econômico, simulações de custos e retornos financeiros, canais de distribuição, entre outras decisões. Nesse período, ocorrem os maiores investimentos na estrutura necessária para a produção. É comum a indústria produzir lotes pilotos ou amostras para testes e degustações a fim de que possa ser realizada uma prévia de aceitação no mercado antes de produzir em massa. Quando há essa possibilidade, as indústrias têm a oportunidade de ouvir o cliente e fazer os ajustes necessários antes de iniciar a produção de grandes lotes.

- **Introdução** – Nessa fase, o produto já está pronto e será distribuído ao mercado. Segundo Kotler e Keller (2012, p. 330): "esse é um período de baixo crescimento nas vendas, uma vez que o produto está sendo introduzido no mercado. Não há lucros nesse estágio devido às pesadas despesas com o lançamento do produto". Nesse período, os investimentos residem na comunicação com o cliente, ou seja, são realizadas ações promocionais e midiáticas para atingir o público-alvo e também é comum haver um evento de lançamento para apresentar o produto oficialmente ao público consumidor. Nessa etapa, é importante que o *marketing* avalie se os canais de comunicação utilizados estão surtindo o efeito desejado e também se os canais de distribuição estão conseguindo fazer com que o produto chegue ao consumidor final.
- **Crescimento** – Quando o produto obteve uma boa aceitação no mercado, entra na fase de crescimento e, aí sim, passa a gerar lucros para a empresa. É interessante que, nessa fase, o produto "se pague", ou seja, que amortize os investimentos iniciais de entrada no mercado. Mas também surgem os concorrentes, então é interessante que o *marketing* esteja atento para fortalecer a marca e não perder *market share*.
- **Maturidade** – Com o passar do tempo, o produto tende a entrar em sua fase de maturidade, quando já está bem conhecido no mercado, mas o lucro e até o volume de vendas tendem a se estabilizar ou reduzir em virtude das ações da concorrência (Kotler; Keller, 2012). Nessa etapa, é interessante que o *marketing* já inicie o processo de análise do que fazer com o produto no futuro, o qual pode ser revitalizado, substituído ou retirado do mercado definitivamente. Esse período de maturidade pode durar décadas, anos ou meses, porque depende da natureza do produto ou do serviço.

- **Declínio** – Essa é a última fase por que passa um produto ou serviço. Segundo Kotler e Keller (2012, p. 330), é o "período em que as vendas mostram uma queda vertiginosa e os lucros desaparecem". Mas, caso a empresa tenha antecipado a decisão do que fazer com o produto na maturidade, essa fase de declínio pode chegar ao produto mais rapidamente ou mais lentamente.

Preço

Definir o preço costuma ser uma atividade interessante, pois inúmeras variáveis impactam nessa decisão. Mas vamos iniciar o processo conhecendo uma definição para *preço*. Segundo Crocco et al. (2010a, p. 146-147),

> *preço é a quantidade de dinheiro que um produtor cobra por seu produto, seja este um bem ou um serviço. Observe-se que, especialmente em serviços, existem diferentes nomes para o mesmo conceito: tarifa de táxi, aluguel de uma moradia, mensalidade de uma academia de ginástica, prêmio do seguro, honorários do advogado, juros de um empréstimo, todos são exemplos de preços.*

Entre os quatro elementos do *mix* de *marketing*, o único P que traz retorno financeiro de forma efetiva é o de *preço*, uma vez que produto, praça e promoção consomem recursos. Partindo desse pressuposto, a remuneração pelo produto, ou seja, o valor que o cliente pagará para obter o produto ou utilizar o serviço, terá de cobrir todas as despesas realizadas pelos outros Ps e, ainda, auferir lucro pelas vendas. No entanto, o desafio é fixar um preço que resulte em lucro para a empresa sem se tornar proibitivo para o público-alvo.

Por isso a definição do preço adequado de um produto depende de algumas variáveis, as quais os gestores devem conhecer, principalmente: custo de produção do bem ou da prestação do serviço, perfil dos clientes, atuação dos concorrentes e estratégia de preço que a empresa pretende utilizar. Vejamos uma descrição dessas variáveis mencionadas.

- **Custo de produção do bem ou prestação do serviço** – Para evitar futuros equívocos, inicialmente é interessante diferenciar *custo*, *preço* e *valor*. Em linhas gerais, é possível definir **custo** como o valor monetário utilizado para a produção do item, com matérias-primas, gastos gerais de fabricação, embalagem, mão de obra, custo da hora do operador, custo da hora de máquinas e equipamentos, energia, água, entre outros. Quanto ao **preço**, já se sabe que é o montante que o cliente desembolsa para obter o produto. **Valor** é o que o cliente reconhece no produto, o que está intrinsecamente ligado à utilização desse produto ou serviço.
- **Perfil dos clientes** – Um elemento bem importante na determinação do preço de um produto ou serviço é o perfil do cliente (quem é e quanto está disposto a pagar pelo bem). Por exemplo: se o produto atende à necessidade do público adolescente (o qual não tem renda própria e, provavelmente, adquire seus produtos com a mesada recebida pelos pais), a pergunta é: "Quanto os pais estão dispostos a pagar pelo produto?".
- **Atuação da concorrência** – Conhecer a concorrência também é crucial para a determinação do preço do produto ou do serviço. Identificar o preço praticado pela concorrência indica o valor que o cliente já está acostumado a pagar. A leitura deve ser a seguinte: se fixar um preço muito abaixo da concorrência, o cliente pode entender que o produto do concorrente é melhor, pois é mais caro; se o preço ficar muito mais alto que o da concorrência, o valor agregado do produto deve ser muito bem evidenciado, pois o cliente pode conjecturar quais

motivos o fariam pagar mais caro por um produto que ainda não conhece.
- **Estratégias de preços** – As estratégias mais comuns utilizadas pelas empresas são preço de desnatação de mercado (*skimming*), preço de penetração no mercado e preço *premium*. Segundo Crocco et al. (2010b, p. 76-77),

> *desnatamento de mercado é a estratégia de preços que busca estabelecer o máximo preço possível para um produto introduzido no mercado, reduzindo-o gradativamente. [...] Preço de penetração é a introdução de produtos por um preço abaixo da média dos concorrentes, para, em seguida, elevá-lo gradativamente com a finalidade de capturar imediatamente uma parcela do mercado. [...] Preço Premium consiste na oferta de um produto a um preço maior que a média do mercado, em virtude das características superiores de qualidade ou de design, ou de serviços associados.*

Na prática, a definição do preço engloba também os objetivos pretendidos com a precificação, como ampliar o *market share* da empresa, reduzir estoques momentaneamente, maximizar lucro, melhorar a margem de contribuição do produto, entre outros. Outro elemento que impacta na fixação de preço é o valor do frete da região, pois, se a empresa oferecer frete grátis, esse valor será embutido no preço do produto com certeza. Todos esses elementos e outros mais devem ser considerados no momento da definição do preço a ser praticado no mercado.

Segundo Kotler e Armstrong (2007, p. 264), "um método simples para determinar o preço é o 'preço por custo mais a margem (*cost-plus*)' – adição de um *markup*[1] aos custos do produto".

---

[1] Conforme Kotler e Armstrong (2007, p. 264): "*markup* é uma margem arbitrária acrescentada ao custo".

Já para Cobra (2009, p. 239), o *markup* significa: "Preço de venda = custo de venda + *markup* ou *Markup* = preço de venda – custo de venda".

Ainda segundo esse autor, entre as aplicações do *markup*, podem-se citar: "cálculo do preço de venda quando o custo é conhecido, cálculo do custo quando o preço de venda é conhecido, cálculo tanto do preço de venda quanto do custo quando o *markup* em valor monetário e em porcentagem é conhecido" (Cobra, 2009, p. 239).

Para facilitar a compreensão desse conceito, observe o exemplo a seguir:

> Fórmula: 100/[100 – (DV + DF + LP)]
> Onde:
> - 100 para representar o preço unitário total de venda em percentual;
> - DV para Despesas Variáveis;
> - DF para Despesas Fixas; e
> - LP para Margem de Lucro Pretendida.
>
> **Exemplo prático 1**:
> Vamos considerar que seu produto ou serviço custa 50,00, [sic] e que você tem os seguintes índices:
> DV = 10%, DF = 10% e LP = 10%
> Aos cálculos:
> Markup = 100/[100 – (DV + DF + LP)]
> Markup: 100/[100 – (10 + 10 + 10)]
> Markup: 100/(100 – 30)
> Markup: 100/70
> Markup: 1,4286
> Assim [...] para se obter o preço de venda, basta multiplicar o valor que representa o custo direto unitário da mercadoria pelo índice encontrado. Ou seja:
> Preço de Venda: 50,00 × 1,4286 = 71,43

Fonte: Endeavor Brasil, 2015a, grifo do original.

É importante lembrar que a margem de lucro sobre o preço de venda nunca poderá ser superior a 100%. Você verá que, se fizer o cálculo com uma margem de lucro muito alta, próxima de 90% ou 95%, o resultado se torna exponencial, cada vez mais alto. Por isso, não confunda o lucro esperado sobre seu custo com a margem de lucro esperada sobre o preço de venda. Como o valor do lucro está embutido no valor do preço final de vendas, a margem percentual nunca poderá ser maior que 100%.

Praça

Após ter compreendido os principais conceitos sobre produto e preço, chegou o momento de pensar em como inserir o produto no mercado, ou seja, distribuí-lo. No *mix* de *marketing*, esse assunto é tratado dentro do P de *praça*. Nesse sentido, esse P pode ser entendido por um viés logístico.

Crocco et al. (2010a, p. 7) comenta que "praça é tudo o que se relaciona à distribuição, localização física e logística envolvida para fazer um produto chegar às mãos do consumidor". Pensando sob esse viés, percebe-se que os encarregados de *marketing* e de logística devem tratar juntos do processo de distribuição. Por um lado, *marketing* definirá **aonde** o produto deve chegar e **quais** canais de distribuição utilizará. A logística, por outro lado, definirá **como** os produtos chegarão a seus destinos predeterminados. Assim, é importante compreender que a decisão do *marketing* sobre a praça em que a empresa atuará, bem como quais intermediários serão utilizados, deve ocorrer antes das decisões logísticas.

Em relação ao *marketing*, as decisões estratégicas residem na definição dos canais de distribuição. Segundo Kotler e Keller (2012, p. 9): "as empresas usam canais de distribuição para apresentar, vender ou entregar bens ou serviços ao comprador ou usuário. Fazem parte desses canais os distribuidores, os atacadistas, os varejistas e os agentes que atuam como intermediários".

Quando a empresa utiliza intermediários entre o fabricante e o consumidor, está terceirizando ou delegando a tarefa de entregar o produto ao cliente. Certamente, ao fazer isso, a indústria perde parte do controle dessa operação, mas ganha em termos de alcance do público. Uma indústria de móveis de escritório, por exemplo, quando fabrica e vende diretamente ao consumidor final, tem alcance limitado porque, na maioria das vezes, o custo do frete inibe um pouco as vendas. Se a fábrica, porém, utiliza intermediários para distribuir seus produtos, uma vez que a venda para os intermediários é maior, o custo do frete é diluído e impacta menos no preço apresentado ao cliente.

Os canais estão organizados em níveis de interação com o consumidor final e podem ser de nível zero, um, dois e três.

Kotler e Keller (2012) citam algumas funções dos membros do canal:

- Reunir informações sobre clientes atuais e potenciais, com correntes, participantes e forças do ambiente de *marketing*.
- Desenvolver e disseminar mensagens persuasivas para estimular a compra.
- Negociar e entrar em acordo sobre o preço ou outras condições para que seja possível realizar a transferência de propriedade ou posse.
- Formalizar os pedidos com os fabricantes.
- Levantar os recursos para financiar estoques em diferentes níveis no canal e em *marketing*.
- Assumir riscos relacionados à operação do canal.

Kotler e Keller (2006, p. 471) afirmam que os canais de distribuição são categorizados da seguinte forma:

Figura 4.4 – Canais de *marketing* de bens de consumo

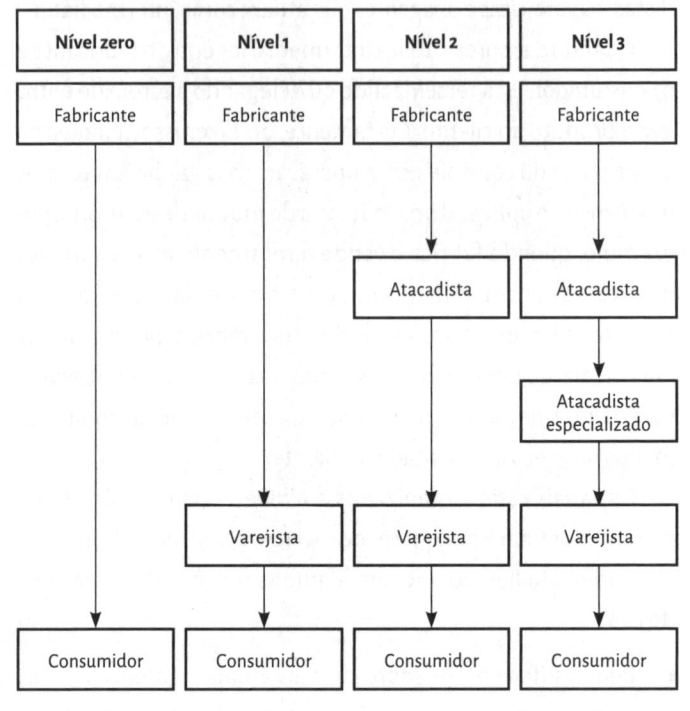

Nível zero	Nível 1	Nível 2	Nível 3
Fabricante	Fabricante	Fabricante	Fabricante
		Atacadista	Atacadista
			Atacadista especializado
	Varejista	Varejista	Varejista
Consumidor	Consumidor	Consumidor	Consumidor

Fonte: Kotler; Keller, 2006, p. 471.

Figura 4.5 – Canais de *marketing* industrial

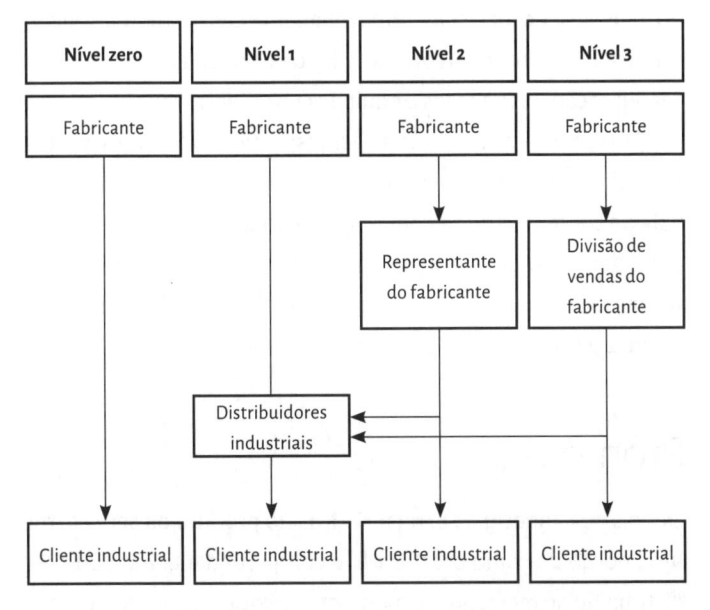

Nível zero	Nível 1	Nível 2	Nível 3
Fabricante	Fabricante	Fabricante	Fabricante
		Representante do fabricante	Divisão de vendas do fabricante
	Distribuidores industriais		
Cliente industrial	Cliente industrial	Cliente industrial	Cliente industrial

Fonte: Kotler; Keller, 2006, p. 471.

As figuras são autoexplicativas, mas é bom reforçar que canal de **nível zero** (canal direto) ocorre quando o produtor vende direto ao consumidor final; o canal de **nível um** conta com um único intermediário, o de vendas, como um varejista; o canal de **nível dois** tem dois intermediários, geralmente, o atacadista e o varejista; e o canal de **nível três** contém três intermediários, que podem ser um fabricante, um atacadista e um distribuidor.

A praça discutida sob o viés logístico se remete às decisões voltadas aos modais de transporte que serão utilizados para a entrega do produto, bem como aos custos que incorrem na operação. Entre os elementos que fazem parte dessas decisões, estão o custo e o modal de transporte disponível na região.

O custo envolvido na distribuição se refere à movimentação e ao manuseio de materiais, armazenagem externa, reorganização da carga, distância percorrida, mão de obra envolvida, tributos, manutenção dos veículos e equipamentos, entre outros.

Em se tratando de modais de transporte, o rodoviário é o mais utilizado, uma vez que a matriz de transporte brasileira foi desenvolvida contemplando a construção de rodovias de norte a sul do país. Identificando os modais que podem ser utilizados para a distribuição, é possível identificar a disponibilidade, a frequência e a rapidez para entregar o produto ao mercado consumidor.

Promoção

Depois de conhecer as características do produto ou serviço, ter uma noção de como precificá-lo e compreender como pode ser distribuído no mercado, é o momento de se ocupar em como fazer com que o cliente conheça o produto. É nesse quesito que o P de *promoção* tem sua essência. Comunicar ao cliente o que é o produto, quanto custa e onde encontrá-lo são informações essenciais que a promoção deve disponibilizar ao cliente.

Para promover o produto no mercado, as empresas desenvolvem o composto promocional ou *mix* de comunicação, com o objetivo de informar e evidenciar ao cliente os benefícios e atributos do produto ou serviço. Crocco et al. (2010a, p. 156) ainda afirma que "promoção busca convencer ou estimular os compradores potenciais à experimentação".

Para promover o produto, a empresa pode utilizar diversas estratégias e diferentes formas de comunicação. Segundo Kotler e Keller (2012), tais formas são:

- **Propaganda** – Anúncios impressos e eletrônicos, embalagens, encartes, folhetos, cinema, painéis, placas de sinalização, pontos de venda.
- **Promoção de vendas** – Concursos, jogos, sorteios, loterias, exposições, demonstrações, cupons, descontos, bonificações de trocas.
- **Eventos e experiências** – Esportes, entretenimento, festivais, artes, causas, visitas à fábrica, museus de empresas, atividades ao ar livre.
- **Relações públicas e publicidade** – *Kits* de imprensa, discursos, seminários, relatórios anuais, *lobby*, mídia de identidade.
- *Marketing* **direto e interativo** – Catálogos, mala direta, *telemarketing*, compras eletrônicas, *e-mail*, correio de voz, *blogs* corporativos, *sites*.
- *Marketing* **boca a boca** – Interpessoal, salas de bate-papo virtual (*chat*), *blog*.
- **Vendas pessoais** – Apresentação de vendas, reuniões de vendas, programas de incentivo, amostras, férias comerciais.

Essas são apenas algumas formas que as empresas podem utilizar na comunicação com seu público-alvo. No entanto, com os recursos tecnológicos disponíveis para as áreas de criação, cada vez mais surgem novas formas de comunicação e interação com o cliente, as quais devem ser exploradas pelas organizações.

Independentemente do canal de comunicação que a empresa escolhe para se conectar ao cliente, é importante priorizar mensagens pautadas pela ética, que evidenciem a responsabilidade social e também ambiental. É preciso considerar que o cliente atualmente está atento aos movimentos sociais e ambientais e se posiciona em relação a isso; se ele considerar que determinada propaganda não está de acordo com seus valores pessoais, o produto deixa de ser interessante. Por mais que as empresas de consultoria nessas áreas tenham *know-how*, é importante acompanhar de perto as campanhas publicitárias encomendadas, questionar se trará os objetivos desejados e explorar os possíveis impactos na opinião pública e também na mídia.

Síntese

Neste capítulo, apresentamos o *marketing* e sua importância nas organizações. Para tratar do conceito de *marketing*, usamos a definição de Kotler e Armstrong (2003, 2007), que afirmam que o *marketing* é um processo que tem como objetivo facilitar a relação comercial entre empresa e cliente. Se, por um lado, o cliente tem uma necessidade, por outro, a empresa tem um produto ou serviço que satisfaz essa necessidade. Com base nessa constatação, o papel do *marketing* é encontrar esse cliente e conectá-lo com a empresa, além de criar condições para que essa troca ocorra de maneira que atenda à perspectiva de ambas as partes.

Depois da apresentação do conceito de *marketing*, citamos as áreas das organizações que interagem mais diretamente com o *marketing*. Na sequência, tratamos dos diferentes tipos de *marketing* existentes no momento, pois, conforme o cenário organizacional se modifica, outros tipos podem surgir.

Nesse capítulo, também discutimos o planejamento das ações de *marketing* como estratégia de competitividade. Como o recurso financeiro é sempre escasso nas organizações, esclarecemos que o *marketing* deve utilizar bem a verba disponibilizada para desenvolver ações que resultem quantitativamente em termos de aumento no volume de negócios e reconhecimento no mercado.

Para finalizar, apresentamos o composto de *marketing*, o qual é também conhecido como *mix de marketing* ou *4Ps*. Todos os elementos do composto de *marketing* foram explanados visando deixar clara a importância de cada um na estratégia da empresa para o aumento de participação no mercado.

Com os elementos apresentados neste capítulo, esperamos ter evidenciado a importância da compreensão dos conceitos para que possam embasar as decisões no jogo de empresas, bem como nas organizações em geral.

Questões para revisão

1. Em grande parte das organizações, o *marketing* é um departamento que cria e implementa estratégias para conquistar novos clientes e manter os já conquistados. Para isso, necessita do auxílio dos demais departamentos para levantar informações e custos, formar preços, programar produção, capacitar colaboradores, entre outras importantes atividades de suporte.

    Analise as sentenças a seguir e assinale a alternativa que menciona como ocorre a interatividade do *marketing* com alguns setores na organização:

    a) *Marketing* e comercial interagem quando determinam juntos os valores do orçamento que será destinado às ações promocionais.

    b) O setor de produção interage com o *marketing* no sentido de programar as mídias que serão utilizadas para promover o produto.

    c) O setor de *marketing* interage com o setor de desenvolvimento de produto quando fazem juntos a análise da demanda dos produtos.

    d) O setor de *marketing* interage com o setor de logística quando definem em comum acordo o modelo de distribuição do produto no mercado.

    e) A interação do *marketing* com o departamento financeiro reside na determinação dos requisitos que o cliente espera do produto ou serviço.

2. O *marketing* foi apresentado sob várias perspectivas. Podemos dizer que, em cada uma delas, assume um papel e desenha estratégias compatíveis com o que se pretende naquela categoria. Sendo assim, a afirmação "É decisão do indivíduo ser reconhecido em seu meio familiar, de trabalho e social como intelectual, engajado com causas sociais, conservador, entre outros" refere-se ao *marketing* conhecido como:
   a) *Marketing* social.
   b) *Marketing* pessoal.
   c) *Marketing* tradicional.
   d) *Marketing* nas redes sociais.
   e) *Marketing* de relacionamento.

3. O SIM foi apresentado como uma ferramenta de captação de informações internas e externas para que os gestores possam realizar um bom planejamento de *marketing*. Diante disso, analise as afirmações a seguir que comentam essa ferramenta:
   I. Para construir uma estratégia de *marketing*, são necessárias inúmeras informações e o SIM pode facilitar a tarefa de captação.
   II. A empresa que utiliza um SIM tem mais facilidade para responder às expectativas do cliente e também para se precaver das ameaças do ambiente.
   III. A utilização de um SIM é suficiente para que a empresa possa atuar de maneira mais competitiva no mercado, dispensando outras ferramentas.
   IV. O SIM enfatiza a análise das informações externas porque prioriza o atendimento ao cliente, relegando as informações internas para um segundo momento.
   V. O SIM é útil para que a empresa possa monitorar o comportamento do mercado (clientes, concorrentes, fornecedores) e servir de base para a tomada de decisão.

Agora, assinale a alternativa que apresenta as afirmações corretas:

a) I e II.
b) II e III.
c) II, III e IV.
d) III, IV e V.
e) I, II e V.

4. As empresas podem ter vários produtos em seu portfólio, os quais podem estar em diferentes fases do CVP. Isso requer análises mais atentas para que o *marketing* não erre na estratégia. Esse ciclo está dividido nas seguintes fases: introdução, crescimento, maturidade e declínio, conforme a imagem que segue.

Figura A – Fases do CVP

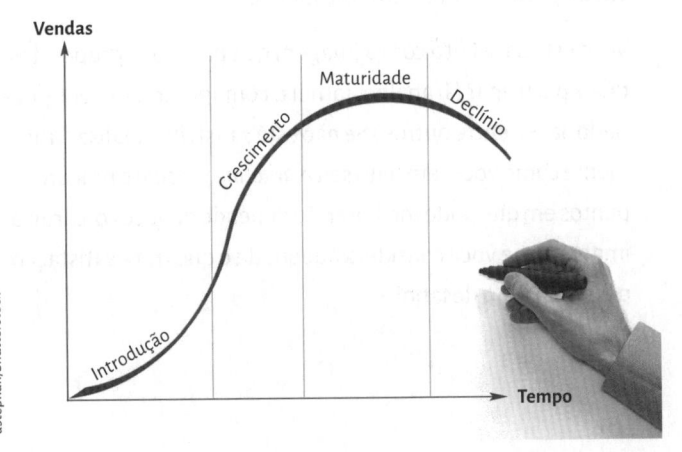

Após analisar a imagem, descreva de forma sucinta essas quatro fases.

5. O composto de *marketing* (também conhecido como *4Ps* ou *mix de marketing*) é utilizado pelos gestores para analisar os elementos essenciais na formação de uma estratégia de *marketing*: produto, preço, praça e promoção. Considerando essa informação, defina brevemente cada um desses quatro elementos.

Questões para reflexão

1. Você já pensou que as pessoas, assim como as empresas, têm uma marca? Essa marca é como as pessoas são reconhecidas no mercado profissional, na sociedade, no ambiente familiar e no círculo de amizades.

2. Uma empresa pode ser referência em qualidade, em pontualidade de entrega, em inovação, em responsabilidade social e ambiental, entre outras. Já uma pessoa pode ser referência em pontualidade, em objetividade, em criatividade, em empatia, em elegância, entre outros atributos.

   Você está satisfeito com a imagem que passa aos grupos dos quais participa? (Trabalho, família, cônjuge, amigos, voluntariado, lazer, entre outros.) Se não está satisfeito, analise criticamente como você tem feito seu *marketing* pessoal e procure os pontos em que pode melhorar. Só depende de você construir a imagem que você considera adequada e que trará satisfação pessoal. Fica o desafio!

Para saber mais

As empresas buscam cada vez mais "ouvir a voz do cliente", ou seja, lançar produtos e serviços úteis que atendam às necessidades dos consumidores. Uma abordagem que está sendo utilizada no momento é o *design thinking*. Para que você conheça melhor essa abordagem, que tem como foco buscar soluções para situações reais, sugerimos a leitura das matérias a seguir:

ENDEAVOR BRASIL. **Design thinking**: ferramenta de inovação para empreendedores. 27 jul. 2015. Disponível em: <https://endeavor.org.br/design-thinking-inovacao/>. Acesso em: 22 maio 2018.

SEBRAE – Serviço Brasileiro de Apoio às Micro e Pequenas Empresas. **Entenda o design thinking**. 3 out. 2017. Disponível em: <https://www.sebrae.com.br/sites/PortalSebrae/artigos/entenda-o-design-thinking,369d9cb730905410VgnVCM1000003b74010aRCRD>. Acesso em: 22 maio 2018.

5
PRODUÇÃO

5

Conteúdos do capítulo:
- Diferença entre produto e serviço.
- Conceito *input-process-output*.
- Localização da empresa.
- Sistemas de produção.
- Capacidade produtiva.
- Gestão dos estoques.
- Escolha de fornecedores.

Após o estudo deste capítulo, você será capaz de:
1. distinguir *produto* de *serviço*;
2. compreender a necessidade de recursos de entrada, processo e saída;
3. comparar os elementos para a escolha da localização da empresa;
4. diferenciar os sistemas de produção;
5. calcular a capacidade produtiva de uma empresa;
6. planejar os estoques necessários;
7. selecionar os fornecedores que serão aliados da empresa.

PARA COMPREENDER A gestão da produção de uma empresa, é possível partir de dois pontos de vista:

1. O ambiente de produção de uma organização é o local onde os sonhos se tornam realidade. Pode ser considerado também o local em que uma ideia, uma necessidade ou uma vontade é materializada.
2. Em termos práticos, o ambiente de produção é um espaço onde estão alocados os recursos físicos, tecnológicos e de pessoal suficientes para fabricar o produto que a empresa comercializa ou o serviço que será prestado.

Sob essas duas perspectivas, apresentaremos a gestão da produção, lembrando que muitos conceitos da produção já foram traduzidos para a realidade dos serviços. Em razão disso, é bem comum encontrar a expressão *gestão da produção e operações*, porque abarca conceitos mais amplos.

Sobre isso, Moreira (2008, p. 1) afirma,

> *a Administração da Produção e Operações diz respeito àquelas atividades orientadas para a produção de um bem físico ou à prestação de um serviço. Neste sentido, a palavra "produção" liga-se mais de perto às atividades industriais, enquanto a palavra "operações" se refere às atividades desenvolvidas em empresas de serviços.*

Os conceitos iniciais são imprescindíveis para compreendermos o contexto da produção ou das operações em uma organização, e isso fará toda a diferença na competição de jogos de empresas. Sendo assim, observe o Quadro 5.1 a seguir:

Quadro 5.1 – Principais diferenças entre os tipos de empresa

Característica	Indústrias	Empresas de serviços
Produto	Físico	Intangível
Estoques	Comuns	Impossível[1]
Padronização dos insumos	Comuns	Difícil
Influência da mão de obra	Média / Pequena	Grande
Padronização dos produtos	Comum	Difícil

Fonte: Moreira, 2008, p. 3.

Para compreender melhor o funcionamento da atividade de produção/operações nas organizações, é preciso estar ciente de que a empresa é um grande processo formado por processos menores. Tal entendimento é útil para que as operações produtivas sejam corretamente realizadas.

Conceito de *input-process-output*

O conceito de *input-process-output* indica que todas as atividades têm recursos de entrada, execução da operação (a qual pode ser a fabricação de um bem ou a prestação de um serviço) e resultado dessa operação.

O *input* (recursos de entrada) tem dois aspectos:

---

[1] Nesse caso, é necessário avaliar o tipo de serviço, pois, por exemplo, uma empresa de limpeza pesada (pós-finalização de obras civis) é uma prestadora de serviços, no entanto, utiliza insumos como os materiais de limpeza em geral: sabão em pó, sapólio, removedor de tinta, cera, entre outros, os quais podem ser adquiridos em grande quantidade, gerando estoques.

- **Recursos de transformação** – São os bens tangíveis e intangíveis que serão utilizados pela organização: máquinas, equipamentos, prédios, veículos, matérias-primas, *softwares*, *hardwares*, equipamentos de movimentação interna, estruturas porta-paletes, energia, capital, colaboradores das mais diversas áreas, entre outros.
- **Recursos que serão transformados** – São as **pessoas** (nesse caso, os clientes em uma prestação de serviços), os **materiais** (matérias-primas, componentes, partes, peças, módulos, entre outros) e as **informações** (pedido do cliente, especificação técnica de algum produto, fórmula para preparação de um medicamento, entre outros).

A execução da atividade (*process*) pode ser, por exemplo, uma cirurgia, um atendimento odontológico, uma entrevista de emprego, um atendimento de um advogado, a pintura de peças, o corte de madeira para fazer móveis, a montagem de veículos, o processamento de suco concentrado, a fabricação de massas, bolos e biscoitos, o envasamento de água em copos e garrafas, a embalagem de peças prontas, enfim, toda e qualquer atividade que seja realizada dentro de uma organização.

E o resultado da operação (*output*) é quando é possível visualizar a realização de uma atividade, podendo ser os processos em andamento ou o produto/serviço final. Para facilitar o entendimento, observe os exemplos na figura a seguir.

Figura 5.1 – Modelo conceitual de *input-process-output*

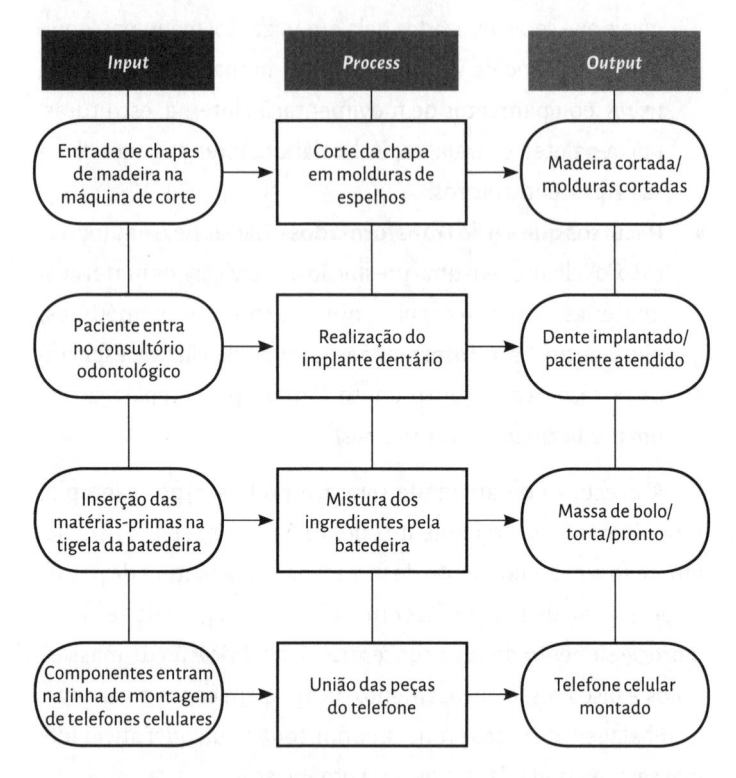

Input	Process	Output
Entrada de chapas de madeira na máquina de corte	Corte da chapa em molduras de espelhos	Madeira cortada/molduras cortadas
Paciente entra no consultório odontológico	Realização do implante dentário	Dente implantado/paciente atendido
Inserção das matérias-primas na tigela da batedeira	Mistura dos ingredientes pela batedeira	Massa de bolo/torta/pronto
Componentes entram na linha de montagem de telefones celulares	União das peças do telefone	Telefone celular montado

Para realizar determinada atividade, são necessários recursos de entrada e um processamento. Com isso, a empresa ou o processo obterá um resultado.

Essa visão é importante porque, na prática, a gestão da produção de uma empresa se ocupa em gerenciar recursos. É no ambiente de produção que os recursos são utilizados; dessa forma, o gerenciamento e o controle são imprescindíveis.

Escolha da localização da empresa

Para montar um ambiente fabril ou de atendimento ao cliente, deve-se pensar na infraestrutura necessária, começando pela localização da empresa. A escolha da localização é uma atividade extremamente importante porque deve estar sincronizada com a estratégia da empresa.

Elementos diferentes são analisados ao escolher um local para a indústria – seja para varejo, seja para serviços –, em virtude da natureza da operação que executará e do papel do cliente no processo. Observe exemplos práticos.

O que é importante para uma indústria?

Custo acessível de terreno, fornecedores próximos, facilidades logísticas, como rodovias, portos, aeroportos, mão de obra capacitada, acessibilidade para os colaboradores, desenvolvimento da região (hospitais, restaurantes, hotéis), serviços técnicos, manutenção, assistência técnica, entre outros.

O que é importante para o varejo (lojas de departamentos, mercados, material de construção e jardinagem, grandes magazines)?

Amplo espaço para grandes construções, local para estacionamento, acessibilidade para clientes, segurança na região, vias de fácil acesso, transporte público para colaboradores, entre outros.

O que é importante para uma empresa de serviços?

Nesse caso, é preciso avaliar se o cliente participará ou não do processo. Por exemplo, se o cliente terá que ir até a empresa para receber o serviço – como em clínicas de estética, academias, hospitais, *pet shops*, cabeleireiros, chaveiros, lavanderias, entre outros –, é importante pensar nas facilidades de acesso, estacionamento e proximidade com a residência do público-alvo. Boa parte dos clientes não atravessa uma grande cidade para consumir um serviço, a não ser que seja uma especialidade (só tenha naquele local) ou uma necessidade. Por outro lado, se o cliente não fará parte do processo – como em empresas de consultoria, limpeza e conservação, telefonia móvel, segurança patrimonial, entre outros –, a escolha da localização será influenciada pela questão do custo, da facilidade de acesso dos colaboradores e do desenvolvimento regional.

A partir do momento que se tem um local para a empresa, é preciso pensar na infraestrutura necessária: máquinas, equipamentos, móveis, veículos, estrutura, quantidade de colaboradores, enfim, todos os recursos necessários para operar. Isso está intrinsecamente ligado à capacidade de produção ou de atendimento que a empresa deseja ter.

Sistemas de produção

Instalada a empresa, é preciso decidir qual sistema de produção será utilizado. Isso depende do tipo do produto que a empresa produzirá ou do tipo de serviço que prestará ao cliente.

Segundo Tubino (2009, p. 4-5):

> *Inicialmente, cabe salientar, que, de forma geral, os sistemas de produção podem estar voltados para a geração de bens e serviços. Quando o produto fabricado é algo tangível, como um carro, uma geladeira ou bola, podendo ser tocado e visto, diz-se que o sistema de produção é uma manufatura de bens. Por outro lado, quando o produto gerado é intangível, podendo apenas ser sentido, como uma consulta medida, um filme ou transporte de pessoas, diz-se que o sistema de produção é um prestador de serviços.*

Os conceitos criados em função da produção de bens, aos poucos, foram adaptados para os modelos de prestação de serviços, pois, se uma indústria utiliza recursos materiais (máquinas, equipamentos, insumos), tecnologia e conhecimento humano para produzi-los, as prestadoras de serviços também os utilizam, em maior ou menor grau, dependendo da natureza do serviço que oferece ao mercado. Com isso, os sistemas para a produção de serviços também foram desenvolvidos.

Para apresentarmos os tipos mais comuns de sistemas de produção (projeto, *jobbing*, lote, massa e contínuo) e serviços (serviços profissionais, lojas de serviços e serviços de massa), usaremos as orientações de autores de renome.

Iniciamos esse processo com a Figura 5.2, proposta por Slack, Chambers e Johnston (2009, p. 135). Ela se refere aos processos em operações de manufatura e mostra uma comparação do volume de produção com a variedade que oferece. Com base nessa figura, trataremos dos sistemas de manufatura.

Figura 5.2 – Sistemas de manufatura

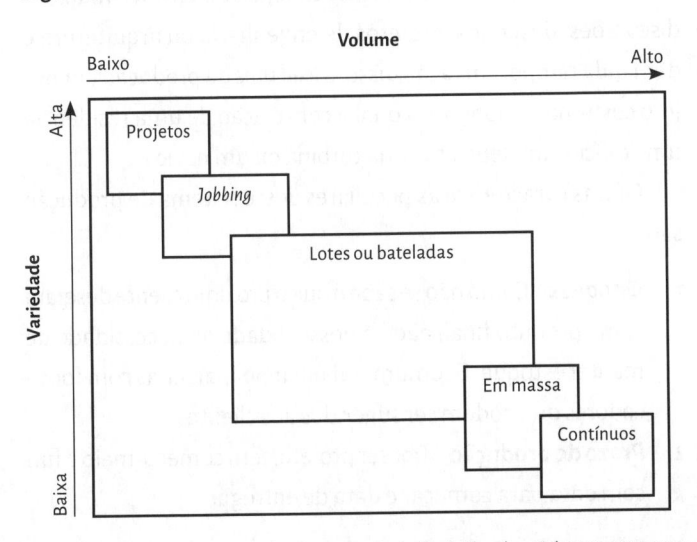

Fonte: Slack; Chambers; Johnston, 2009, p. 135.

Produção por projeto (pouco volume, alta variedade)

A produção por projeto atende a necessidades específicas do cliente. Geralmente, são produtos grandiosos, da categoria "discretos", customizados, de alto valor e, por isso, necessitam de controle rígido durante todo o processo. O pouco volume se caracteriza pela complexidade do projeto e, em muitos casos, pelo tamanho do produto. Normalmente, o fabricante faz um produto de cada vez. Já a alta variedade se caracteriza pela versatilidade das empresas especialistas em grandes projetos. Por exemplo, é bem provável que uma construtora que faz residências possa fazer um prédio, um viaduto, uma ponte e outros.

Segundo Moreira (2008, p. 11): "cada projeto é um produto único, não havendo, rigorosamente falando, um fluxo do produto. Nesse caso, tem-se uma sequência de tarefas ao longo do tempo, geralmente de longa duração, com pouca ou nenhuma repetitividade". A produção por projeto iniciará após o mapeamento do que realmente o cliente deseja. Isso envolve reuniões, discussões, desenhos, projetos de engenharia ou arquitetura e demanda tempo. Em razão disso, o *lead time* da produção por projeto costuma ser longo, tal qual a construção de uma residência, um edifício, um depósito, uma turbina ou um navio.

Outras características peculiares desse sistema de produção são:

1. **Estoques** – Como não se sabe o que o próximo cliente desejará como produto final, não há possibilidade ou necessidade de manter estoque. É comum trabalhar por parcerias com fornecedores que podem ser sugeridos aos clientes.
2. **Prazo de produção** – Por ser projeto, tem começo, meio e fim, com data para começar e data de entregar.

3. **Mão de obra** – Especializada de acordo com a natureza do produto; por exemplo, engenheiros, paisagistas, *designers*, pesquisadores, doutores.

Produção por *jobbing*
(pouco volume, média variedade)

Nesse sistema, os recursos utilizados na produção dos bens podem ser compartilhados entre vários produtos, uma vez que eles possuem dimensões menores que os bens produzidos no sistema de projeto, por exemplo.

Slack, Chambers e Johnston (2009, p. 136) afirmam que

> Os recursos de produção processam uma série de produtos, mas, embora todos os produtos exijam o mesmo tipo de atenção, diferirão entre si pelas necessidades exatas. Exemplos de processos de jobbing compreendem muitos técnicos especializados, como mestres ferramenteiros de ferramentas especializadas, restauradores de móveis, alfaiates que trabalham por encomenda e a gráfica que produz ingressos para o evento social local.

Produção por lote
(médio volume, média variedade)

É um sistema de produção muito utilizado por empresas que produzem um *mix* variado de produtos, mesmo da mesma família, como pães de forma, biscoitos, bolos secos, macarrão, entre outros. Observe que, ainda que sejam produtos distintos, podem utilizar os mesmos recursos (máquinas, equipamentos e mão de obra).

A produção por lote tem a vantagem da flexibilidade de produzir produtos diferentes na mesma planta fabril, aproveitando melhor os recursos. Porém, oferece como desvantagem o tempo perdido com o *setup* de máquinas. Slack, Chambers e Johnston (2009, p. 136) citam alguns exemplos de produtos fabricados em lotes: "manufatura de máquinas-ferramenta, produção de alguns alimentos congelados especiais, a manufatura da maior parte das peças de conjuntos montados em massa como automóveis e a produção da maior parte das roupas".

Produção em massa (alto volume, pequena variedade)

Sistema de produção ideal para empresas que fabricam poucos modelos de produtos em grandes quantidades. Os recursos são dedicados para o produto principal, o que permite uma grande capacidade de produção, reduzindo os custos por peça produzida. No entanto, para isso, normalmente são altos os investimentos em automatização de processos.

A opção pela produção em massa requer alguns cuidados em relação à qualidade de vida dos colaboradores. Como o processo é altamente repetitivo, pode provocar estresse e desmotivação na equipe. Nesse caso, o mais sensato é automatizar o que é repetitivo e manter as pessoas nas tarefas mais desafiadoras do processo, como programar a máquina, acompanhar a produção e realizar o controle de qualidade das peças produzidas.

Produção contínua (alto volume, pouquíssima ou nenhuma variedade)

Esse sistema de produção é de uso restrito às empresas que produzem bens inseparáveis. Segundo Moreira (2008, p. 10), é

> a produção contínua propriamente dita, nome reservado nessa classificação para as chamadas indústrias de processo, como química, papel, aço etc. Esses processos contínuos tendem a ser altamente automatizados e a produzir produtos com elevado grau de padronização, sendo qualquer diferenciação pouco ou nada permitida.

Pela colocação do autor, percebemos que o sistema de produção contínuo traz como característica alto volume de produção, mas com intensa utilização de tecnologia, o que exige altos investimentos financeiros. Todavia, como o processo tem capacidade de produzir 24 horas sem interrupção, o investimento é amortizado em tempo relativamente aceitável.

Os sistemas produtivos industriais têm sido estudados há muito tempo, mas a conexão desses conceitos com a realidade das empresas de serviços é mais recente. No entanto, já existem autores que discutem os parâmetros dos sistemas de serviços, os quais serão utilizados para nossa apresentação desses conceitos importantes, uma vez que, no Brasil, as áreas de serviços geram cada vez mais postos de trabalhos.

Os sistemas de operações de serviços consideram dois elementos essenciais para uma organização correta dos recursos utilizados e da qualificação da mão de obra: linha de frente (colaborador que efetivamente atende o cliente) e áreas de suporte (colaboradores e sistemas que dão suporte ao atendimento da linha de frente). Por exemplo: o vendedor de uma loja de calçados representa a linha de frente e o estoquista representa a área de suporte. Entre tais áreas deve haver sinergia suficiente para compreender que o atendimento ao cliente depende de ambas.

Gianesi e Corrêa (2007, p. 42) nomeiam essas áreas de *front office* (linha de frente) e *back room* (retaguarda), as quais são impactadas pelo sistema de serviço que a empresa utiliza. Por hora, os sistemas de serviços são classificados em: serviços profissionais, lojas de serviços e serviços de massa.

Figura 5.3 – Classificação dos processos de serviço

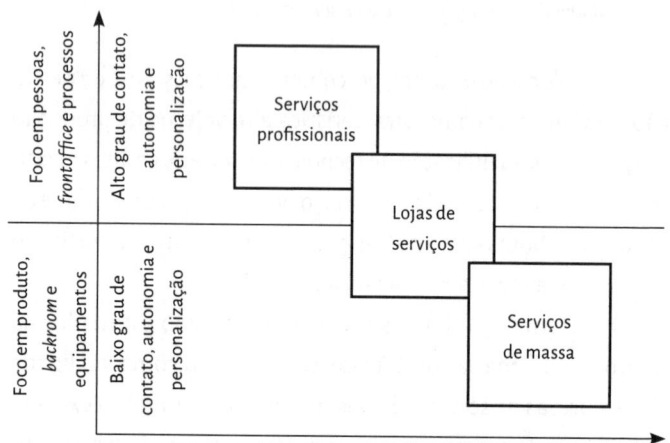

```
Foco em pessoas,          Alto grau de contato,
frontoffice e processos   autonomia e
                          personalização
                                              ┌─────────────┐
                                              │  Serviços   │
                                              │profissionais│
                                              └─────────────┘
                                                     ┌─────────────┐
                                                     │   Lojas de  │
                                                     │   serviços  │
                                                     └─────────────┘
Foco em produto,          Baixo grau de                     ┌─────────────┐
backroom e                contato, autonomia e              │  Serviços   │
equipamentos              personalização                    │  de massa   │
                                                            └─────────────┘
                          Número de clientes processados por dia em uma unidade típica
```

Fonte: Gianesi; Corrêa, 2007, p. 44.

- **Serviços profissionais** – Nesse caso, o cliente busca em um profissional uma capacitação que ele não tem, por exemplo, os serviços de um advogado, de um médico, uma consultoria ou outros. Logo, a mão de obra é altamente especializada. Nessa operação, a ênfase está nas pessoas, uma vez que o cliente tem alto contato com o profissional que o atenderá e, assim, é possível afirmar que o serviço que será entregue será customizado. Na produção desse serviço, cada produto intangível é único e o profissional que atende o cliente pode utilizar recursos materiais e tecnológicos, como *softwares* de engenharia, de simulação, sistemas informatizados específicos e também alguns instrumentos, como em caso de procedimentos médicos (Gianesi; Corrêa, 2007).

- **Lojas de serviços** – É um tipo de serviço que utiliza mão de obra especializada, mas não precisa ser exatamente um profissional (doutor, engenheiro, arquiteto), pois o serviço tem foco no produto, e não na pessoa. Nesse caso, o volume de pessoas atendidas por dia também é maior. Gianesi e Corrêa (2007, p. 45) explicam que

    o processo de loja de serviços é o intermediário entre os serviços profissionais e os serviços de massa [...]. Neste caso o valor do serviço é gerado tanto no front office *(quarto e* lobby *dos hotéis, salão do restaurante e balcão das lojas) como no* back room *(lavanderia e limpeza de quartos em hotéis, cozinha de restaurantes e setor de compras em lojas).*

    Observe que, no exemplo citado pelos autores, é possível atender de maneira personalizada o cliente, mas padronizar alguns processos de retaguarda. Slack, Chambers e Johnston (2009, p. 137) citam como exemplos desse modelo: "bancos, lojas em ruas comerciais, *shopping centers*, operadores de excursões de lazer, empresas se aluguel de automóveis, escolas, a maior parte dos restaurantes, hotéis e agentes de viagens".

- **Serviços de massa** – Têm como propósito atender o maior número de clientes no menor tempo possível. Para isso, é necessário padronizar e automatizar parte do processo de atendimento. Slack, Chambers e Johnston (2009, p. 137) explicam que "os serviços de massa compreendem muitas transações de clientes, envolvendo tempo de contato limitado e pouca customização". Exemplos típicos desse tipo de serviço estão voltados para os atendimentos dos grandes volumes, como: transporte público (ônibus, metrô, trens), serviços de atendimento ao cliente (0800, SAC, *telemarketing*), grandes campanhas de vacinação, ações globais para emissão de documentos para população carente, casamentos comunitários, entre outros.

A apresentação desses sistemas de produção de manufatura e serviços teve como foco esclarecer que cada empresa deverá escolher o sistema que melhor atenda a suas perspectivas de atuação no mercado, pois, a partir disso, será possível determinar a capacidade necessária.

Definição da capacidade

Para definir a quantidade de recursos que serão utilizados em determinado intervalo de tempo, bem como conseguir informar o prazo de entrega de um pedido ao cliente, deve-se conhecer a capacidade de produção da empresa.

Em uma indústria, a capacidade total pode ser determinada pela quantidade de produtos fabricados por unidade de tempo (hora, dia, semana, mês, ano). Em uma empresa de serviços, a capacidade pode ser mensurada pela quantidade de clientes atendidos também por unidade de tempo (dia, mês, ano). Já para um varejista é possível mensurar pela quantidade de clientes que podem ser atendidos por unidade tempo.

Moreira (2008) apresenta um exemplo que ilustra a definição da capacidade. Se, em determinado departamento de montagem de uma empresa, houver cinco empregados, cada qual trabalhando oito horas diárias, realizando a montagem de um componente à razão de 20 montagens por hora e por empregado, a capacidade do departamento, expressa em número de montagens do componente por dia, será:

5 empregados × **8** h/dia × **20** montagens/hora por empregado = **800** montagens/dia

É importante perceber que a capacidade de um departamento não representa a capacidade total da empresa, pois é possível ter um "departamento gargalo", ou seja, aquele que tem capacidade menor. Sendo assim, se o departamento de montagem apresentar a capacidade de 800 montagens/dia, mas o processo subsequente tiver capacidade menor que 800, ele será o gargalo.

Observe o exemplo conceitual a seguir com quatro processos.

Figura 5.4 – Conceito de "departamento gargalo"

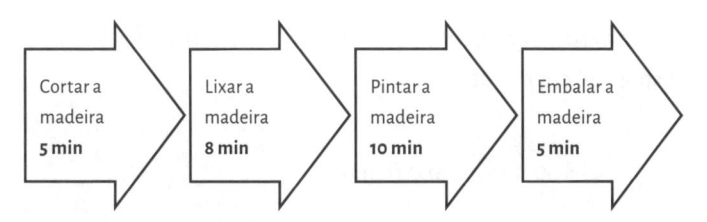

Cortar a madeira **5 min** → Lixar a madeira **8 min** → Pintar a madeira **10 min** → Embalar a madeira **5 min**

O processo gargalo será "pintar a madeira", porque necessita de mais tempo para finalizar a operação. Nesse caso, a empresa precisa acelerar o gargalo para que ele consiga acompanhar os demais tempos. Depois de resolvido o gargalo do terceiro processo, será avaliado o segundo processo, para identificar o que é possível fazer para acelerá-lo também, a fim de balancear a linha de produção. O importante é que os processos avancem de forma cadenciada para não gerar estoques em determinada linha.

E se fosse um serviço? Como determinar a capacidade de um atendimento?

Exemplo hipotético: Uma clínica de estética tem oito podólogas (profissional que trabalha com o cuidado com os pés) e cada uma trabalha seis horas por dia (tempo líquido, ou seja, já descontado o fator de tolerância). Cada atendimento de podologia leva em média 47 minutos. Se a clínica funciona de segunda a sábado, quantos atendimentos semanais de podologia a clínica consegue entregar?

> Capacidade = Tempo disponível / Tempo necessário

Primeiro, vamos identificar os tempos:

> Tempo necessário para realizar um atendimento: 47 min
> Tempo disponível: 8 podólogas × 6 h por dia = 48 h/dia

Como o atendimento é em minutos, transformamos o tempo disponível em minutos:

> 48 × 60 min = 2.880 min/dia

> Capacidade = Tempo disponível/Tempo necessário
> Capacidade = 2.880 min/47 min
> Capacidade = 61,27 atendimentos
> Capacidade = 61,27 × 6 dias trabalhados na semana
> Capacidade semanal = **367,66** atendimentos semanais

No caso da prestação de serviços, é sempre bom considerar um tempo médio de atendimento, pois cada cliente pode ter uma necessidade específica, que faz com que o tempo oscile. Embora boa parte dos serviços seja cobrada por hora, alguns não têm exatamente uma hora de duração.

O próximo passo é saber quantos equipamentos são necessários para produzir determinada quantidade, certo?

Para que seja possível identificar quantas máquinas serão adquiridas, deve-se saber o tempo demandado para fazer uma peça do produto (pode ser um lote também); diferentemente do serviço, em que o tempo varia – no caso da fabricação de bens tangíveis, o tempo é fixo. Casualmente pode variar, mas por externalidades (máquina com problema, troca de matéria-prima, mudança de tecnologia, entre outros).

A seguir, apresentamos o modelo de Moreira (2008) para a definição do número de equipamentos.

Considere que uma operação que faça parte do processamento de certo produto deva ser repetida **N** vezes ao dia, durante o qual a máquina estará, em princípio, disponível por **h** horas, tempo esse que depende diretamente do número de turnos de trabalho. Estando o tempo **t** de cada operação expresso em minutos, o número **m** de máquinas necessárias para acomodar todas as operações será:

$$m = \frac{tN}{60\,h\,e} = \frac{t\,(\text{min/operações})\,N\,(\text{n. operações})}{60\,(\text{min/hora})\,h\,(\text{horas/máquina})\,e\,(\text{eficiência})}$$

Em que:

m = número de máquinas a ser calculado.
t = tempo de cada operação expresso em minutos.
N = número de operações (número de peças a ser produzido).
h = horas em que a máquina estará disponível.
e = eficiência do equipamento.

Observe a seguir o exemplo aplicado por Moreira (2008, p. 147):

Uma peça deve passar por três diferentes operações O_1, O_2 e O_3, a serem processadas em três máquinas M_1, M_2 e M_3, com os seguintes tempos [...]:

Operação	Máquina	Duração
O_1	M_1	0,48
O_2	M_2	0,10
O_3	M_3	0,24

As máquinas estão disponíveis para utilização durante um turno diário de 8 horas. Existe, por outro lado, a necessidade de se processar 5.000 peças por dia. Determine o número de máquinas de cada tipo que deve ser alocado às operações assumindo que essas máquinas estarão paradas 10% do tempo para reparos e manutenção.

Solução:

Aplicar a fórmula separadamente, ou seja, para cada operação.

São valores comuns a cada cálculo:

N = número de operações = número de peças a serem processadas: 5.000

e = eficiência = 0,90 (já que 10% do tempo é de paradas)

Número de máquinas M_1

$$m_1 = \frac{t_1 \, N \, (0,48) \times (5.000) \, 2.400\text{min}}{60 \, h \, e \, 60 \, (8) \, (0,90) \, 432\text{min}} = 5,6 \text{ máq.}$$

Número de máquinas M_2

$$m_2 = \frac{t_2 \, N \, (0,10) \times (5.000) \, 500\text{min}}{60 \, h \, e \, 60 \, (8) \, (0,90) \, 432\text{min}} = 1,2 \text{ máq.}$$

Número de máquinas M_3

$$m_3 = \frac{t_3 \, N \, (0,24) \times (5.000) \, 1.200\text{min}}{60 \, h \, e \, 60 \, (8) \, (0,90) \, 432\text{min}} = 2,8 \text{ máq.}$$

Moreira (2008) explica que serão necessárias 6 máquinas M_1, 2 máquinas M_2 e 3 máquinas M_3, mesmo que cada uma delas apresente certa ociosidade, pois, nesse caso, é melhor um pequeno excedente de capacidade em cada operação.

Ao analisar os resultados do exercício das quantidades das máquinas necessárias, percebemos que há diferença entre as quantidades. Isso ocorre em razão do tempo de processamento. Assim, é importante buscar balancear esses números, porque eles interferem diretamente na capacidade.

Na prática, a capacidade das organizações é determinada considerando seu processo gargalo: máquina mais lenta ou atendimento mais demorado.

Gestão dos estoques

Depois de conhecer a capacidade produtiva da empresa, é interessante avaliar a necessidade de materiais, ou seja, o estoque.

Por *estoque*, entende-se uma quantidade de produtos maior que o necessário armazenado em algum ponto da empresa (ou fora dela). Tadeu (2010, p. 8) conceitua *estoque* como "um conjunto de bens físicos acumulados pela empresa e tratados como ativos, pois são frutos de um investimento da empresa e, portanto, possuem valor atrelado, características próprias e são conservados durante algum tempo, e, de alguma forma, atendem uma ou mais necessidades da empresa".

Na maioria dos casos, os estoques são considerados nocivos às organizações, uma vez que ocupam espaço, gerando custo de armazenagem. Além disso, quanto mais estoque tiver uma empresa, serão necessárias mais pessoas para organizar, controlar e manusear, mais sistemas informatizados de controle, mais equipamentos de movimentação interna, mais licença de *software* e, também, maiores serão os riscos de perdas, furtos, roubos e obsolescência. Considerando esses elementos, percebemos que o custo de manter estoque é diretamente proporcional a seu volume. Para que esse excesso não fuja do controle, a empresa precisar gerenciar seus estoques de maneira eficiente.

No jogo de empresas, a gestão dos estoques é uma das atividades mais importantes da competição. Os estoques determinarão o sucesso e o insucesso das equipes, pois, se faltar estoque, não há como produzir, consequentemente, a empresa perderá vendas, abrindo espaço para a concorrência; por outro lado, se sobrar estoque, seja de produto acabado, seja de matéria-prima, a empresa arcará com os custos de armazenagem aplicados sobre o estoque parado. Isso justifica a importância de buscar conhecimento para gerenciar adequadamente os recursos aplicados para esse fim. Mas o que é preciso para esse correto gerenciamento?

1. Conhecer os tipos de estoque.
2. Compreender como os estoques se formam em uma organização.

3. Identificar os custos que incorrem desse excesso.
4. Definir metodologia de controle.

Tipos

Diferentes tipos de estoque exigem diferentes tratativas em sua gestão, por isso é importante identificá-los.

Com base em Tadeu (2010), propomos os seguintes conjuntos de estoques:

- **Estoques de matérias-primas** – São materiais, componentes, partes e peças que serão utilizados para a fabricação ou para a montagem dos produtos das indústrias. Esse tipo de estoque é de extrema importância para as organizações industriais, pois a falta dele pode ocasionar uma parada da linha de produção, o que deve ser evitado. No jogo de empresas, esse tipo de estoque é essencial para produzir e ter produtos à venda em cada jogada. O adequado é adquirir sempre no período anterior, com o planejamento da produção para o próximo período. Quem compra antecipadamente pode escolher o fornecedor com as melhores condições comerciais. Já quem compra no período vigente normalmente encontra apenas um fornecedor, que dita as regras das compras emergenciais, praticando o preço e a condição de pagamento que melhor lhe aprouverem. Isso acontece também na vida real das empresas.
- **Estoques de produtos em processo** – Também chamado de *material semiacabado* ou *work in process*, esse tipo de estoque é natural ou propositalmente gerado nas indústrias. Um exemplo de estoque em processo gerado naturalmente é quando um item é retirado do almoxarifado e passa por dois ou três processos, mas ainda não está pronto. Ele é classificado como *semiacabado*, que significa dizer que não é mais uma

matéria-prima, porém ainda não está pronto para ser comercializado, pois foram realizadas apenas partes do processo de produção ou de montagem, mas essa finalização ocorrerá em poucas horas ou dias, ou seja, o produto está em fase de fabricação. Exemplo de estoque em processo gerado propositalmente pode ser a matéria-prima, a parte ou o componente que são retirados do almoxarifado. Algumas operações são realizadas e eles retornam ao estoque para aguardar a finalização, que será quando o cliente solicitar. Somente quando a venda for realizada, a matéria-prima, a parte ou o componente voltará ao processo produtivo para o arremate conforme as preferências do cliente.

- **Estoques de materiais auxiliares** – São conhecidos também como *materiais secundários, indiretos* ou até mesmo *gastos gerais de fabricação*. São os produtos que não são utilizados diretamente na produção, porém são necessários para que a organização mantenha suas operações em funcionamento.
- **Estoques de produtos acabados** – São os produtos prontos para a comercialização. É o produto final da indústria e o produto principal do varejo. Esse estoque também é constante nos jogos de empresas. Ele existe quando há desencontro entre o que foi produzido e ofertado no mercado e a quantidade efetivamente vendida. Esse estoque tem custo mais alto porque já agregou todos os custos da produção (mão de obra, matéria-prima, energia, embalagem) e não foi vendido, fazendo a empresa ter gastos de armazenagem.

Além desses modelos, é possível citarmos também **estoques em consignação**, que são produtos deixados com promotores de vendas, consultores e vendedores diretos (porta a porta) (semijoias, cosméticos e perfumes, *lingeries*, confecções, livros, jornais e revistas) que, caso não sejam vendidos, retornam para a empresa distribuidora ou para o fabricante, e **estoques de MRO** (Manutenção, Reparo e Operações), os quais são itens utilizados nas manutenções das infraestruturas prediais (lâmpadas, torneiras, tomadas, lixas, parafusos, pregos, colas para madeira ou colas para tubos). As empresas preferem manter estoque de alguns desses itens de uso frequente para agilizar o processo de reparo.

Esses tipos de estoque não são os únicos, mas são os mais comuns identificados nas organizações. Os mais frequentes nos jogos de empresas são matéria-prima e produto acabado. A gestão desses estoques dependerá da criticidade de cada um deles para o processo da empresa em questão.

Formação

Cada empresa pode ter uma maneira de gerar seus estoques, mas é comum alguns setores fazerem com que o estoque aumente. Quando o setor de *marketing* faz uma previsão muito otimista de vendas e, por algum motivo, elas não acontecem conforme previsto, haverá estoques, principalmente de material acabado. Já o setor de **compras** pode forçar o aumento do estoque ao "aproveitar" uma promoção por parte do fornecedor (situação corriqueira no final do mês), comprar uma quantidade maior antes de um aumento de preço, comprar mais porque o fornecedor atrasa ou porque o produto é sazonal, entre outras possibilidades. O setor de **qualidade** também pode forçar o aumento dos estoques ao impor regras muito rígidas ou especificações muito severas para o aceite de produtos, tanto de matérias-primas quanto daqueles em processo. Dessa forma, para se proteger da falta de insumos, certamente um estoque será formado. O setor de **vendas** também é responsável por aumentar os estoques quando faz questão de entrega imediata para o cliente. Para que a empresa consiga manter esse padrão de atendimento (conhecido como 100% de nível de serviço de estoques), terá de manter estoques.

Nos jogos de empresas, normalmente o estoque é formado pela pressão do *marketing*/comercial para vender mais, pelo setor de produção, para manter os colaboradores, as máquinas e os equipamentos em pleno uso, e pelo setor de compras, para aproveitar os descontos por quantidades oferecidos pelo fornecedor.

Outros elementos podem forçar a geração de estoques. É preciso esclarecer, no entanto, que estoque é custo e dinheiro parado, e todo o cuidado é pouco. Compete aos departamentos que influenciam na formação dos estoques fazer uma análise crítica conjunta antes de definir os volumes de estoques que serão mantidos.

Custos

Estoque é dinheiro parado, e isso não é uma falácia, é a realidade das organizações. Algumas empresas comprometem parte de seu capital de giro para pagar estoques a fornecedores e, em determinados casos, pagam juros para manter esse estoque. Isso significa dizer que, além de o dinheiro ficar parado (transformado em mercadoria que ainda não foi vendida), deve-se arcar com os juros para manter o pagamento dos fornecedores em dia. Não é uma boa estratégia.

Como sabemos que, nos jogos de empresas, a gestão dos estoques é crucial para um bom desempenho, conhecer os custos gerados fará com que a equipe avalie com mais propriedade o risco de adquirir ou não estoques.

Os custos mais comuns com os estoques são:

- **Custo de compra** – O valor que é pago ao fornecedor (preço da mercadoria multiplicado pela quantidade).
- **Custo financeiro** – Os juros pagos aos bancos ou aos fornecedores.
- **Custo de armazenagem** – Infraestrutura do armazém, mão de obra, manuseio das mercadorias, equipamentos de movimentação interna, seguros, sistemas informatizados, inventários.
- **Custo de aquisição** – Custo da emissão de um pedido de compras e custo do frete pago pela mercadoria.
- **Custo dos tributos** – Estoques geram pagamentos de tributos.
- **Custo de oportunidade** – Comparação entre empregar dinheiro no estoque (mercadoria parada) e fazer outra aplicação/investimento qualquer.
- **Custos com perdas de produtos** – Por obsolescência, furtos, roubos ou produtos danificados.

Identificando esses elementos, é possível determinar o custo total de manter estoque de um produto por determinado período de tempo. Esse valor servirá de base para a tomada de decisão.

Martins e Alt (2006, p. 185) sugerem uma fórmula para a identificação do custo total de estoques.

$$CT = (C_A + i \times P) \times (Q/2) + (C_P) \times (D/Q) + C_I + D \times P$$

Em que:

CT = Custo total a ser encontrado.

C_A = Custo de armazenagem (armazenagem, manuseio, perdas, furtos e roubos, obsolescência).

i = Taxa de juros corrente (Selic, por exemplo).

P = Preço do item que será pago ao fornecedor.

Q = Tamanho do lote que se deseja comprar ou tamanho do lote imposto pelo fornecedor.

C_P = Custo de preparação do pedido de compras + custo do transporte, quando for por conta do comprador.

D = Demanda ou quantidade que é utilizada pela empresa compradora.

C_I = Custo invariável, também chamado de *custo fixo*, ou *custo independente* (ocorrerá independentemente do volume estocado, como aluguel e seguro do armazém).

Pelo tamanho da fórmula, pode parecer complexo, mas não é. Observe o exemplo que os autores ofertam:

> Determinar o CT de estoque do item WJ02530, fornecido por terceiros (fornecedores), sabendo-se que:
> Consumo = 25.000 unidades/ano
> Custo do capital (taxa de juros) = 15% ao ano
> Preço do item = $ 0,15 por unidade
> Custo de preparação do pedido de compra + transporte = $ 60,00 por pedido
> Custo de armazenagem = $ 0,08 unidade por ano
> Custos invariáveis (fixos do armazém) = $ 150,00 por ano
> Lote de compra = 5.000 unid./lote
> RESOLUÇÃO:
> $CT = (C_A + i \times P) \times (Q/2) + (C_p) \times (D/Q) + C_l + D \times P$
> $CT = (0,08 + 0,15 \times 0,15) \times (5.000/2) + (60) \times (25.000/5.000) + 150 + 25.000 \times 0,15$
> **CT = 4.456,25**

Fonte: Martins; Alt, 2006, p. 185.

Metodologias de controle

As organizações podem adotar inúmeras formas de controlar seus estoques, pois tudo depende do volume e da variedade de itens. Poucos itens, poucos volumes podem ser controlados de forma mais simples, como por ponto de pedido e por revisões periódicas. Já grandes volumes e alta variedade exigem sistemas informatizados, principalmente o MRP (*Material Requirement Planning*).

O modelo por ponto de pedido é relativamente simples, mas também é passível de ser sistematizado, porque sua função é avisar o programador sobre determinado item que necessita de reposição de materiais. Isso pode ser parametrizado no sistema informatizado de controle de estoque da empresa e, quando determinada baixa de estoque for realizada para aquele item, automaticamente, o sistema informará a necessidade de sua reposição. Observe a explicação de Pozo (2007, p. 64): "Isso quer dizer que, quando um determinado item de estoque atinge seu ponto de pedido, deveremos fazer o ressuprimento do seu estoque, colocando-se um novo pedido de compra". Até a nova remessa chegar, a empresa continua seu processo produtivo consumindo o estoque de segurança, o qual já é mantido exatamente para cobrir o tempo de reposição.

Pozo (2007) também indica a seguinte equação para o cálculo do ponto de pedido e nos dá um exemplo simples de aplicação. Observe a seguir:

$$PP = (C \times TR) + ES$$

Em que:
PP = Ponto de pedido.
C = Consumo normal da peça.
TR = Tempo de reposição.
ES = Estoque de segurança.

O autor (Pozo, 2007, p. 65) ainda pode ser consultado para nos fornecer um exemplo aplicado.

Uma empresa consome 2.500 unidades mensais de luva de algodão mesclada 6 fios como Equipamento de Proteção Individual (EPI). O tempo de reposição das luvas é de 45 dias. Nesse caso, qual é seu ponto de pedido (PP), uma vez que seu estoque de segurança é de 400 unidades?

> Primeiro, encontram-se os dados necessários para aplicar na fórmula:
> C = 2.500 unidades/mês
> TR = 45 dias = 1,5 mês
> ES = 400 unidades
> **PP = (C × TR) + ES**
> PP = (2.500 × 1,5) + 400
> PP = 3.750 + 400
> PP = 4.150 unidades
>
> Em relação a esse exemplo, conclui-se que o PP de pedido desse item será quando o estoque atingir 4.150 unidades, quantidade suficiente para atender à demanda dos 45 dias previstos para reposição. Perceba ainda que o tempo de reposição de 45 dias foi transformado em 1,5 mês, porque o consumo foi apresentado por mês.

O modelo por revisões periódicas controla os estoques para não faltarem materiais nas linhas de produção ou produtos para a revenda e tem como princípio a emissão de pedidos de compras em intervalos fixos de tempo.

Para o cálculo da quantidade de estoque a ser adquirida, três elementos influenciam: (1) intervalo de tempo padrão previamente definido; (2) estoque máximo que a empresa admite para aquele item; e (3) lote econômico de compra conhecido para aquele item.

Para calcular o intervalo de tempo entre os pedidos (reposição periódica), será preciso empregar duas equações: a primeira para determinar o estoque máximo, a segunda para calcular a quantidade de lote econômico de compra. Com essas duas informações, será possível determinar o intervalo de tempo padrão entre os pedidos.

As equações dadas por Martins e Alt (2006, p. 250) são as seguintes:

1.

$$E_{MÁX.} = ES + Q$$

Em que:

$E_{MÁX}$ = Estoque máximo.
ES = Estoque de segurança.
Q = Quantidade do lote econômico de compra.

2.

$$Q_{LEC} = \sqrt{\frac{2 \times C_p \times D}{Cc}}$$

Em que:

Q_{LEC} = Quantidade do lote econômico de compra que se quer determinar.
CP = Custo de preparação de um pedido de compras ou de uma produção interna.
D = Demanda prevista para o período analisado.
Cc = Custo de carregamento financeiro do item.

Ainda conforme Martins e Alt (2006), vejamos um exemplo aplicado.

Um item de demanda independente é consumido a uma razão de 600 unidades por mês. A empresa considera prudente manter um estoque de segurança de 150 unidades. O custo de preparação é de R$ 42,00 por pedido, e os custos de carregamento de estoques são de R$ 0,20 por unidade por mês. Os custos independentes são desprezíveis. Como definir os parâmetros do modelo de intervalo padrão?

O lote econômico de compras é:

$$Q_{LEC} = \sqrt{\frac{2 \times C_p \times D}{Cc}}$$

$Q_{LEC} = ?$
C_p = R$ 42,00 por pedido.
D = 600 unidades por mês.
Cc = R$ 0,20 por unidade por mês.

$$Q_{LEC} = \sqrt{\frac{2 \times 42 \times 600}{0,20}}$$

Q_{LEC} = 502 unidades, com arredondamento de 500 unidades por pedido.

Agora, sim, é possível calcular o intervalo-padrão. Para isso, utiliza-se a equação:

IP = D/Q

Em que:

IP = Intervalo entre pedidos.

D = Demanda do período analisado.

Q = Quantidade do lote econômico de compras.

Para o exemplo citado:

IP = D/Q

IP = 600 unidades mês / 500

IP = 0,8333 mês entre pedidos

Se considerarmos o mês de 30 dias, a cada 25 (0,833 × 30) dias deve ser emitido um pedido de compras.

O modelo MRP faz um planejamento das necessidades de materiais. É um sistema bastante utilizado pelas organizações para determinar as quantidades a serem adquiridas, bem como para controlar os estoques. Essa ferramenta permite manipular uma quantidade grande de informações no *software*, fornecendo números reais para as tomadas de decisões. Martins e Alt (2006) explicam que, pelo *software* de MRP, é possível criar uma lista de compras líquida, ou seja, exatamente os itens necessários para produzir determinada quantidade de bens.

Em linhas gerais, ao inserir o pedido no sistema informatizado, é possível ter acesso a vários módulos do sistema e consultar os estoques, descontando tudo o que já estiver programado, além de ter informadas as quantidades exatas a serem adquiridas. Isso facilita muito o trabalho dos programadores de produção e de reposição de estoques.

A Figura 5.4 auxilia na visualização dos passos do MRP.

Figura 5.4 – Fluxograma MRP

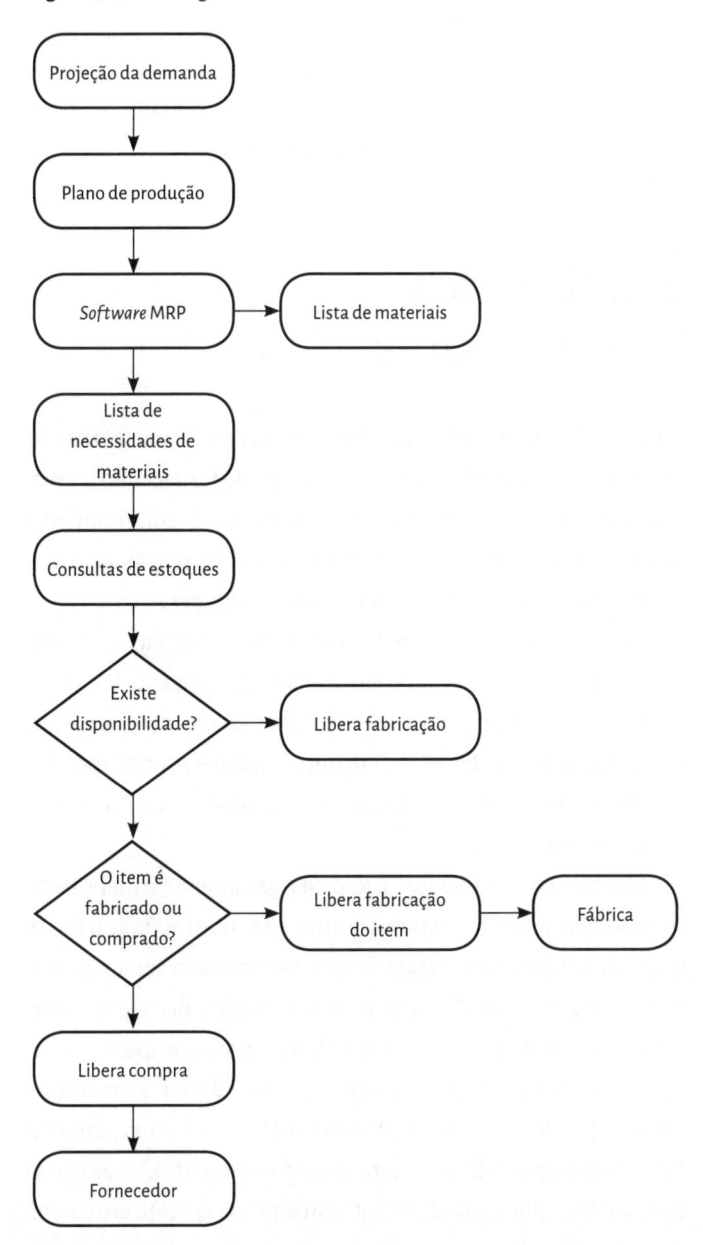

```
Projeção da demanda
        ↓
Plano de produção
        ↓
Software MRP ─────→ Lista de materiais
        ↓
Lista de necessidades de materiais
        ↓
Consultas de estoques
        ↓
Existe disponibilidade? ─────→ Libera fabricação
        ↓
O item é fabricado ou comprado? ─────→ Libera fabricação do item ─────→ Fábrica
        ↓
Libera compra
        ↓
Fornecedor
```

Fonte: Martins; Alt, 2006, p. 119.

O fluxograma apresentado nos mostra as principais fases de decisões do MRP no momento de analisar os estoques que a empresa já tem internamente e otimizar a reposição dos itens adquiridos de terceiros ou a fabricação das quantidades necessárias para atender a um pedido de um cliente.

Escolha dos fornecedores

Uma atividade que faz toda a diferença nos custos e na qualidade dos produtos adquiridos é a escolha correta de fornecedores. Para isso, é preciso compreender que tal tarefa requer conhecimento do mercado fornecedor, ou seja, quem são as empresas atuantes no mercado e que podem atender às necessidades.

As fontes de fornecimento podem ser múltiplas ou única, a depender do tipo de insumo ou produto requisitado pelo cliente. Além disso, tais fontes podem ser locais e estarem próximas da empresa cliente ou distantes, em outras cidades, outros estados ou, até mesmo, outros países. Isso requer análise crítica em relação aos custos e à tributação.

Se o fornecedor for local, o *lead time* geralmente é menor e os custos são conhecidos – como transporte e tributos. Já se o fornecedor estiver em outro estado, o *lead time* costuma ser um pouco maior e pode haver diferenças na tributação, principalmente no que concerne aos tributos estaduais, como o Imposto sobre Operações Relativas à Circulação de Mercadorias e Prestação de Serviços de Transporte Interestadual e Intermunicipal e de Comunicações (ICMS). Se o fornecedor for internacional, as condições são bem diferenciadas, tanto em *lead time* quanto em custos e tributação, pois se sabe que as importações são taxadas para equiparação com os preços do produto nacional.

A fim de desenvolver boas parcerias com fornecedores, deve-se investir em relacionamentos de longo prazo e transparência nas negociações. No cotidiano das empresas, as negociações com fornecedores são frequentes e exigem algumas habilidades por parte do comprador para conseguir boas condições na compra da mercadoria. É comum os fornecedores oferecem descontos pela quantidade comprada e também negociarem os valores de fretes.

Um elemento importante que deve ser observado na negociação com fornecedores são as taxas de juros praticadas nas compras a prazo. É necessário analisar criticamente porque é comum os fornecedores financiarem seus clientes.

Por exemplo, um fornecedor pode conceder desconto para pagamento à vista, oferecer uma taxa de juros de 1,5% para pagamento em 28 dias, 1,7% para pagamento em 35 dias, e assim sucessivamente. Nesse caso, é prudente analisar se a taxa de juros oferecida pelo banco de relacionamento da empresa não é mais interessante. Por exemplo, se o banco oferece uma taxa de 1,4% para pagamento em 28 dias, é viável ser financiado pelo banco, e não pelo fornecedor. São análises pertinentes para as empresas, porque as compras impactam diretamente no fluxo de caixa. Observe o que Martins e Alt (2006, p. 81) explicam sobre isso: "O valor gasto nas compras de insumos para a produção, seja do produto ou do serviço final, varia de 50% a 80% do total das receitas brutas. No setor industrial, esse número alcança a casa dos 57%".

Outro elemento que impacta na escolha do fornecedor é a capacidade produtiva ou de atendimento dele, porque interfere diretamente na qualidade do nível de serviço oferecido à empresa cliente. Essa capacidade produtiva deve ser identificada ainda na fase de desenvolvimento, por isso é importante visitar a planta fabril do fornecedor para constatar *in loco* se ele conseguirá atender às necessidades da empresa cliente no curto, no médio e no longo prazo. Considerando que uma empresa fornecedora geralmente atende vários clientes do mesmo segmento (que são concorrentes entre si), o investimento em um bom relacionamento pode fazer a diferença na qualidade de atendimento oferecida por ele.

Não existe uma regra em relação ao número de fornecedores que uma empresa deve ter, mas é uma prática de mercado ter, no mínimo, três homologados (capazes de atender às necessidades) para cada item crítico que a empresa tiver.

Síntese

Neste capítulo, discorremos sobre as informações elementares da gestão da produção de uma organização. Inicialmente, explanamos a diferença conceitual entre produto e serviço – informação importante porque ambos necessitam de estratégias diferenciadas de gerenciamento.

Apresentamos o conceito de *input-process-output* para lembrar os gestores das empresas do mundo simulado (e também das empresas reais) quão relevante é planejar os recursos necessários para a fabricação de um bem ou a prestação de um serviço.

No momento seguinte, discutimos os elementos essenciais para a escolha da localização de uma indústria ou de uma prestadora de serviços. Na sequência, explicamos, em linhas gerais, os sistemas de produção que as empresas comumente utilizam na atualidade, como produção por projeto, por *jobbing*, em massa e contínua. Já os processos de atendimento a serviços apresentados consideram as diferenças entre *front office* (linha de frente – atendimento ao cliente propriamente dito) e *back room* (retaguarda – equipe de suporte, que fica nos bastidores trabalhando para que o atendimento não falhe). São eles: serviços profissionais, loja de serviços e serviços de massa.

Esclarecemos como calcular a capacidade produtiva de uma empresa, indústria ou prestadora de serviço, bem como o cuidado que os gestores precisam ter com a formação de estoques. Em relação aos estoques, comentamos como se formam, nas organizações, os custos e indicamos algumas maneiras de controle. Para finalizar, apontamos elementos que impactam na escolha dos fornecedores que serão aliados da organização.

Os assuntos tratados neste capítulo tiveram como objetivo fornecer informações para gerenciar adequadamente os recursos básicos aplicados na produção.

Questões para revisão

1. O conceito *input-process-output* foi apresentado como um modelo de transformação que considera os recursos de entrada, o processo de fabricação ou atendimento e as saídas, ou seja, o resultado da operação da empresa. Em relação ao *input* (entrada), é correto afirmar:
    a) As empresas entendem como *input* o processo de entrega do produto ou do serviço ao cliente.
    b) As empresas podem apresentar como *input*: tecnologia, mão de obra, energia, informações, estruturas físicas.
    c) Como *input* é possível compreender as atividades que ocorrem durante a operação de produção ou de atendimento ao cliente.
    d) A fabricação de geleias, a lavagem de roupas nas lavanderias, o atendimento do recepcionista no hotel são caracterizados como *input*.
    e) A apresentação de uma peça teatral gratuitamente em um espaço público é considerada um *input* de um processo de atendimento.

2. Muitas organizações passam por momentos de crescimento que exigem a construção de uma nova fábrica ou a abertura de uma filial. No entanto, escolher a localização adequada para cada tipo de negócio não é tarefa fácil. Para escolher a localização de uma indústria de máquinas e equipamentos, são itens relevantes:
   a) Facilidade de acesso do cliente e proximidade com seu público-alvo.
   b) Custo do aluguel, vias de acesso para os clientes e transporte público.
   c) Amplo estacionamento, acessibilidade para clientes e segurança na região.
   d) Facilidades logísticas: rodovias, portos, aeroportos, mão de obra capacitada.
   e) Desenvolvimento regional, amplo estacionamento para clientes e fácil acesso.

3. As indústrias podem utilizar diferentes formas de produzir seus produtos e os sistemas mais utilizados são: projetos, *jobbing*, lotes, massa e contínuo. Cada modelo apresenta características próprias, como volumes de produção, capacitação da mão de obra e infraestrutura física necessária. Sabendo disso, é correto afirmar que uma empresa que inicialmente mapeia os requisitos do cliente e depois produz o bem conforme esses requisitos utiliza o sistema de produção:
   a) lotes.
   b) *jobbing*.
   c) contínuo.
   d) em massa.
   e) projetos.

4. As operações de serviços se distinguem das atividades da produção de inúmeras formas, mas a diferença maior está na participação do cliente no processo. Na indústria, o cliente não sabe onde nem quando o produto foi produzido, já na prestação do serviço é comum o cliente fazer parte do processo de atendimento. Com base nessa constatação, esclareça a diferença entre os colaboradores da linha de frente (*front office*) e os colaboradores da linha de retaguarda (*back room*).

5. As indústrias de bens de consumo e também os varejistas costumam utilizar estoques para garantirem suas operações sem interrupções. No entanto, a decisão de manter ou não manter um estoque é sempre um ponto de conflito nas empresas, porque ele é considerado nocivo para a saúde financeira da organização. Com base nesse contexto, identifique os elementos que são responsáveis por caracterizar o estoque como nocivo.

Questão para reflexão

1. Leia o excerto a seguir:

   Tradicionalmente, a literatura especializada enfatiza que o mundo está diante de uma nova revolução industrial, supostamente em curso e em ritmo mais rápido que as anteriores. Essa revolução se configuraria como uma nova era em que a grande protagonista é a internet contribuindo para a convergência de diversas tecnologias, agora sendo introduzidas na indústria e adaptadas às máquinas e equipamentos. Os elementos fundamentais seriam a fusão do mundo virtual e real; a utilização de sistemas ciberfísicos (unidades de produção com representação virtual, permitindo maiores níveis de automação); e a flexibilidade da cadeia produtiva com informação disponível em tempo real para fornecedores e clientes. (BNDES, 2018)

Você já pensou em ter como colegas de trabalhos robôs humanoides? Ou você considera que estamos muito longe disso ainda?

Para saber mais

Nessa nova realidade, em que tudo é 4.0, principalmente indústria, empresas e colaboradores terão novos desafios, mas também novas oportunidades. Para saber um pouco mais sobre as oportunidades que isso gera, leia a matéria a seguir do Sebrae Nacional sobre esse assunto:

SEBRAE – Serviço Brasileiro de Apoio às Micro e Pequenas Empresas. **Saiba o que é a Indústria 4.0 e descubra as oportunidades que ela gera**. 21 dez. 2016. Disponível em: <https://www.sebrae.com.br/sites/PortalSebrae/artigos/saiba-o-que-e-a-industria-40-e-descubra-as-oportunidades-que-ela-gera,11e01bc9c86f8510VgnVCM1000004c00210aRCRD>. Acesso em: 22 maio 2018.

6

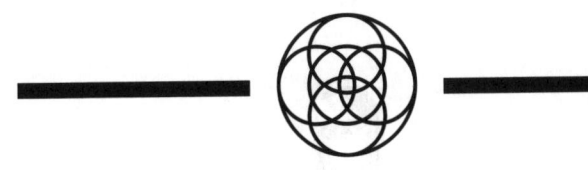

GESTÃO DE PESSOAS

Conteúdos do capítulo:
- Conceitos gerais sobre gestão de pessoas.
- Importância do capital humano nas empresas.
- Trabalho em equipe.
- Contratação de pessoas.
- Salários e benefícios.
- Sindicatos e greves.

Após o estudo deste capítulo, você será capaz de:
1. compreender o novo papel do setor de gestão de pessoas;
2. explicar a importância do capital humano nas organizações;
3. entender como coordenar equipes eficientes;
4. identificar os principais elementos envolvidos na contratação de pessoas;
5. diferenciar salários e benefícios;
6. compreender o papel do sindicato e os impactos das greves nas empresas.

NAS ORGANIZAÇÕES MODERNAS, a gestão de pessoas (GP) é uma área em constante mudança em razão das novas necessidades que surgem no mercado de trabalho. Ao analisar essas novas necessidades das empresas considerando as funções diferenciadas e as novas profissões que têm surgido, podemos entender o teor de tais mudanças.

Desafio da gestão de pessoas na atualidade

Você já pensou na função de gerente de expansão de *startup*? Há bem pouco tempo as *startups* não existiam; logo, essa função também não. E *coach* corporativo? Cientista de dados? Jogador profissional de *videogame*? *Game designer*? Gerente de inteligência logística? Essas e muitas outras profissões têm surgido para acompanhar as exigências do mercado e compete à equipe de gerenciamento de gestão de pessoas buscar esses profissionais. Se não encontrá-los já com as habilidades e as competências necessárias, a equipe terá que buscar pessoas com um perfil que atendam a alguns requisitos mínimos, como querer aprender e se desenvolver.

Por conta dessas novas demandas, a visão da GP também se atualizou e um novo escopo surgiu. Em muitas empresas, os processos da Área de Recursos Humanos (ARH), como folha de pagamento, fechamento de ponto, medicina do trabalho, entre outros, já foram terceirizados. Pode-se dizer que, na atualidade, a GP cuida efetivamente muito mais de pessoas do que dos processos burocráticos, que combinam mais com a ARH.

Para que as atividades inerentes a esse novo escopo da gestão de pessoas possam ser realizadas com sucesso, seis frentes básicas devem ser otimizadas. Com base no conceito adaptado de Chiavenato (2014a), são elas:

1. **Agregar pessoas** – Os profissionais de GP devem desenvolver estratégias de como fazer com que bons profissionais tenham interesse pela empresa, ou seja, desejem fazer parte da equipe.
2. **Aplicar pessoas** – Compete também à GP determinar o escopo das tarefas e a responsabilidade de cada função. Isso inclui o desenho dos cargos e salários, a orientação e a avaliação do desempenho dos colaboradores.
3. **Recompensar pessoas** – Desenvolver políticas de recompensas e reconhecimentos para que os colaboradores se sintam enaltecidos por seu bom desempenho. Aqui, cabe a criatividade para elaborar bons planos de recompensas, que não considerem apenas valores financeiros.
4. **Desenvolver pessoas** – Identificar as necessidades de treinamento e idealização de planos. Investir no conhecimento organizacional e buscar maneiras de desenvolver rápida e eficientemente as competências da empresa para se destacar em seu mercado de atuação. Além disso, desenvolver programas de mudanças e apoiar a criação de uma cultura organizacional voltada para a melhoria contínua.
5. **Manter pessoas** – Um dos desafios das áreas de GP na atualidade é manter o capital humano já formado. Para isso, são necessárias ações que melhorem o clima organizacional e as condições físicas e psicológicas do ambiente de trabalho, além de oferecer condições adequadas para a realização das tarefas. E também, é claro, fazer com que as tarefas que o colaborador desenvolve sejam desafiadoras o suficiente para mantê-lo comprometido.
6. **Monitorar pessoas** – Nesse caso, acompanhar o desempenho do colaborador para identificar se ele está realizando suas

tarefas atendendo às expectativas da empresa. Para isso, a utilização de um banco de dados informatizado auxilia no processo de geração de informações com base nos dados inseridos ao longo da carreira do colaborador. Não é possível confiar somente na memória e um sistema auxilia nesse aspecto. O monitoramento contínuo embasa decisões mais assertivas.

Considerando a apresentação dessas tarefas desenvolvidas pela GP nas organizações, percebe-se que esse novo escopo está bem mais humanista que técnico, ou seja, está mais voltado ao cuidado com as pessoas do que aos processos burocráticos, os quais são importantes também, mas podem fazer parte do escopo de outra função.

Importância do capital humano nas organizações

As empresas são feitas de pessoas e para pessoas. Por meio dessa afirmação, é possível iniciarmos a discussão de quão importante é o capital humano nas organizações. Vamos analisar esse fato sob dois pontos de vista?

Quando pensamos que as empresas são feitas de pessoas, consideramos que os colaboradores dispensam parte de seu tempo e de suas vidas trabalhando e executando tarefas dentro de uma empresa. É o dinamismo, o comprometimento, a energia positiva e as capacidades, habilidades, competências e atitudes das pessoas que fazem com que uma empresa produza bens e serviços.

Já quando ponderamos que as empresas são feitas para pessoas, consideramos o cliente, o consumidor final ou o usuário que se beneficiará do produto ou serviço produzido pela empresa. Para este último, as empresas sempre investiram muito em melhoria de processos, em estratégias de convencimento para que se mantenha cliente por muito tempo.

Mas, para o "colaborador", alvo da primeira análise, será que também sempre foi assim? Será que os colaboradores sempre foram vistos como estratégicos nas organizações? Como clientes internos?

Na teoria pode ser que sim, mas, na prática, é possível afirmar que essa visão é bem recente. Isso não é porque as empresas não reconheciam seus colaboradores, mas sim porque a evolução desse aspecto nas organizações demorou um pouco mais.

As empresas investiam primeiramente nos setores que consideravam mais críticos, como na área comercial, para ampliar as vendas, na produção, para ampliar a capacidade produtiva, no financeiro, para ter as contas a pagar e receber em dia, na logística, para garantir a entrega dos produtos, na tecnologia, para contar com sistemas informatizados que auxiliassem no controle, entre outros. Recentemente, começaram a investir nas pessoas, porque concluíram que todos os elementos citados só evoluiriam se as pessoas desses setores tivessem as competências necessárias para as tarefas. Com base nesse entendimento é que as pessoas passaram a ser consideradas estratégicas para as empresas.

Atualmente, são vistas como o maior patrimônio de uma empresa, pois são elas que fazem a diferença, seja na qualidade do serviço prestado, seja na execução dos produtos. Engana-se quem pensa que são as máquinas que atribuem qualidade a um processo; na prática, são as pessoas altamente capazes que constroem as máquinas, as programam, ajustam e conferem os processos produtivos a fim de garantir que tudo se mantenha sob controle.

A evolução da visão organizacional em relação ao papel que as pessoas desempenham em uma empresa está ilustrada no Quadro 6.1.

Quadro 6.1 – Evolução da visão organizacional

ARH	Gestão de Pessoas	Gestão de Talentos Humanos
Pessoas como recursos produtivos	Pessoas como seres humanos	Pessoas como provedoras de competências
Tratamento padronizado e uniforme	Tratamento individualizado e personalizado	Tratamento individualizado e personalizado
Busca de atividade física ou intelectual	Busca de atividade física e mental	Busca de atividade intelectual
Era industrial	Era da informação	Era do conhecimento
Ênfase operacional	Ênfase tática	Ênfase estratégica
Tipo de trabalho	Trabalho mental	Trabalho intelectual
Manutenção do *status quo*	Criatividade	Inovação
Trabalho isolado	Colaboração	Participação ativa e proativa

Fonte: Chiavenato, 2014a, p. 2.

Com essa evolução, as empresas têm investido cada vez mais horas de treinamentos anuais em seus colaboradores porque novos conhecimentos surgem com muita velocidade. As atividades têm se modernizado constantemente e o uso de tecnologias para realizá-las está cada vez mais presente. Um bom exemplo disso é a área fiscal/contábil de uma empresa, que é contemplada frequentemente com as mudanças impostas pelo governo. Perceba que, cada vez mais, os sistemas de informações governamentais são modernizados, exigindo que as empresas invistam em *softwares* e *hardwares* e capacitem seus colaboradores para o envio das informações pelos ambientes virtuais. Como esses sistemas são *on-line*, exigem-se profissionais capacitados e que tenham seus conhecimentos sempre atualizados.

Trabalho em equipe

A competição dos jogos de empresas é um trabalho em equipe e pode ser um desafio médio ou grande. Um desafio médio será adequar uma turma de estudantes que se conhecem e convivem diariamente. Mas, se já se conhecem, ainda é um desafio? Sim, porque uma situação é conviver como colega de sala de aula; outra é conviver como sócio de um empreendimento, em que todos serão responsáveis por seu desempenho. Um desafio maior será adaptar grupos ecléticos e que não se conhecem, como ocorre quando há agrupamento de cursos diferentes para todos participarem da competição (Administração, Economia, Contábeis, Logística, entre outros) ou até mesmo com capacitações ofertadas por instituições de treinamento em geral, onde os membros não têm a mesma formação, tampouco apresentam os mesmos interesses.

Para compreendermos quão importante é o trabalho em equipe, vamos iniciar discutindo o que é uma **equipe**. Isso é importante porque, muitas vezes, confundimos o conceito de grupo com o de equipe. De acordo com Robbins (2005, p. 213, citado por Escorsin; Walger, 2017, p. 135), "grupo é um conjunto de indivíduos em interação e interdependência com um objetivo comum". Uma equipe é muito mais que isso.

"Uma equipe de trabalho gera sinergia positiva por meio do esforço coordenado. Nesse caso, os esforços individuais resultam em um nível de desempenho maior do que a soma das contribuições individuais (o todo é maior do que a soma das partes)" (Robbins, 2005, p. 213, citado por Escorsin; Walger, 2017, p. 135).

Na prática, as empresas contam com grupos de trabalho e também com equipes, mas entendemos que a formação de grupos acontece mais facilmente que a formação de equipes. No caso das equipes, a interação e a responsabilidade conjuntas pelos resultados são mais visíveis. No entanto, trabalhar em equipe tornou-se habilidade obrigatória nas organizações.

Trabalhar em equipe não é tarefa fácil, porém é extremamente necessária para que a empresa consiga atingir resultados esperados no menor tempo possível e com a qualidade que o mercado exige.

Os desafios residem no fato de que uma equipe é formada por pessoas com diferentes perfis, diferentes anseios e diferentes objetivos pessoais. Essas diferenças, muitas vezes, geram conflitos e, nesses casos, é importante fazer com que todos percebam que os objetivos da empresa são o que os mantêm ali. Logo, compete aos membros da equipe apresentar comportamentos adultos e desenvolver suas atividades com responsabilidade e comprometimento. Além disso, os envolvidos devem estar cientes de que seu trabalho é importante para a organização e que eles contribuem para a perenidade do negócio.

Espera-se que os colaboradores que fazem parte de equipes de trabalho tenham princípios, respeitem o próximo, saibam ouvir e compartilhar informações, sejam sinceros, educados, que utilizem empatia, sejam proativos e ajam de maneira profissional. Tais atributos devem ser identificados pelo líder da equipe antes mesmo de ela se formar, para que ele conheça exatamente o perfil dos membros que comandará. Em alguns casos, a liderança é escolhida pelos próprios membros depois que a equipe é formada. Eles avaliam, além dos elementos citados, se o futuro líder tem competências técnicas e humanas para conduzi-los.

Coordenação de equipes eficientes

A boa coordenação de uma equipe é a chave para que esta seja eficiente na realização das operações e eficaz no atingimento dos resultados. Isso é uma necessidade tanto na vida real quanto no mundo simulado dos jogos de empresas, uma vez que a competição acontece entre equipes (empresas fictícias). Diante disso, alguns pontos devem ser trabalhados com a equipe para que todos compreendam sua importância.

É muito importante ter uma equipe coesa e com a visão de que, em conjunto, seus membros são mais fortes. É do líder o esforço de demonstrar à equipe o quanto a empresa conta com ela. O líder deve também estimular cada membro a dar o melhor de si.

As equipes podem ter formações distintas. Com base nos conceitos propostos por Robbins (2005, citado por Escorsin; Walger, 2017), conheça os quatro tipos mais comuns:

- **Equipes de solução de problemas** – São voltadas mais ao levantamento das necessidades e à discussão das possibilidades de melhorias. Reúnem-se quando ocorre um fato que necessite de uma avaliação mais apurada e utilizam ferramentas e metodologias que as auxiliam a propor soluções cabíveis para cada situação.
- **Equipes autogerenciáveis** – São mais estratégicas e trabalham de forma autônoma, estando empoderadas para solucionar problemas. Isso significa que podem realizar as mudanças necessárias na realidade da empresa. Essas mudanças devem ser sensatas e ter sido avaliadas pensando em todos os riscos e impactos no negócio da empresa e nas pessoas. Tais equipes têm poder de mudança, mas certamente são responsáveis pelos resultados.

- **Equipes multifuncionais** – São comuns nas organizações que precisam de um esforço conjunto para executar determinada tarefa. Nesse caso, os colaboradores se unem para solucionar um problema, por exemplo, e, quando chegam ao objetivo proposto, a equipe se desfaz ou parte para um próximo projeto.
- **Equipes virtuais** – Esse modelo é utilizado pelas grandes corporações globalizadas, que requerem esforço conjunto das pessoas que estão em plantas diferentes e até em países diferentes. Os mais variados recursos tecnológicos são utilizados para a troca de informações (reuniões *on-line*, videoconferências, entre outros) como forma de acelerar o processo de decisão ou de cocriação[1].

O fato é que as equipes precisam estar cientes de que a contribuição de todos é importante para o alcance dos objetivos. Para isso, devem-se deixar de lado o individualismo, o estrelismo e a competição entre os membros. O papel das equipes é somar os conhecimentos, criar o sentimento de pertencimento nos colaboradores para que a empresa seja beneficiada. Entre tantos benefícios que uma empresa pode alcançar, é possível citar:

- Incentivo à colaboração e à redução da competição interna.
- Rapidez na solução de problemas, pois uma equipe tem acesso a mais informações que uma pessoa sozinha.
- Maior engajamento por parte dos colaboradores porque se sentem parte de um projeto, de uma mudança e da empresa (sentimento de pertencimento).

---

1   *Cocriação* pode ser entendida como um mecanismo de inovação em que pessoas de fora da organização (clientes, consumidores, fornecedores, estudantes) contribuem com suas ideias para o desenvolvimento de um novo produto ou serviço.

- Melhora no relacionamento interpessoal dos membros ou exposição dos conflitos que atrapalham o crescimento, o que é positivo, pois nasce a oportunidade de resolvê-lo.
- Atividades mais dinâmicas e desafiantes para os membros, o que os deixa mais motivados.

Outro elemento essencial para uma boa coordenação de equipe é promover uma **boa comunicação** entre os membros e a liderança, pois isso auxilia na redução dos riscos de conflitos. Além disso, o **reconhecimento** pelo desempenho das equipes também precisa ser evidenciado.

O líder deve demonstrar os números e reconhecer o esforço de todos no alcance dos objetivos. Caso os objetivos não tenham sido alcançados, compete também ao líder, com seus pares, **identificar os pontos de melhorias** para encontrar juntos uma **solução**.

Nos jogos de empresas, a liderança pode ser alternada entre os membros, o que é saudável, para que cada participante possa sentir o peso de gerenciar uma equipe. Na condição de líder da empresa, mesmo temporariamente, o estudante terá a oportunidade de se autoconhecer como chefe, avaliar sua atuação e melhorar seus pontos fracos.

Contratação de pessoas

Na competição de jogos de empresas, também haverá a necessidade de contratar pessoas, por isso a importância em discutir o tema. No jogo, a capacidade produtiva está intrinsicamente atrelada à quantidade de pessoas que trabalham para a empresa e, caso se pretenda aumentar a produção para o próximo período, é preciso avaliar se há necessidade de contratar outros colaboradores. Os simuladores mais utilizados no mercado demonstram as condições reais do mercado e inserem situações que necessitam de gestão. Para ilustrar: em determinado período, pode haver oferta abundante de mão de obra e, em outro, escassez. Isso também acontece no mundo real, porque determinadas funções podem ter altas e baixas de ofertas de profissionais no mercado.

O departamento responsável pela contratação de pessoas deve manter-se atento às novas competências necessárias para o negócio, a fim de que consiga trazer o capital humano adequado às atividades da empresa. Citamos, no início deste capítulo, novas funções e profissões que surgiram no mercado e que tornam ainda mais desafiadora a tarefa de encontrar a pessoa certa para o cargo certo. Mas as características básicas do processo de contratação se sustentam.

Um processo de contratação deve ser planejado porque é composto de algumas fases distintas, como definição do perfil do candidato e da vaga, divulgação da vaga, recrutamento, seleção, contratação e integração do colaborador. Isso significa dizer que é um processo que demanda tempo e traz custo para as organizações.

Para um bom planejamento, é necessário que o responsável por essa atividade tenha todas as informações necessárias, como: qual é a vaga, quantidade de vagas, quais atividades serão desenvolvidas, em que turno, quais competências essenciais o candidato deve apresentar, qual é o regime de trabalho, o salário, quais são os benefícios, os riscos da função, o plano de carreira para essa vaga etc.

Com as informações em mãos, o responsável traçará o perfil do candidato e pesquisará no mercado como está a oferta desse capital humano (se a concorrência também está procurando, quanto o mercado está pagando etc.). De posse desse primeiro mapeamento, será inserido um anúncio nas mídias que chame a atenção de candidatos com o perfil desejado.

A empresa pode optar por apenas receber currículos no primeiro momento, para uma triagem prévia e posterior marcação de entrevistas, dinâmicas, provas técnicas, provas práticas, comprovação de títulos ou outras modalidades utilizadas para esse fim.

Depois dessa triagem, talvez um candidato já tenha sido selecionado, ou alguns ainda farão uma disputa final para preencher a vaga. Se o candidato foi escolhido nessa etapa inicial, o próximo passo será a documentação de contratação. Uma vez devidamente contratado, o candidato passará pelos processos de integração e adaptação ao ambiente de trabalho, bem como demonstrará na prática se é a pessoa certa para vaga ou não.

O processo de integração do colaborador é uma atividade de extrema importância porque o novo contratado poderá ter uma boa impressão da empresa (e, assim, se comprometer com ela) ou uma má impressão (e começar a trabalhar pensando em sair, o que não é positivo para a imagem da empresa e também reduz a chance de bons colaboradores se estabelecerem). É o que pensam muitos profissionais experientes do mercado quando são sondados ou contratados por empresas novas ou concorrentes de onde trabalhavam. Nesses casos, por mais que as propostas sejam interessantes em termos de valores financeiros, nem sempre essas empresas convencem bons candidatos por não terem, ainda, credibilidade no mercado.

Mesmo após todo o processo de contratação, não é garantido que o profissional certo está na vaga certa, pois nem sempre os responsáveis por essa função na empresa detêm o conhecimento necessário para fazer essa adequação. Em muitas situações, essa tarefa é terceirizada para empresas especializadas em tal segmento. A utilização dos serviços especializados em recrutamento e seleção de pessoas traz rapidez no preenchimento da vaga, uma vez que as empresas dessa área contam com um vasto banco de dados e algumas até qualificam continuamente pessoas para que estejam prontas para tais vagas.

Repare que até aqui estamos nos referindo a uma vaga que necessitava de contratação externa, o que pode ter dois vieses: a empresa optou por contratar uma pessoa de mercado (e isso pode ter vários motivos) ou em seu quadro de colaboradores não havia ninguém com o perfil desejado. Com isso, foi realizado um processo de recrutamento externo, mas as empresas podem optar por um recrutamento interno.

O recrutamento interno é muito mais simples, mais rápido e mais barato que o externo, pois o colaborador já está contratado, conhece a filosofia da empresa, conhece o produto, já está ambientado e integrado com os colegas. Um recrutamento interno é uma possibilidade real que o colaborador tem de mudar de função, de departamento e até mesmo de área de atuação, pois as chances são iguais para todos os partícipes. Quando o colaborador participa de um recrutamento interno e é aprovado, ele se sente valorizado e mais comprometido com o negócio da empresa. Esses e outros benefícios são gerados pelos recrutamentos internos para as empresas, além de transmitir a seus colaboradores a imagem de uma empresa que dá oportunidade para quem se esforça.

Salários e benefícios

Outra realidade retratada nos jogos de empresas são as definições de salários e benefícios que as empresas oferecem aos colaboradores ou candidatos. Os meios de informação utilizados no mundo simulado manterão os gestores informados sobre os aumentos dos salários e os benefícios.

Para a definição de salários e benefícios, é preciso compreender que o trabalho deve ser recompensado de forma justa e legal. Isso significa dizer que a empresa deve seguir a legislação apropriada para o tema e o colaborador deve entender essa recompensa como justa. Ressaltamos que existem as recompensas não financeiras e financeiras – como mostra o Quadro 6.2.

Quadro 6.2 – Recompensas pelo trabalho

Recompensas	Recompensas não financeiras
• Tudo o que é oferecido pelas organizações em troca do trabalho • Compreendem aspectos de caráter financeiro ou não • Atendem às expectativas e necessidades das pessoas • Abrangem aspectos econômicos, de crescimento pessoal e profissional, autonomia etc.	• Ascensão profissional, oportunidades de desenvolvimento, reconhecimento • Gratificação pessoal obtida pelo trabalho realizado ou pelos seus resultados
	Recompensas financeiras (remuneração) • Relacionadas à obtenção ou ao não desembolso de recursos fionanceiros • Somatório dos valores do salário base, adicionais e gratificações, incentivos e benefícios recebidos

Fonte: Orsi, 2015, p. 30.

Esse quadro tem como foco informar que a empresa pode oferecer recompensas diferentes do salário convencional, o que é muito apreciado pelos colaboradores.

As empresas estabelecidas no mercado sabem da relevância de adotar um plano de recompensas que mescle as duas situações e utilizam isso como estratégia para chamar a atenção de bons profissionais do mercado. Um exemplo disso é o título de "melhor empresa para se trabalhar", que é um reconhecimento de melhores práticas no mercado e de empresas que utilizam formas de recompensa para valorizar o capital humano. Contudo, muitas empresas, principalmente entrantes no mercado, não têm muitas condições de oferecer um pacote de recompensas que contemple o financeiro e o não financeiro. Elas praticam apenas o elemento remuneração.

Para facilitar a compreensão desses temas, vamos conhecer alguns conceitos pertinentes em relação aos itens contemplados pela remuneração.

A **remuneração** faz parte do elemento da recompensa financeira pelo trabalho organizacional. Tem papel relevante porque representa o valor financeiro que a empresa despenderá para pagar seus colaboradores. Segundo Moreno (2014), a remuneração total é composta de **remuneração básica** (pagamento fixo que o funcionário recebe regularmente); **incentivos salariais** (bônus e participação nos resultados) e **benefícios** (seguro de vida, seguro-saúde, alimentação subsidiada).

Orsi (2015, p. 24) afirma que a remuneração pode ser classificada em: "baseada em cargos, hoje chamada de funcional; por habilidades e por competências". A evolução não ficou apenas na nomenclatura, mas também nas alternativas que as empresas passaram a utilizar para remunerar seus colaboradores, valorizando as habilidades, as capacidades e as competências de cada um. Moreno (2014) complementa que a remuneração pode ser fixa, variável, por desempenho, por tempo de casa, de cargo ou por remuneração do ocupante, e cada empresa adota o modelo que considerar adequado para o seu negócio.

Na prática, definir a remuneração, ou seja, os salários e benefícios a serem oferecidos aos colaboradores, pode ser uma tarefa fácil ou difícil, tudo depende da forma como a empresa conduz esses temas.

Se tiver uma política de cargos e salários estabelecidos e que todos conhecem, essa tarefa é considerada fácil de lidar. No entanto, se a empresa não tem um plano de cargos e salários, não utiliza nenhum procedimento formal para promoções ou aumentos de salários e ainda oferece benefícios diferentes para os colaboradores, certamente essa tarefa será vista como difícil – quiçá estressante de lidar.

Sindicatos e greves

"Um sindicato é uma forma de **associação permanente entre pessoas físicas ou jurídicas que exerçam função em um mesmo ramo de negócio**. Essa associação é criada com o papel de defender os interesses em comum de seus membros." (Souza, 2017, grifo do original). Os sindicatos que representam os colaboradores são os **sindicatos profissionais** e os que representam as empresas são os **sindicatos patronais**.

Em linhas gerais, no Brasil, a história do sindicalismo remonta à chegada dos europeus, que vieram contratados como força de trabalho e estranharam que aqui no Brasil não existiam as uniões operárias a que eles estavam acostumados. Para isso, há uma explicação lógica. O Brasil teve uma industrialização tardia, se comparado com outros países de economia similar. Com isso, entendimento sobre a importância em oferecer qualidade de vida no trabalho para os colaboradores demorou a ser incorporado pelas empresas. Nesse período, os primeiros esforços de unir os colaboradores em categorias tinham vieses sociológico e político e mais pareciam partidos políticos. No entanto, os trabalhadores foram se organizando e ganhando força e representatividade, e formaram os sindicatos.

Durante os tempos difíceis para os colaboradores, o sindicato teve um papel muito importante no alcance de melhores condições de trabalho e salários mais condizentes com a realidade brasileira. Com o passar do tempo, as relações trabalhistas entre empregados e empregadores se modificaram, exigindo dos sindicatos posturas diferenciadas também.

O papel do sindicato profissional hoje no Brasil está mais voltado para a contribuição que pode oferecer aos associados, como esclarecimento dos direitos dos colaboradores e negociações com os sindicatos que representam as empresas nos Acordos Coletivos de Trabalho (ACTs).

Hoje, os benefícios e as garantias aos trabalhadores são alcançados por meio de negociações que buscam atender às necessidades deles sem inviabilizar o negócio da empresa, pois se sabe que uma empresa que fecha gera desemprego.

Outra atividade relacionada aos sindicatos são as greves. Estão previstas em lei e servem para a categoria pressionar a efetivação de algum direito. Veja o que diz o art. 1º da Lei n. 7.783, de 28 de junho de 1989: "É assegurado o direito de greve, competindo aos trabalhadores decidir sobre a oportunidade de exercê-lo e sobre os interesses que devam por meio dele se defender" (Brasil, 1989).

Por mais que seja uma questão de direito, os efeitos das greves são sempre negativos, uma vez que as empresas necessitam que seus colaboradores produzam itens para venda ou atendam aos clientes nos casos de serviços. Já pelo viés do colaborador, caso a greve se estenda e seja julgada como abusiva, os dias parados são descontados, o que prejudica seu salário.

O ideal é que empresas e colaboradores negociem, com base no bom senso para ambos, condições dignas de trabalho e que o sindicato possa intermediar negociações que beneficiem os envolvidos.

Síntese

Desenvolvemos este capítulo com base na ideia de que o capital humano é o maior patrimônio das empresas na atualidade. Explanamos que as novas profissões têm exigido novas competências do capital humano, tornando-se um desafio para a GP. Em razão disso, a área de GP foi apresentada como estratégica nas organizações porque tem entre seus objetivos captar, formar, desenvolver e reter talentos que tenham o perfil adequado para cada atividade. Depois disso, contextualizamos por que as pessoas são consideradas essenciais para o sucesso dos negócios considerando a evolução da visão organizacional sobre o assunto.

Na sequência, apresentamos a diferença entre grupo e equipe e discutimos a importância do trabalho em equipe, bem como os desafios implícitos nesse intento. Ainda no assunto gestão de equipes, comentamos as formações mais comuns de equipes na empresa – como de solução de problemas, autogerenciáveis, multifuncionais e virtuais –, evidenciando as vantagens do trabalho de cada uma.

Também abordamos no capítulo a atividade de contratação de pessoas. Explicamos que a remuneração de um colaborador pode ser baseada em cargos ou em habilidades e competências. Frisamos também que, nas empresas em geral, a remuneração é representada pelos salários e benefícios que se consegue oferecer ao quadro funcional.

E, para finalizar, tratamos do papel dos sindicatos e de como interagem com as organizações. Para contextualizar, explicamos o que é um sindicato e o impacto das greves nos negócios em geral.

Nas empresas reais, a qualidade da GP é percebida quando as empresas conseguem captar e manter talentos humanos que façam a diferença na estratégia organizacional. Já no mundo simulado, ela pode ser representada de várias formas: se o número de colaboradores contratados atende à necessidade de produção, se a produtividade atinge patamares eficientes e se não ocorrem greves durante a competição.

Questões para revisão

1. A inovação constante em produtos e serviços tem exigido novas competências dos colaboradores. Em alguns casos, a novidade é tão grande que não há mão de obra qualificada

para desempenhar determinadas tarefas. Nessas situações, compete ao Departamento de Gestão de Pessoas (GP) buscar profissionais com perfis que possam ser desenvolvidos para assumir tal função. Para desempenhar melhor suas atribuições, o gestor de GP precisa desenvolver seis frentes básicas, são elas:

a) Contratar, comprar, capacitar, dispensar, transferir e expatriar.
b) Remunerar, cobrar, orientar, conversar, manipular e evidenciar.
c) Acompanhar, integrar, solucionar, treinar, dividir e hierarquizar.
d) Agregar, aplicar, recompensar, desenvolver, manter e monitorar.
e) Burocratizar, registrar, profissionalizar, interessar, delinear e avaliar.

2. Quando a empresa precisa preencher uma vaga, pode ser utilizado o recrutamento interno ou externo. Como cada modelo tem suas vantagens e desvantagens, analise as duas afirmações a seguir e a correlação entre elas:

I. O recrutamento interno é considerado inviável para a maioria das empresas porque é mais demorado, burocrático e o colaborador ainda terá que ser capacitado para a vaga, o que não ocorre com o recrutamento externo, em que o candidato já vem pronto.

II. Porque, quando o colaborador é contratado pelo recrutamento externo, a integração e a adaptação à empresa e também à tarefa são rápidas, uma vez que ele não traz os vícios de empresas anteriores.

Analisando as afirmações, conclui-se que:

a) As duas afirmações são verdadeiras e a segunda não justifica a primeira.
b) As duas afirmações são verdadeiras e a segunda justifica a primeira.
c) A primeira afirmação é verdadeira e a segunda é falsa.
d) A primeira afirmação é falsa e a segunda é verdadeira.
e) As duas afirmações são falsas.

3. O colaborador executa suas atividades diárias e é remunerado por isso. Essa remuneração pode ser considerada a recompensa pelo trabalho realizado e está dividida em financeiras e não financeiras. Diante disso, analise as alternativas a seguir e assinale aquela que cita recompensas não financeiras:

a) Salários, gratificações e abonos.
b) Incentivos financeiros e benefícios.
c) Premiações e gratificações monetárias.
d) Reconhecimento e ascensão profissional.
e) Adiantamentos, descontos e desembolsos.

4. Aos poucos, as empresas compreenderam que os colaboradores são peças-chave para o sucesso do negócio. Depois dessa constatação, tudo mudou. Na atualidade, o colaborador é considerado estratégico para a perenidade do negócio. Após refletir sobre essa afirmação, responda: Como você compreende a afirmação de que a pessoa é o maior patrimônio de uma empresa?

5. Analise a imagem a seguir e considere que o trabalho em equipe é imprescindível para o sucesso de uma organização. Discorra sobre os benefícios que a empresa pode alcançar com uma equipe coesa e comprometida:

Questão para reflexão

1. O trabalho em equipe sempre foi uma necessidade nas organizações, no entanto, nos dias atuais, isso se tornou mandatório, pois se compreendeu que o trabalho conjunto faz as estratégias darem certo, as operações serem realizadas com exatidão e a satisfação do cliente ser priorizada. Diante disso, reflita: Você efetivamente sabe trabalhar em equipe? Ou há algo em que precisa melhorar?

Para saber mais

Tudo está em constante mudança. No mundo do trabalho não é diferente, pois novas exigências são necessárias para desenvolver atividades que, até há pouco tempo, sequer existiam. Mas as regras e a legislação das relações trabalhistas também se transformam. Você já ouviu falar do eSocial? Acesse o *link* a seguir e saiba mais sobre esse sistema criado pelo Decreto n. 8.373/2014, que instituiu o Sistema de Escrituração Digital das Obrigações Fiscais, Previdenciárias e Trabalhistas (eSocial):

BRASIL. Governo Federal. **Conheça o eSocial**. 29 mar. 2017. Disponível em: <http://portal.esocial.gov.br/institucional/conheca-o>. Acesso em: 22 maio 2018.

7
GESTÃO FINANCEIRA

7

Conteúdos do capítulo:
- Importância da gestão financeira.
- Fluxo de Caixa (FC).
- Identificação dos desperdícios financeiros.
- Pagamentos de fornecedores e recebimento de clientes.
- Empréstimos, investimentos e financiamentos.
- Juros simples e juros compostos.
- Relevância dos tributos.
- Taxas de juros de mercado.

Após o estudo deste capítulo, você será capaz de:
1. compreender a importância de uma boa gestão das finanças na empresa;
2. entender a importância do Fluxo de Caixa;
3. identificar os tipos de desperdícios financeiros;
4. articular o pagamento de fornecedores e o recebimento de clientes;
5. calcular juros simples e juros compostos;
6. distinguir os tipos de tributos;
7. identificar as taxas de juros praticadas no mercado.

QUANDO PENSAMOS EM organizar e disciplinar nossas ações no cotidiano, o que nos vem à mente? Que é chato? Perda de tempo? Algo que excede nossas capacidades atuais? Algo útil para nossa produtividade? É importante?

E quando se trata de recursos financeiros, como agimos? Será que empregamos de forma eficiente os recursos financeiros de que dispomos, alcançando nossos objetivos de crescimento, ou desperdiçamos recursos por deixar de conhecer e/ou de adotar algum método para organizar nossas finanças? Em muitos casos, a aptidão necessária para cuidar bem de nossos recursos precisa de anos de dedicação para ser bem desenvolvida.

Importância da gestão financeira

A maioria de nossos costumes é aprendida por exemplos que observamos, sendo essa a principal fonte de informação para formar nossos principais hábitos. A maneira como nos relacionamos com os recursos, ou seja, a formação de nossos hábitos financeiros, é originada do saber das pessoas com as quais temos mais contato, podendo ser em âmbito familiar, educacional ou profissional. Aqui, é importante observar que nem todas as pessoas têm as mesmas atitudes e destrezas, por exemplo, no trato com o dinheiro.

Outra forma de reciclar hábitos obsoletos ou ineficientes passa pela busca de uma educação financeira. É imprescindível se aperfeiçoar nesse assunto para colocar em prática o autodesenvolvimento financeiro.

E por que é importante discutirmos as questões financeiras olhando também para o lado pessoal, e não apenas empresarial?

Porque gerenciamos os negócios segundo nosso conhecimento adquirido na academia, mas também conforme nossos hábitos pessoais de como lidar com nossas decisões.

Considerando que nossa educação financeira como pessoa física é deficitária, uma vez que ainda não temos a cultura de investir desde a juventude, podemos refletir esse nosso comportamento no modelo de gestão de nossos negócios. No entanto, tal realidade está em fase de mudança e percebe-se uma crescente preocupação dos pais em ensinar as crianças a lidar com as questões financeiras mais cuidadosamente.

Qual é o impacto disso em uma competição de jogos de empresas?

Se temos educação financeira insuficiente e se ainda não somos empresários, talvez não tenhamos tido a oportunidade ou a necessidade de gerenciar recursos escassos. Sim, porque, nas empresas, o capital geralmente é escasso. Por isso, é muito importante que um gestor, mesmo de uma empresa fictícia do mundo simulado, tome decisões que auxiliem a empresa a crescer.

A seguir, refletiremos sobre alguns conceitos importantes no âmbito financeiro para que possamos desenvolver bons hábitos com relação às finanças, não somente em relação ao uso desse conhecimento nas empresas, na competição do jogo de empresas, mas também em nosso cotidiano.

Assim como na vida pessoal, o gerenciamento das finanças nas organizações é uma das atividades mais importantes, pois é preciso constantemente buscar equilíbrio entre as entradas e as saídas de recursos. A diferença está no fato de que, na vida pessoal, geralmente nós mesmos cuidamos de nossos recursos financeiros, mas, nas empresas, existe um departamento específico para gerir as várias atividades inerentes a esse processo.

A gestão financeira (que também pode ser chamada de *área financeira* ou *departamento financeiro*) realiza atividades estratégicas, gerenciais e operacionais nas organizações, como orçamento, gerenciamento e análise do Fluxo de Caixa (FC), pagamento de fornecedores e recebimento de clientes. Também se ocupa dos empréstimos, dos financiamentos, dos investimentos e da provisão de tributos. Para isso, os colaboradores necessitam de conhecimentos multidisciplinares, como conhecer o ponto de equilíbrio operacional e financeiro da empresa, algumas modalidades de empréstimos, financiamentos e investimentos, diferenciar juros de multas ou taxas, calcular juros simples e compostos. Além disso, outros conhecimentos pertinentes são: o que são tributos, quais são os mais recorrentes, quais taxas de juros compõem as transações financeiras.

Em razão da relevância do tema, tais assuntos serão tratados aqui de maneira sucinta, mas suficiente para servir de base de conhecimento a futuros gestores de empresas reais e também do mundo simulado dos jogos de empresas.

Para Chiavenato (2014b), a gestão financeira administra os recursos financeiros da empresa com o objetivo de aumentar o lucro, criando riqueza, ou seja, crescimento do valor de mercado. Ela é constituída por três grupos ou famílias de decisões que aparecem frequentemente nas atividades da empresa, conforme elencados a seguir:

1. **Orçamento de capital** – Presente no planejamento e na gestão dos investimentos de longo prazo, cujo desafio principal é identificar oportunidades de investimentos alocando recursos em aquisições que retornarão valores para a empresa maiores que o custo envolvido. Em outras palavras, criar riqueza gerando um FC em que os retornos para empresa são maiores que o custo do investimento para obtê-los, aumentando, assim, o valor do negócio.

2. **Estrutura de capital** – Proporção entre capital próprio e capital emprestado de terceiros visando completar o capital necessário ao atendimento dos negócios relacionando variáveis referentes à quantidade de recursos que a empresa precisa emprestar para garantir as operações; às fontes menos custosas; a quando, onde e como captar os recursos e a qual tipo de recurso é mais apropriado no momento.
3. **Gestão do capital de giro** – Envolvendo os ativos e passivos circulantes, visa garantir a disponibilidade e a alocação de recursos suficientes para realizar as operações da empresa de forma contínua, evitando interrupções.

Mas a gestão financeira é muito mais que isso. Entre tantas outras importantes funções da área financeira de uma empresa, a gestão do FC se destaca porque é o método mais rápido de análise da saúde financeira da empresa. Observe as explicações dos tópicos seguintes, baseadas em Seleme (2010).

Gerenciamento do Fluxo de Caixa

O FC é uma técnica de organização da movimentação de recursos que relaciona as entradas e as saídas em determinado período e permite a visualização das informações financeiras de forma satisfatória para a gestão e o planejamento financeiro das atividades operacionais da empresa (incluindo possíveis necessidades de empréstimos). Um bom gerenciamento do FC da empresa é uma tarefa estratégica do departamento financeiro.

Compondo o FC, existem três segmentos principais para a alocação dos recursos da empresa: fluxo de investimentos, fluxo de financiamentos e fluxo de operações.

- **Fluxo de Caixa de investimentos** – Corresponde à alocação de recursos para a aquisição ou a venda de ativos fixos, em que os investimentos são considerados os gastos da empresa visando ao aumento da capacidade produtiva, assunto que será discutido no capítulo a seguir, sobre custos.

- **Fluxo de Caixa de financiamentos** – Refere-se às entradas e às saídas de capital para financiar o negócio da empresa. Para origens de recursos, podemos elencar: capital próprio, dinheiro dos sócios, entradas de capital de terceiros, via financiamentos e/ou empréstimos contratados. Assim, as saídas podem estar vinculadas a pagamento dos encargos contratuais desse capital de terceiros, amortização ou pagamento do principal, distribuição de juros, dividendos, lucros ou devolução do capital aos sócios.
- **Fluxo de Caixa operacional** – Para representar as movimentações visando atender às questões operacionais da empresa, esse fluxo contém a entrada de recursos pelas vendas dos produtos e as saídas relacionadas a pagamento de tributos (impostos, taxas, contribuições), aquisição de matérias-primas e componentes, pagamento de despesas operacionais (mão de obra, aluguéis, seguros, fretes). No capítulo de custos, trataremos dos Demonstrativos de FC preenchidos para facilitar seu entendimento.

Análise do Fluxo de Caixa

Além de representar o FC de maneira correta, é necessário entendê-lo para analisá-lo coerentemente. De maneira simplificada, pode-se afirmar que, quando há um valor maior na soma das entradas do que na soma das saídas, o fluxo resultará em saldo positivo; caso contrário, o saldo do FC será negativo.

Para Seleme (2010), a análise do FC precisa estar centrada em alguns aspectos importantes relacionados à identificação do ponto de equilíbrio operacional e financeiro, à margem operacional de contribuição, à máxima necessidade de recursos, aos índices de rentabilidade dos investimentos e ao *payback*.

Ponto de equilíbrio operacional e financeiro

O ponto de equilíbrio operacional é o patamar além do qual há resultado positivo no FC, ou seja, as entradas geradas pelas vendas superam as saídas operacionais necessárias para gerá-las. Já o equilíbrio financeiro depende de algo mais: o FC positivo deve superar as demandas ou as saídas e cobrir os custos financeiros dos empréstimos contratados e/ou a depreciação.

De acordo com Seleme (2010), temos:

$$PE_{op} = (\text{custos fixos})/[(\text{valor unitário de venda}) - (\text{custo unitário de produção})]$$

A chamada *margem de contribuição por unidade vendida* corresponde ao denominador da equação anterior:

$$MCU = [(\text{valor unitário de venda} - (\text{custo unitário de produção})]$$

Margem operacional

É um indicador da viabilidade do negócio e serve para medir a eficiência nas operações foco da empresa. É a proporção das vendas reais com as vendas necessárias ao ponto de equilíbrio operacional. Ainda conforme Seleme (2010), quando positivo, representa a folga de recursos operacionais para a empresa:

> MO (em %) = (lucro das operações/ receita operacional líquida) × 100

Payback

Outro indicador de atratividade do negócio é o *payback*, que mostra quanto falta para recuperar todo o dinheiro investido em relação ao saldo positivo acumulado no caixa da empresa. Seleme (2010) nos elucida:

> *Payback* (saldo) = (total de investimentos − lucro líquido acumulado)

Conhecer o FC e a importância de sua gestão para a competição do jogo de empresas faz todo o sentido. A cada jogada encerrada, a equipe terá de analisar o impacto causado pelas decisões no período anterior. Com isso, é salutar analisar os elementos do FC que obtiveram resultados muito diferentes da projeção inicial e realizar as correções para as próximas jogadas.

Avaliar os benefícios da provisão dos tributos

No mundo simulado, as empresas também pagam tributos. Diante disso, quanto mais rapidamente eles forem identificados, calculados e provisionados, melhor será para a saúde financeira da empresa. Uma vez que é possível prever quanto de tributos (impostos, taxas e contribuições) incide sobre determinado item ou serviço produzido – seja na compra de insumos, seja por ocasião da venda dos produtos –, é importante disponibilizar a quantidade de recursos necessária para a empresa quitar tais compromissos. O conceito de provisão de tributos significa deixar os recursos necessários reservados à disposição para pagamentos referenciados. Mais adiante, esse assunto será retomado, pois é estratégico e aumenta o custo das operações.

Mas a área de finanças também executa outras atividades, algumas operacionais, outras nem tanto. Veja as que apresentamos a seguir.

Pagamentos de fornecedores e recebimentos de clientes

A atividade de pagamento a fornecedores é de extrema importância porque mantém a credibilidade da empresa no mercado.

As empresas fornecedoras monitoram as empresas clientes para minimizar os riscos de não receberem suas vendas e fazem isso por meio de acordos comerciais entre as empresas do segmento, que constantemente trocam informações sobre os índices de inadimplência. Em virtude disso, é comum as empresas manterem um ou mais colaboradores responsáveis pelos pagamentos aos fornecedores, podendo ser de compra de mercadorias, serviços, contratos, *royalties* ou quaisquer outros desembolsos possíveis.

O objetivo é manter as contas a pagar em dia e, para isso, empregar um plano de pagamentos é extremamente útil.

Plano de pagamentos

Uma boa prática para conscientização e controle dos gastos com fornecedores consiste na elaboração de um cronograma elencando de modo amplo a frequência e os valores dos desembolsos, servindo tanto de fluxo de pagamentos para saber quando as contas vão vencer quanto de registro do histórico após o pagamento.

Essa ferramenta nos permite manter um acompanhamento constante, partindo da premissa de que só é possível gerenciar aquilo que conhecemos, e, sempre que possível, precisamos associar os pagamentos com as entradas mais próximas. Além da provisão necessária aos tributos, às vezes pode ser necessário negociar alguma forma de parcelamento com os fornecedores em razão da falta de recursos momentânea.

Plano de recebimentos

Em contrapartida aos pagamentos, as empresas têm os recebimentos. Essa é uma atividade ainda mais notória, pois é necessário garantir a entrada dos recursos advindos dos pagamentos de clientes. As empresas também mantêm um ou mais colaboradores para monitorar os recebimentos e contatar os clientes que apresentem pequenos atrasos para reduzir as chances de inadimplência total. Essa atividade requer planejamento para garantir índices mínimos de não recebimento.

O plano de recebimentos pode ser considerado uma ferramenta de suporte ao FC, porque organizará as entradas ou os recebimentos dos clientes e informará o momento em que tais recursos estarão disponíveis para a empresa. Para compor o plano de recebimentos, as empresas utilizam emissão de boletos, faturas, duplicatas, notas fiscais, verificação e identificação de pagamentos efetuados, além da conciliação contábil, quando cada conta contábil da empresa é conferida.

Empréstimos, financiamentos e investimentos

Mas o que acontece quando só o recurso financeiro disponível não é suficiente para quitar os compromissos da empresa? Além do parcelamento dos pagamentos mediante negociação, a empresa pode recorrer a mecanismos e recursos externos, como empréstimos e financiamentos.

Empréstimos

Compete à área financeira decidir pela necessidade de empréstimo ou não para a geração das operações diárias. Os empréstimos configuram uma operação financeira de obtenção de recursos, sem finalidade específica, externos aos recursos da empresa mediante pagamento de taxas e juros, que são contratados em instituições financeiras ou bancos. No *site* do Banco Central do Brasil, você encontrará a seguinte definição: "É um contrato entre o cliente e a instituição financeira pelo qual ele recebe uma quantia que deverá ser devolvida ao banco em prazo determinado, acrescida dos juros acertados. Os recursos obtidos no empréstimo não têm destinação específica" (BCB, 2018).

Além dos empréstimos tradicionais, os bancos oferecem também linhas de crédito, que podem ser utilizadas pelas organizações se assim necessitarem ou desejarem. Nesse caso, o crédito pode ser uma boa opção, porque normalmente um valor fixo é disponibilizado com juros conhecidos. Isso o torna mais atrativo que o empréstimo, que não tem valor fixo e está mais relacionado à capacidade de pagamento do solicitante.

Financiamentos

As empresas podem buscar recursos financeiros para alavancar suas atividades em instituições que disponibilizam linhas de crédito para isso. Nos financiamentos, o valor obtido será destinado a uma finalidade específica (por exemplo, para a compra de um equipamento). São adquiridos em bancos de fomento com créditos empresariais ou bancos de desenvolvimento, que oferecem juros mais baixos que o mercado.

Na visão de Francisco Filho (2014), para as empresas manterem a dinâmica financeira, não bastam os investimentos. Frequentemente, para iniciarem-se novos projetos ou para a conclusão dos existentes, elas podem buscar diversos tipos de financiamento para infraestrutura, para execução de programas ou para atingir metas de planejamento.

No Quadro 7.1, a seguir, o autor traz alguns exemplos de linhas de financiamentos que as empresas podem utilizar.

Quadro 7.1 – Tipos de financiamentos

Financiamento	Descrição
Finame	Linha do BNDS para financiamentos de máquinas, equipamentos e veículos produzidos no país.
Leasing	Tem por foco a disponibilização de máquinas e equipamentos, uma vez que os bens ficam pertencendo à instituição financeira ou empresa de *leasing* como garantia.
Crowdfunding	Nova modalidade de mobilização de recursos que se tornou popular recentemente, permite a viabilização de projetos por meio de doações ou vendas antecipadas dos produtos.
Microcrédito	Empréstimos de pequenos valores, normalmente entre R$ 3.000,00 e R$ 5.000,00, sem garantias reais, pois é um sistema de financiamento com pequenos valores.
Project financing (Financiamento a projetos)	Para projetos de grande porte, por exemplo, instalação de usinas, novos parques fabris, obras de infraestrutura.

Fonte: Elaborado com base em Francisco Filho, 2014, p. 53.

Além das mencionadas pelo autor, existem muitas outras modalidades que podem ser contratadas nas instituições financeiras. Vale destacar que, recentemente, surgiu o conceito de *investidor-anjo*, que são pessoas físicas, na maioria dos casos, que investem recursos próprios em empresas que estão iniciando as atividades, mas que são consideradas por elas com alto potencial de crescimento, na maioria *startups*. As *startups* são empresas na fase embrionária, mas com projetos promissores.

Investimentos

Em linhas gerais, agora já conhecemos como a empresa pode captar recursos financeiros para financiar suas operações por meio de empréstimos, linhas de crédito ou de financiamentos, que são opções para quando a empresa não consegue se autofinanciar. Agora, vamos discutir um pouco sobre a situação inversa: quando a empresa tem recurso financeiro sobrando no caixa.

Segundo Camargo (2007, p. 23):

> *Entendemos por investimento o comprometimento atual de dinheiro ou de outros recursos feito com as expectativas de colherem benefícios maiores no futuro. [...] Normalmente, uma empresa depara-se com diversas oportunidades de investimentos e deve decidir qual ou quais serão aproveitadas, visto não haver recursos disponíveis para implementação de todos os projetos.*

A decisão por qual investimento será realizado pela organização pode acontecer considerando duas situações:

1. **Quando a empresa não tem nenhum projeto de ampliação, aquisição ou construção que deseja concretizar** – Nesse caso, a decisão pode ser por aplicações financeiras com o intuito de fazer com que o dinheiro trabalhe para a empresa sendo remunerado pelos juros, evitando a desvalorização pela inflação, por exemplo. Uma boa opção são as aplicações de renda fixa, em que são conhecidas as taxas de retorno no momento da aplicação, com liquidez preferencialmente diária, tendo como exemplo os CDBs (Certificados de Depósito Bancário). No entanto, tudo depende do valor que a empresa tem para investir e por qual prazo pretende deixar o valor aplicado.
2. **Quando a empresa tem um plano de expansão** – Nessa situação, certamente haverá a necessidade de realizar um projeto em que sejam informadas todas as necessidades de recursos, o tempo estimado de finalização, o valor a ser investido e a taxa de retorno esperada.

Um projeto de expansão tem como característica o retorno no longo prazo. Inicialmente, será calculada sua taxa de atratividade e, depois, as taxas de retorno. Isso ocorre quando a empresa conta com várias possibilidades de escolha e diferentes parâmetros de análise. Por exemplo: a empresa deseja ampliar a capacidade de produção. Para isso, pode escolher entre terceirizar parte do processo produtivo, adquirir uma nova linha de produção, construir uma nova planta, ampliar a planta já existente, entre outros. Cada possibilidade será avaliada separadamente e um projeto será criado para que se possa comparar a melhor opção considerando benefício × custo.

Para avaliar a Taxa Mínima de Atratividade (TMA) de um projeto, Camargo (2007) propõe a análise apresentada no quadro a seguir.

Quadro 7.2 – Investimento × horizonte de planejamento

Investimento	Taxa Mínima de Atratividade – TMA	Exemplo de investimento
Curto prazo	Taxa de remuneração de títulos bancários de curto prazo como os CDBs (Certificados de Depósitos Bancários)	Compra de matéria-prima à vista ou a prazo
Médio prazo	Média ponderada dos rendimentos das contas de capital de giro (caixa, estoques, duplicatas)	Investimento em feiras setoriais para venda de serviços
Longo prazo	Meta estratégica de crescimento da empresa	Ampliação da planta fabril

Fonte: Camargo, 2007, p. 25.

Com o exemplo do quadro, a autora propõe que a análise seja realizada com um parâmetro do que é mais vantajoso para a empresa. Por exemplo, no curto prazo, vale mais a pena aplicar em um CDB e comprar matéria-prima à vista ou a prazo? Se a empresa comprar à vista, o desconto que o fornecedor concede é maior que o juro pago pelo CDB no mesmo período? Se sim, compensa pagar o fornecedor à vista? Não adianta receber do CDB menos que o juro que a empresa pagará ao fornecedor. Caso contrário, é melhor aplicar no CDB e pagar o fornecedor a prazo. Outras análises podem ser realizadas dependendo do tipo do projeto e do prazo em que ele começará a dar retorno para empresa, o que exige análises críticas atentas para cada situação.

Esses conceitos discutidos até aqui são úteis para as empresas reais, mas também são tratados nas simulações dos jogos de empresas. **Como a equipe pode utilizar esse conhecimento nas jogadas?**

Nos jogos de empresas, as equipes gerenciarão os recursos financeiros da empresa fictícia tal qual na vida real, e as principais decisões nesse âmbito são: O pagamento das compras de matérias-primas será à vista ou parcelado? Os fornecedores concedem descontos para quantidades maiores? Retiram o valor do frete para compras maiores? Qual é a taxa de juros praticada pelos fornecedores? O pagamento do ativo imobilizado (máquinas e equipamentos novos) será pago com o dinheiro em caixa ou financiado pela instituição financeira presente no mundo simulado? Quais são as taxas de juros praticadas? Há carência para o início dos pagamentos ou ele ocorre logo no período da compra? Cobra-se a primeira parcela? Os fornecedores concedem desconto para compras à vista de máquinas e equipamentos? As máquinas antigas são aceitas como parte do pagamento? Cobram frete pela entrega das máquinas?

Sempre será mais rentável para as empresas do mundo simulado contratar os financiamentos disponíveis para máquinas e equipamentos, porque não descapitalizam a empresa e, ainda, têm prazo para pagamento e taxas de juros mais interessantes.

Outra situação com que a equipe poderá se deparar é em relação ao FC. É necessário estar atento ao finalizar a simulação (antes de confirmar as decisões) e verificar como está o *status* do caixa.

Se, ao simular, o caixa estiver no vermelho, é prudente contratar um empréstimo para capital de giro, em que os juros praticados são menores (representam as linhas de financiamento que as empresas reais utilizam).

Caso a equipe não perceba isso, ou por um erro de estratégia o caixa tenha ficado no vermelho depois de fechada a jogada, o simulador "gentilmente empresta" o valor necessário para cobrir o caixa, no entanto, os juros são maiores. Isso representa o cheque especial das empresas reais.

Da mesma forma, na situação dos investimentos, não é aconselhável manter capital investido e dever para fornecedores ou para o banco, porque normalmente o juro recebido pelo investimento é menor que o juro pago ao banco. A decisão deve ser avaliada, mas, sempre que possível, é bom a empresa investir parte do excedente no caixa, para que o capital possa gerar dividendos e se tornar uma segunda fonte de renda para as empresas: os juros.

Identificação dos desperdícios financeiros

Outra atividade de cunho gerencial e estratégico é identificar todo e qualquer desperdício de ordem financeira, como pagamento de juros abusivos, multas por atrasos, moras diárias, entre outros. Tais desperdícios não podem apenas ser identificados; devem ser eliminados.

Segundo Schier (2011), desperdícios são gastos com origem na produção ou na geração de receita que podem (ou devem?) desaparecer sem prejudicar a qualidade ou a quantidade produzida.

Como exemplo de desperdício financeiro, podemos citar o pagamento de uma conta fixa após o vencimento, gerando gastos desnecessários com juros e multas de mora. Apesar de as empresas necessitarem de empréstimos de curto prazo para pagamentos pontuais – seja por sazonalidade, seja por externalidades, seja ainda pelo impacto da entrada de competidores no mercado –, o mais indicado é buscar recursos com custo ou juro menor.

Para reduzir os custos com juros por pagamentos atrasados, o gerenciamento dos pagamentos a fornecedores deve ser planejado, provisionado e monitorado. Os sistemas informatizados das companhias costumam oferecer esse recurso. Já para não perder com descontos por recebíveis, as empresas devem optar por usar essa prática somente se houver muita necessidade. A fim de conseguir boas negociações, o ideal é realizar cotações com mais de uma instituição financeira para negociar melhores taxas.

Entre as atividades desenvolvidas pelo departamento financeiro, a identificação de desperdícios é uma das mais representativas. De nada adianta monitorar o FC, manter as contas (a pagar e a receber) em dia, captar recursos financeiros para gerir as operações, bem como analisar as possibilidades de investimento, se a empresa desperdiça recursos financeiros. Como, reconhecidamente, os juros são um dos desperdícios financeiros mais recorrentes nas organizações, vamos apresentar suas definições e sua metodologia de cálculo.

Para facilitar a compreensão sobre o tema, iniciaremos esta parte do estudo questionando: **O que são os juros?**

Uma resposta possível é: os juros são remunerações pagas pelo uso de recursos financeiros de terceiros, ou seja, advindas ou ocasionadas pelo empréstimo de um capital para a realização de alguma atividade.

Por que pagamos juros?

Quando desejamos obter algo e não dispomos de todo o valor para pagá-lo, podemos realizar um empréstimo, concorda?

Alguns bens de valores altos (um imóvel, por exemplo) simplesmente não podem ser comprados à vista – ao menos essa é a realidade para a maioria das pessoas.

Alguns itens exigirão muitos meses de espera para serem comprados à vista ou mesmo nunca poderão ser adquiridos em razão do custo desproporcional em relação à renda da população. Por exemplo, a grande conquista da casa própria pode significar o maior gasto da vida de uma pessoa ou mesmo de uma família inteira, tomando lugar permanente no orçamento doméstico durante vários anos. Mesmo alcançando alguns incentivos ou obtendo descontos, é comum as pessoas solicitarem empréstimos em bancos para financiamentos de longo prazo visando compor o montante (total de recursos necessários) para adquirir a posse do sonhado imóvel.

Traduzindo essa situação para as empresas, isso ocorre com certa frequência, uma vez que a aquisição de máquinas e equipamentos é imprescindível para a geração de riqueza. Logo, as empresas recorrerão aos empréstimos ou aos financiamentos mais seguidamente que uma família.

Para ambas as situações (aquisição de um imóvel por uma família ou máquinas pelas empresas), o recurso faltante pode ser viabilizado por uma instituição financeira, que empresta o valor desde que o comprador se comprometa a devolvê-lo atualizado, evitando o desgaste pela inflação, porém acrescido de um valor correspondente às taxas administrativas e de uma parcela referente à remuneração pelo empréstimo dos recursos. Essa remuneração leva o nome de *juro*.

Na prática, muitas vezes, pagamos juros porque queremos ou precisamos consumir algo na hora.

> Na hipótese de não possuirmos o dinheiro e, mesmo assim, desejarmos o bem, apelamos para o crédito, isto é, tomamos emprestado. Esse empréstimo implica: satisfação imediata da necessidade de consumo de uma pessoa pagando juros e aplicação do dinheiro disponível de outra pessoa, recebendo juros. (Castanheira, 2012, p. 107)

Para nortear esse trabalho, usamos dois conceitos clássicos para nossa reflexão: os juros simples e os juros compostos.

Juros simples

Nos juros simples, o percentual adicionado é calculado apenas em relação ao valor inicial, por exemplo, no caso de uma operação com um capital (C) que corresponde a 100 unidades monetárias (u.m.) mediante uma taxa (i) de 1% a ser aplicada por dez períodos (n), temos que o valor dos juros será:

$$J = C \times i \times n, \text{ portanto, } J = 100 \times (1/100) \times 10 \text{ ou } J = 10 \text{ u.m.}$$

O valor resultante ou montante (M) corresponde ao valor principal (C) somado aos juros (J):

$$M = C + J, \text{ portanto, } M = 100 + 10, \text{ ou seja, } M = 110 \text{ u.m.}$$

E, ao utilizar a equação $J = C \times i \times n$, temos:

$$M = C + [C \times i \times n], \text{ portanto, } M = C \times (1 + i \times n)$$
$$M = 100 + [100 \times (1/100) \times 10], \text{ então, } M = 100 \times (1{,}10), \text{ assim,}$$
$$M = 110 \text{ u.m.}$$

Como são expressas em porcentagens, normalmente as taxas se transformam em coeficientes dividindo-as por 100 para facilitar no momento dos cálculos.

Esse tipo de juros era utilizado para remunerações de curto prazo, mas foi substituído pelos juros compostos, mais rentáveis para quem os recebe. No entanto, ainda hoje é possível encontrar a incidência deles nos juros e nas multas de mora cobrados no atraso dos pagamentos, por exemplo, nas contas fixas mensais dos serviços de água, luz, telefonia, entre outros.

Observe a seguir um exemplo conceitual aplicado segundo Castanheira (2012): alguém emprestou R$ 5.500,00 de um parente, combinando o pagamento para dali a dois anos, mediante uma taxa de 10% a.a. Em remuneração, com juros simples, quanto essa pessoa vai pagar?

$$M = C \times (1 + i \times n)$$
$$M = 5.500,00 \times (1 + 0,1 \times 2)$$
$$M = 5.500,00 \times (1 + 0,2)$$
$$M = 5.500,00 \times 1,2$$
$$M = 6.600,00$$

Nesse caso, depois de dois anos, o tomador do empréstimo devolverá o capital acrescido de R$ 1.100,00, pagando, assim, o montante de R$ 6.600,00. Mas, além dos juros sobre o capital, pode ocorrer a cobrança de multas (por atraso) e taxas administrativas, desde que previamente acordadas ou constantes no contrato do empréstimo.

Segundo o Código de Defesa do Consumidor (CDC) – Lei n. 8.078, de 11 de setembro de 1990 (Brasil, 1990) –, as multas de mora, no caso de inadimplência, devem se limitar ao máximo de 2% do valor da prestação, sendo cobradas em uma única vez. Assim, caso o valor (P) que deveria ter sido pago no vencimento fosse 50 u.m. com uma multa de mora (i) de 2%, o valor a ser acrescido pelo atraso no pagamento corresponderia a 1 u.m., pois:

Multa = P × (i/100) ou Multa = 50 × 0,02 = 1 u.m.

Já a cobrança dos juros de mora (normalmente 1% do valor) são acrescidos *pro rata die* (em proporção aos dias de atraso); assim, 1% / 30 dias = 0,0333%, a ser acrescido a cada dia[1] (perceba, porém, que a taxa ainda não foi transformada em coeficiente pela divisão por 100).

Para 15 dias de atraso, teríamos:

Juros = 50 u.m. × (0,0333/100) × 15 dias,
resultando em juros = 0,25 u.m.

E o valor a ser pago (V) corresponde à soma de três parcelas:

V = P + Multa + Juros, então V = 50 + 1 + 0,25,
resultando em V = 51,25 u.m.

Esses acréscimos legais[2] (previstos na legislação) incidem sobre o valor do pagamento, da tributação ou da contribuição, visando desestimular o pagamento fora do prazo. Como são

---

1 A aplicação dos juros e das multas de mora ou de outras penalidades depende de regras definidas em contrato. Um modelo para calcular a multa de mora está disponível em: BRASIL. Ministério da Fazenda. Receita Federal. **Como calcular multa de mora (acréscimos legais)**. 28 abr. 2015. Disponível em: <http://idg.receita.fazenda.gov.br/orientacao/tributaria/pagamentos-e-parcelamentos/pagamento-em-atraso/como-calcular-multa-de-mora-acrescimos-legais>. Acesso em: 22 maio 2018.
2 Para pesquisar sobre os acréscimos legais, consultar: BRASIL. Ministério da Fazenda. Receita Federal. **Pagamento em atraso**. 6 mar. 2015. Disponível em: <http://idg.receita.fazenda.gov.br/orientacao/tributaria/pagamentos-e-parcelamentos/pagamento-em-atraso>. Acesso em: 22 maio 2018.

definidas em contrato, as taxas e formas de incidência podem mudar.

Juros compostos

Segundo Castanheira (2012, p. 142), "capitalização composta (juro composto) significa que os juros produzidos num período são acrescidos ao valor do capital que os produziu, passando os dois, capital e juros, a render juros no período seguinte. É por isso que falamos em juros sobre juros". Ou seja, nos juros compostos, a taxa é aplicada tanto no valor inicial quanto na parcela de juros agregada no período anterior.

No primeiro período t = 1, a taxa de juros incide sobre o valor principal, assim, ele se comporta tal como os juros simples mostrados anteriormente:

$$M = C + [C \times i \times 1], \text{ou seja}, M = C \times (1 + i)$$

Analisando:

Para t = 1, temos $M = C \times (1 + i)$, com uma parcela de juros

Mas, a partir do segundo período, os juros incidem no montante (M) ao final do período anterior, que representa o valor inicial somado aos juros, e assim sucessivamente, acrescendo sempre uma parcela de juros a cada período:

Para t = 2, temos $M = C \times (1 + i) \times (1 + i)$, com duas parcelas de juros
Para t = 3, temos $M = C \times (1 + i) \times (1 + i) \times (1 + i)$, com três parcelas de juros
Para t = n, temos $M = C \times (1 + i) \times (1 + i) \times ... \times (1 + i)$, com n parcelas de juros

Utilizando a propriedade de multiplicação de produtos de mesma base, é possível chegar ao resultado mantendo a base, porém somando os expoentes. Nesse caso, os expoentes de cada base são sempre iguais a um:

Para t = n, temos
$M = C \times (1 + i)^n$, com *n* parcelas de juros.

Observe o exemplo conceitual aplicado de juros compostos, segundo Castanheira (2012).

Determine o valor dos juros produzidos por um capital de R$ 1.000,00 aplicado a uma taxa de juros compostos de 2% a.m. durante 2 meses:

$J = C \times [(1 + i)^n - 1]$
$J = 1.000,00 \times [(1 + 0,02)^2 - 1]$
$J = 1.000,00 \times [1,0404 - 1]$
$J = 1.000,00 \times 0,0404$
$J = 40,40$

No exemplo conceitual, os juros gerados em 2 meses foram de R$ 40,40.

A conta dos juros compostos é utilizada para calcular os juros de cartões de créditos, rendimento das poupanças, cheque especial, entre outros, o que difere é a taxa empregada. Na poupança, frequentemente, o valor fica perto de 0,5% + TR (taxa referencial). Já nos juros cobrados pelos bancos e cartões de crédito, o valor da taxa pode chegar a mais de 12% ao mês.

Calculando rapidamente a conta dos juros pagos ao efetuar o pagamento mínimo da fatura do cartão de crédito e comparando com o valor total da dívida, em alguns casos será possível observar que o valor principal sempre estará presente.

Se o devedor pagar apenas a parcela mínima, no próximo mês, o capital, acrescido dos juros, fará com que a dívida aumente. Caso o devedor não consiga saldar a dívida total no mês subsequente, ela crescerá exponencialmente. Há casos em que os juros do cheque especial na conta corrente podem ultrapassar 12% ao mês, chegando facilmente a 320% ao ano para serem pagos.

Sendo gestor de uma empresa ou pessoa física, é preciso ficar atento à necessidade de usar as ferramentas de crédito para prazos curtíssimos, procurar instituições que ofereçam alguns dias de prazo antes de iniciar a cobrança dos juros no cheque especial, por exemplo, e meios de quitar as dívidas no menor tempo possível.

Relevância dos tributos

Os tributos fazem parte do cotidiano das empresas e das famílias, consumindo um valor significativo das riquezas geradas por elas. Tendo isso em vista, um planejamento tributário eficiente deve fazer parte da estratégia empresarial, para que os valores necessários ao pagamento dos tributos sejam provisionados adequadamente. Para tanto, é preciso conhecê-los. Neste livro, a teoria foi construída com base em Seleme (2010).

A incidência pode ser: **direta**, quando o contribuinte quita diretamente o tributo, entre outras formas, por meio de boletos ou desconto na fonte; ou **indireta**, no caso de o contribuinte bancar os tributos que constituem o preço dos produtos e das mercadorias na aquisição, sendo o consumidor final de automóveis, aparelhos eletrônicos, produtos industrializados, alimentos, água, energia ou combustíveis. O Brasil apresenta uma lista com mais de 90 tributos[3], somando impostos, taxas e contribuições.

Impostos

O imposto é o tributo cuja obrigação tem por fato gerador uma situação independente de qualquer atividade estatal específica, relativa ao contribuinte, conforme previsto na Lei n. 5.172, de 25 de junho de 1966 (Brasil, 1966), sendo de competência federal, estadual e municipal.

O Quadro 7.3 a seguir traz exemplos de impostos bem conhecidos pelos gestores das empresas.

Quadro 7.3 – Exemplos de impostos

Imposto		Competência	Descrição
IRPJ	Imposto sobre a Renda das Pessoas Jurídicas	União	Todas as pessoas jurídicas e pessoas físicas equiparadas, domiciliadas no Brasil, são contribuintes sujeitas ao pagamento de imposto sobre a renda, apurado com base no Lucro Real, Presumido ou Arbitrado com alíquota de 15% sobre o valor do lucro adicionando 10% sobre as parcelas excedentes a R$ 20.000,00 a cada mês.

(continua)

---

[3] Você pode ver a listagem dos 93 tributos em: PORTAL TRIBUTÁRIO. **Os tributos no Brasil**. 19 jun. 2017. Disponível em: <http://www.portaltributario.com.br/tributos.htm>. Acesso em: 22 maio 2018.

(Quadro 7.3 – continuação)

Imposto		Competência	Descrição
ICMS	Imposto sobre Circulação de Mercadorias, Serviços e sobre prestações de serviços de transporte interestadual, intermunicipal e de comunicação	Estados e Distrito Federal	Alíquota definida pela unidade da Federação, incide sobre: operações de circulação de mercadorias incluindo fornecimento de alimentação e bebidas em bares, restaurantes ou estabelecimentos equivalentes; prestações de serviços: de transporte interestadual e intermunicipal de pessoas, mercadorias ou valores, por qualquer via; relacionados à comunicação de qualquer natureza por qualquer meio, realizada de forma onerosa; fornecimento de mercadorias com prestação de serviços fora da abrangência de competência dos municípios ou quando houver leis complementares que impliquem a incidência de alíquotas estaduais; mercadorias importadas do exterior para qualquer finalidade e serviços prestados ou iniciados no exterior; também na entrada no território do Estado destinatário de petróleo, derivados e de energia elétrica quando não destinados à utilização.
IPI	Imposto sobre Produtos Industrializados	União	Incide sobre produtos industrializados (nacionais e estrangeiros), com especificações constantes da Tabela de Incidência do Imposto sobre Produtos Industrializados (TIPI), a qual define alíquotas diferenciadas: quanto mais essencial for o produto, menor será a alíquota, e quanto mais supérfluo, maior será a alíquota. O fato gerador do IPI tem três vertentes: (1) saída da mercadoria do estabelecimento industrial ou a ele equiparado no caso do produto nacional, (2) desembaraço aduaneiro para produtos de procedência estrangeira e (3) arrematação de produtos apreendidos ou abandonado e levados à leilão.

(Quadro 7.3 – conclusão)

Imposto		Competência	Descrição
IOF	Imposto sobre Operações Financeiras	União	Incide sobre as operações financeiras: de crédito; câmbio; seguros; relativas aos títulos e valores mobiliários, sendo contribuintes tanto pessoas físicas quanto jurídicas que efetuarem as operações financeiras. Observar que a cobrança e o recolhimento tributário ficam a cargo do responsável tributário: a empresa concedente do crédito, as operadoras de câmbio, seguradoras ou instituições encarregadas da cobrança dos prêmios de seguros e as instituições autorizadas a operar no papel de intermediadoras na comercialização de títulos e ou valores mobiliários.

Fonte: Elaborado com base em Seleme, 2010, p. 190-235.

Nos jogos de empresas, os impostos mais comuns são: o Imposto de Renda (IR) e a Contribuição sobre o Lucro Líquido (CSLL), além de IPI e ICMS nas compras e vendas de mercadorias, os quais devem ser devidamente provisionados, pois haverá desembolso, e isso poderá comprometer o fluxo de caixa da empresa.

Taxas

As taxas são cobradas quando os contribuintes (pessoas físicas ou jurídicas) utilizam algum serviço público e também estão previstas na Lei n. 5.172/1966.

Conforme frisado neste livro, as informações discutidas aqui fazem parte do cotidiano das empresas reais, mas, sempre que possível, serão inseridas no mundo simulado e, consequentemente, estarão presentes em um jogo de empresas. Por isso é o momento de fazer um comentário pertinente em relação ao termo *taxa*. Isso porque nem sempre haverá previsão dentro do ambiente do jogo de empresas de pagamentos de taxas relativas à utilização de serviços públicos, como foi apresentado no conceito anterior. É importante evitar confundir esse conceito de taxa utilizado como um tributo no Código Tributário Nacional (CTN) com as alíquotas de mercado (o valor cobrado ou a porcentagem) inseridas no contexto do jogo de empresas, por exemplo.

As taxas que geralmente participam do jogo de empresas se referem ou são equivalentes ao Sistema Especial de Liquidação e Custódia (Selic), referência em financiamentos ou empréstimos de longo prazo. Tais taxas são apresentadas no simulador na fonte de informações disponíveis a cada jogada, sendo também definidas pelos fornecedores as alíquotas referentes ao pagamento de juros nas compras de ativos imobilizados e matérias-primas, podendo variar a cada negociação.

Contribuições

As **contribuições de melhoria** são um tipo de tributo presente quando alguma implantação de benfeitorias será realizada pelos governos de quaisquer esferas, agregando valor ao bem do contribuinte, por exemplo: a pavimentação asfáltica em determinada via que valoriza os imóveis, luz, água tratada, saneamento.

As Contribuições de Intervenção no Domínio Econômico (Cides), as parafiscais ou especiais, relacionadas principalmente à fiscalização de atividades (como as contribuições pagas às entidades profissionais, por exemplo, CREA, CRA, OAB, CRM, CRC), e as contribuições sindicais, previdenciárias e sociais também estão presentes na Lei n. 5.172/1966.

As empresas, no entanto, são devedoras de outras contribuições, como CSLL, PIS, Pasep e Cofins[4]:

Quadro 7.4 – Exemplos de contribuições das empresas

Contribuições		Objetivo	Descrição
CSLL	Contribuição Social sobre o Lucro Líquido das pessoas jurídicas	Angariar fundos para o orçamento da Seguridade Social serve para custear despesas com atividades-fim das áreas de saúde, previdência e assistência social.	Instituída pela Lei n. 7.689, de 15 de dezembro de 1988 (já passou por diversas alterações, por isso é conveniente sempre buscar informações mais atualizadas), incide sobre o Lucro Líquido das pessoas jurídicas ou equiparadas, considerando o resultado de cada exercício com período-base até 31 de dezembro de cada ano e calculada antes da provisão de imposto de renda. Devem-se aplicar as mesmas normas utilizadas para apuração e pagamentos do IRPJ.

(continua)

---

4   Lei complementar n. 70, de 30 de dezembro de 1991: "Institui contribuição para financiamento da Seguridade Social, eleva a alíquota da contribuição social sobre o lucro das instituições financeiras e dá outras providências." Acesse a Lei na íntegra em: BRASIL. Lei Complementar n. 70, de 30 de dezembro de 1991. **Diário Oficial da União**, Poder Legislativo, Brasília, DF, 31 dez. 1991. Disponível em: <http://www.planalto.gov.br/ccivil_03/leis/LCP/Lcp70.htm>. Acesso em: 22 maio 2018.

(Quadro 7.4 – conclusão)

Contribuições		Objetivo	Descrição
PIS	Programa de Integração Social	Angariar fundos para o orçamento da Seguridade Social. Serve para custear despesas com atividades-fim das áreas de saúde, previdência e assistência social.	Apuradas mensalmente pelas pessoas jurídicas de direito privado ou equiparadas pela legislação do imposto de renda, inclusive as empresas públicas e as sociedades de economia mista e suas subsidiárias, com base no faturamento do mês, também pelas pessoas jurídicas de direito público interno, com base no valor mensal das receitas correntes e arrecadadas e das transferências correntes e de capital recebidas. Foi instituída pela Lei Complementar n. 70, de 30 de dezembro de 1991.
Pasep	Programa de Formação do Patrimônio do Servidor Público		
Cofins	Contribuição para Financiamento da Seguridade Social		

Fonte: Elaborado com base em Seleme, 2010, p. 214-220.

É importante esclarecer que, para a dinâmica de um jogo de empresas, os conceitos dos tributos apresentados neste material são apenas referenciais, pois dependem muito do tipo de simulador que a instituição de ensino aplicadora do jogo utilizará. Além disso, dependem também do objetivo do jogo, que, por exemplo, poderá retratar uma indústria, um comércio varejista, uma empresa prestadora de serviço ou, ainda, o lançamento de um novo produto, a busca por solução de um problema de uma empresa, a formatação de uma estratégia de *marketing*, o redesenho de um processo, a simulação de uma cadeia de abastecimento ou de distribuição, entre outras possibilidades. Deve ficar claro, portanto, que haverá a necessidade de um planejamento tributário diferente para cada modelo de negócio.

Taxas de juros de mercado

Para compreender o efeito pertinente aos juros nos jogos de empresas, recorde que a taxa é o pagamento pela utilização do serviço disponível, e a alíquota se refere ao percentual ou ao valor correspondente à quitação do tributo. Francisco Filho (2014) nos dá exemplos de taxas referenciais de mercado, apresentados no quadro a seguir.

Quadro 7.5 – Exemplos de taxas referenciais de mercado

Taxa		Descrição
Selic	Sistema Especial de Liquidação e Custódia	Vinculada às negociações dos títulos públicos federais, incluindo títulos do tesouro direto, é a mais importante, porque, somente após a definição desta, as outras taxas do mercado são fixadas.
TBF	Taxa Básica de Financiamento	Calculada com base na remuneração mensal média dos CDBs e dos RDBs com taxas de mercado prefixadas das vinte instituições financeiras do país, entre caixas econômicas e bancos (comerciais, de investimentos ou múltiplos), mais representativas em razão do volume de recursos captado relacionadas pelo Banco Central do Brasil.
TR	Taxa Referencial de juros	Reúne a taxa de juros dos trinta maiores bancos, calcula-se sua média diariamente, de forma sequencial, método aplicado ao reajuste da poupança. Fórmula: TR = máx {0,100 {[(1 + TBF/100)/R] − 1}}, para TR em %.

(continua)

(Quadro 7.5 – conclusão)

Taxa		Descrição
TJLP	Taxa de Juros no Longo Prazo	Permite o alongamento de prazos no mercado financeiro e sofre correção a cada trimestre, quando se considera a taxa de títulos da dívida externa e da dívida interna federal, com regras e limites fixados pelo Conselho Monetário Nacional (CMN). Corresponde à remuneração nominal dos recursos do PIS/Pasep, do Fundo de Amparo ao Trabalhador (FAT) e do Fundo da Marinha Mercante do Brasil aplicados nos financiamentos do BNDES, via repasses ou por ele administrados, é o custo básico dos financiamentos realizados pelo banco.
TLP	Taxa de Longo Prazo	Anunciada em março de 2017 e instituída pela medida provisória MP n. 777, de 26 de abril de 2017, após a sanção presidencial, poderá substituir a TJLP nos contratos do BNDES a partir de 2018, sendo composta do IPCA, índice oficial de medida das metas inflacionárias pela União, acrescida da taxa de juro real da nota do tesouro nacional série B (NTN-B), título federal do tesouro direto, com vencimento para cinco anos.

Fonte: Elaborado com base em Francisco Filho, 2014, p. 5-6.

Todos esses temas apresentados no capítulo são necessários para uma boa gestão financeira, tanto de empresas reais como no jogo de empresas em um mundo simulado, mas não são os únicos. De acordo com a natureza do negócio, alguns conhecimentos mais específicos serão necessários. Nesse caso, sugerimos utilizar os assuntos aqui explanados como base para o conhecimento, mas é preciso estar atento às necessidades e exigências de cada segmento ou de cada simulador.

Síntese

Neste capítulo, apresentamos inúmeros conceitos úteis para um eficaz gerenciamento das finanças da organização. Para isso, buscamos esclarecer que a área financeira da empresa se envolve em inúmeras decisões estratégicas, gerenciais e operacionais e necessita de conhecimentos multidisciplinares para lidar com todas as informações inerentes ao setor.

Tratamos da importância de planejar e executar o FC, demonstrativo que permite uma visão rápida das condições financeiras da empresa. Com o FC, comentamos também sobre o ponto de equilíbrio operacional e financeiro, bem como sobre o *payback*. Depois disso, esclarecemos a importância de gerenciar adequadamente o pagamento a fornecedores e o recebimento de clientes, pois ambas as atividades são importantes para manter o caixa da empresa equilibrado.

Em relação aos empréstimos, financiamentos e investimentos, discutimos como o gestor pode proceder com cada um, diferenciado-os. Nessa mesma linha de acuidade, apresentamos os juros simples e compostos, elementos vitais para uma boa gestão financeira.

Abordamos ainda um tema que impacta diretamente nos resultados financeiros das organizações: os tributos. Alguns impostos, taxas e contribuições foram brevemente tratados. Para finalizar, abordamos as definições das taxas de juros referenciais de mercado: Selic, TBF, TR, TJLP e TLP.

Os conhecimentos para atuar na área de gestão financeira de uma organização não se limitam aos aqui apresentados, mas oferecemos uma base que poderá auxiliar nas tarefas cotidianas das empresas reais e também no mundo simulado do jogo de empresas.

Questões para revisão

1. Entre as tantas atividades desenvolvidas pela área financeira da empresa, duas se destacam pelo impacto que causam no Fluxo de Caixa (FC). São elas:
   a) Compras e vendas.
   b) Trocas e devoluções.
   c) Conserto e industrialização.
   d) Pagamentos e recebimentos.
   e) Abastecimento e distribuição.

2. Para fugir dos altos juros cobrados pelos bancos e pelas instituições financeiras, Joana resolveu solicitar um empréstimo à irmã Joice para alavancar sua pequena empresa de artesanato. O valor solicitado por Joana foi de R$ 5.000,00. Ela combinou com a irmã de pagar com juros simples, no final de três anos, a uma taxa referencial de 7,5% a.a. Se Joice aceitar a proposta de Joana, quanto receberá ao fim do pagamento?
   a) R$ 5.845,00.
   b) R$ 5.995,00.
   c) R$ 6.125,00.
   d) R$ 6.555,00.
   e) R$ 6.775,00.

3. Os tributos são formadores das receitas da União, dos estados, do Distrito Federal e dos municípios e uma das suas características básicas é que eles são obrigatórios, podendo ser diretos e indiretos.

   É correto dizer que são tributos diretos quando:
   a) o contribuinte paga a conta de energia.
   b) o contribuinte paga ao comprar um carro novo.
   c) o contribuinte paga quando abastece seu veículo.

d) o contribuinte paga o tributo em boletos ou guias próprias.

e) o contribuinte paga ao adquirir alimentos industrializados.

4. São várias as possibilidades de desperdícios nas organizações, mas um tipo que nem sempre é discutido nas reuniões de gestores é o financeiro. Ao analisar mais detalhadamente como as operações que impactam nas finanças da empresa são realizadas, é possível identificar alguns deles. Em relação a esse assunto, nomeie dois desperdícios financeiros e explique como é possível reduzi-los ou eliminá-los.

5. Os tributos foram apresentados como uma fonte de recursos para União, Distrito Federal, estados e municípios. Os tributos englobam impostos, taxas e contribuições, e cada categoria tem suas particularidades. Descreva no que consistem as contribuições de melhorias.

Questão para reflexão

1. A educação financeira é um assunto que está na mídia nos últimos tempos devido à importância em discutir a formação de cidadãos mais conscientes em relação à cultura de investimento. A educação financeira traz benefícios para as famílias e, consequentemente, para as empresas, uma vez que, com jovens educados financeiramente, a chance de termos gestores mais comprometidos com os resultados financeiros da empresa aumenta. Como respaldo a esse tema, sugerimos que acesse o vídeo a seguir e reflita sobre o tema "Educação financeira nas escolas muda vidas":

    PESQUISA comprova: educação financeira nas escolas muda vidas! Disponível em: <https://www.youtube.com/watch?v=piLTi1H8nkc>. Acesso em: 22 maio 2018.

Para saber mais

Os tributos apresentados neste material podem ser considerados apenas uma pequena parte dos que temos no Brasil. Para ampliar seu conhecimento, sugerimos que você acesse a página do Portal Tributário, indicada a seguir, e conheça a imensa lista dos tributos e suas respectivas legislações:

PORTAL TRIBUTÁRIO. **Os tributos no Brasil**. 19 jun. 2017. Disponível em: <http://www.portaltributario.com.br/tributos.htm>. Acesso em: 22 maio 2018.

8

ESTUDO DOS CUSTOS

Conteúdos do capítulo:
- Importância do estudo dos gastos.
- Tipos de gastos da empresa.
- Custos diretos e indiretos.
- Custos fixos, variáveis e híbridos.
- Despesas, investimentos, perdas e desperdícios.
- Controle de custos e orçamento.

Após o estudo deste capítulo, você será capaz de:
1. compreender a importância dos custos;
2. identificar os tipos de gastos empresariais;
3. diferenciar os custos diretos dos indiretos;
4. classificar os custos em fixos, variáveis e híbridos;
5. entender a concepção de despesas e investimentos;
6. distinguir perdas de desperdícios;
7. controlar os custos por meio do orçamento.

DE FORMA SIMPLES, é possível afirmar que, em um passado recente, os preços de vendas dos produtos eram formados pelos gastos envolvidos em sua produção acrescentados do lucro que a empresa desejava para aquele produto. Na atualidade, essa situação mudou em virtude da concorrência que existe para praticamente todo e qualquer produto. Hoje, o preço de venda é ditado pelo mercado e deve ser considerado o que o público-alvo considera justo pagar para obter determinado produto ou serviço.

Importância dos estudos dos gastos

É imprescindível os gestores conhecerem profundamente seus processos e as fontes dos gastos na organização. Dessa forma, tornou-se essencial para os gestores acompanhar os gastos a fim de buscar alternativas de produção com qualidade e gastos controlados.

Para Schier (2011), em tempos de globalização econômica, aumento da concorrência e diminuição da margem de lucros, é de grande importância atentarmos à gestão de custos, evitando, porém, associá-la apenas ao processo de produção industrial, pois, em qualquer setor – seja no comércio, seja em serviços, seja na indústria –, o estudo dos custos sempre interferirá no alcance dos objetivos de todas as empresas.

Para entendermos isso, é importante estudar uma estrutura de custos constituída ao menos por três tipos determinados de gastos: os **investimentos**, os **custos** e as **despesas**, os quais serão apresentados na sequência. Isso é relevante porque a soma desses três itens muito frequentemente representa o total de gastos das empresas.

É preciso esclarecer que cada item citado tem uma natureza diferente: enquanto **investimentos** estão relacionados ao desembolso para o aumento de capacidade produtiva, os **custos** se vinculam ao processo de produção ou realização de serviços e as **despesas**, por sua vez, estão associadas aos dispêndios com a gestão administrativa.

Observe a colocação de Cortiano (2014, p. 43): "Quando um recurso financeiro sai do caixa da empresa, ele tem três direções: custo, despesa e investimento".

Figura 8.1 – Classificação dos gastos segundo Cortiano (2014)

```
            Saídas de recursos do caixa
         ↓              ↓              ↓
      Custos         Despesas      Investimentos
```

Fonte: Cortiano, 2014, p. 43.

Dubois, Kulpa e Souza (2009) complementam os elementos essenciais com mais dois: perdas e desperdícios.

Figura 8.2 – Classificação dos gastos segundo Dubois, Kulpa e Souza (2009)

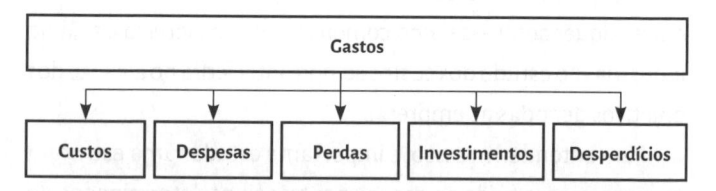

```
                        Gastos
       ↓         ↓         ↓         ↓          ↓
    Custos   Despesas   Perdas  Investimentos  Desperdícios
```

Fonte: Dubois; Kulpa; Souza, 2009, p. 15.

Os elementos serão explanados considerando que, em um jogo de empresas, a equipe participante necessita identificar cada categoria para conhecer os custos que ali ocorrem, bem como classificá-los corretamente e não correr o risco de formar custos equivocados, impactando diretamente no preço do produto ou serviço comercializado pela empresa. Cortiano (2014, p. 44) explica que, "caso ocorra uma classificação equivocada dos custos, serão alterados: o custo unitário de produção; o preço de venda; os impostos sobre renda; o lucro; a maioria das informações gerenciais".

Diante disso, conhecer, compreender e analisar cada elemento formador de custo na empresa são atividades a serem entendidas como investimento de tempo por parte dos gestores para evitar tais equívocos e manter a empresa competitiva no mundo simulado.

A fim de compreender melhor os conceitos que serão apresentados sobre a classificação dos gastos que podem ocorrer em uma empresa, é pertinente refletir sobre a natureza do produto ou do serviço, porque, algumas vezes, um gasto em uma indústria pode representar um custo operacional daqueles que sempre existirão quando realizada a mesma operação. Em outros contextos, o mesmo gasto pode simplesmente ser considerado uma despesa administrativa corriqueira ou representar um grande investimento.

Com o objetivo de ilustrar melhor a situação, analise um caso concreto, como a aquisição de um computador. Para uma empresa da indústria de aplicativos, o equipamento será uma ferramenta valiosa na realização da missão da empresa, aquilo que motiva a existência dela, concorda?

No caso de o computador ser alocado na substituição de um equipamento que se tornou obsoleto, tal evento se enquadra mais em um gasto operacional ou de manutenção dos recursos disponíveis. Já se o computador for alocado para um colaborador terceirizado ou autônomo, poderá representar um investimento em capacidade produtiva num paralelo com a indústria de *softwares*.

Comprar um computador para alocar na produção é um evento específico, mas representa um determinado tipo de **gasto**, dependendo de como ele será agregado à produção, se na atividade produtiva principal ou na de apoio.

Segundo o ponto de vista de Cruz (2011), os principais gastos de uma empresa são: custos, despesas e investimentos. Dubois, Kulpa e Souza (2009) complementam com perdas e desperdícios. Vamos conhecer cada um deles.

Custos

Mais relacionados com a produção ou a realização de um serviço, são gastos que aparecem cada vez em que há criação de valor (produto ou serviço). Para efeito de análise, podem ser classificados tanto pelo produto ou serviço realizado quanto pela frequência com que aparecem (Cruz, 2011).

Custos diretos

Os custos diretos são gastos relacionados à aquisição de insumos produtivos: matérias-primas, acabamentos, peças, fixadores, emblemas, revestimentos, embalagens – itens facilmente identificados e quantificados no produto acabado.

"São os gastos voltados à produção de um bem ou serviço que podem ser observados e mensurados diretamente no produto ou no serviço, sem a necessidade da utilização de rateio, consistindo em uma das bases de cálculo do método de custeio por absorção" (Cruz, 2011, p. 34). Por exemplo, na construção civil, estão presentes na aquisição dos blocos ou tijolos para levantar uma parede, na argamassa de assentamento e de revestimentos, nos batentes, nas portas, nas ferragens etc. Já em uma indústria, podem estar em matérias-primas, peças, mão de obra direta exclusiva ou especializada, embalagem individual do produto etc.

Diante disso, Schier (2011, p. 136) complementa explicando que "os materiais diretos, por exemplo, são normalmente requisitados com a identificação prévia da sua utilização, ou seja, ao emitir a requisição para o almoxarifado, o responsável pela produção já indica, na requisição, o destino do material".

Custos indiretos

Os custos indiretos são gastos sem relação direta com a unidade produzida, ou seja, na maioria dos casos, não se consegue atribuí-los diretamente ao produto ou serviço. Exemplos clássicos são: salário de gerentes, colaboradores das equipes de manutenção, de limpeza, equipe administrativa, jurídica, técnicos de tecnologia de informação, motoristas, atendentes, vendedores, incluindo até alguns impostos[1].

Pense ainda no caso de um edifício residencial. De que modo a construtora ou incorporadora pode estimar o gasto com a instalação dos elevadores, escadas ou do material das áreas comuns para destinar a cada unidade que poderá utilizá-los? Com relação à logística, é possível dividir o frete ou o gasto com o deslocamento de mercadorias de forma proporcional. Para facilitar a alocação desses gastos, normalmente se utiliza uma média de forma a calcular uma porcentagem do gasto e ratear entre os itens entregues. Por exemplo: mão de obra indireta, materiais secundários utilizados na produção, manutenção de máquinas da fábrica.

---

1   Ver alíquotas de PIS e Cofins na matéria sobre lucro real e presumido no *site* do Serviço Brasileiro de Apoio às Micro e Pequenas Empresas: SEBRAE. **Lucro real ou presumido**: qual o melhor? Disponível em: <http://www.sebrae.com.br/sites/PortalSebrae/artigos/lucro-real-ou-presumido-qual-o-melhor,fac8a0b77d29e410VgnVCM1000003b74010aRCRD>. Acesso em: 22 maio 2018.

Custos fixos

Os gastos com frequência conhecida e pouca variação se enquadram na tipologia de custos fixos. Outra abordagem para o custo fixo é que, independentemente da produção, eles ocorrerão, mesmo que a fábrica não produza uma única peça em determinado período. Isso porque são custos vinculados à infraestrutura da empresa.

> *São os gastos voltados à produção de um bem ou serviço que não variam de acordo com a quantidade produzida, ou seja, os valores são os mesmos independentemente do volume de produção de bens ou serviços da empresa, podendo esses gastos existirem mesmo que não seja produzido nenhum bem ou serviço.* (Cruz et al., 2012, p. 37)

Os custos fixos podem (e devem) ser planejados porque os gestores já sabem que ocorrerão. Exemplos típicos são: aluguel de imóveis e equipamentos, instalações físicas, material de escritório, contas de telefonia, internet, parcelas, prestações, Imposto Predial e Territorial Urbano (IPTU), Imposto sobre a Propriedade de Veículos Automotores (IPVA).

Custos variáveis

Diferentemente dos custos fixos, os quais se mantêm constantes independentemente da quantidade fabricada ou da quantidade de serviços prestados, os custos variáveis efetivamente se alteram de acordo com a quantidade produzida.

Esses gastos flutuam, sendo sensíveis à ampliação da capacidade produzida, como nos casos de produção sazonal de um produto – por exemplo, na fabricação de chocolates antes da Páscoa e itens para as festas de fim de ano. Isso acontece porque, quanto mais se produz, mais matérias-primas se utilizam, mais hora/homem e hora/máquina são necessárias também. Além disso, os valores dos salários dos colaboradores podem ser majorados em razão da mobilização de mais horas laborais ou horas extras ou, ainda, para suprir a demanda dos produtos, também podem ser contratados trabalhadores temporários.

Todos esses exemplos representarão um gasto extra com a folha de pagamentos. Assim também acontece ao criar mais um turno de trabalho, com aumento das horas de trabalho disponíveis para utilização dos equipamentos e da infraestrutura produtiva. Por exemplo, matéria-prima excedente ao planejamento normal de produção, mão de obra, comissão de vendas, consumo de energia elétrica.

Custos híbridos

São os gastos que apresentam comportamento ambivalente, às vezes, de modo ambíguo e até determinado ponto de incidência, se comportam tal como custos fixos, depois mudam, refletindo um comportamento variável, como os benefícios recebidos por um colaborador no comércio somando-se às comissões de vendas ao salário fixo. O inverso também pode acontecer: um custo variável, após ultrapassar determinado valor, se torna fixo – por exemplo, o valor de desconto em itens adquiridos em grande quantidade.

Para ilustrar uma ocorrência do custo híbrido (em parte fixo e em parte variável), pense na água potável consumida por uma família. Até determinado metro cúbico consumido (5 m^3, por exemplo), o custo será fixo, gastando ou não 5 m^3, o valor será cobrado. No entanto, se em determinado mês a família gastar 6 m^3 ou mais, certamente pagará o excedente nessa situação, e o custo se torna variável.

Nos jogos de empresas, a questão do custo é elemento crucial para o sucesso das decisões, pois busca garantir a sobrevivência do negócio. Dessa forma, os custos relacionados a matérias-primas, insumos, energia elétrica, mão de obra direta e indireta, incluindo horas extras, custos financeiros, depreciação de máquinas, *marketing* e propaganda, devem ser conhecidos, identificados e controlados. Esse tema costuma ser apresentado já no início da competição, a fim de que as equipes busquem o conhecimento necessário para lidar com isso.

Despesas

As despesas representam os gastos relacionados às atividades da empresa que ocorrem simplesmente pelo fato de ela existir e sempre estarão presentes enquanto estiver aberta. Sem mencionar as grandes fábricas, ao olharmos no extremo do empreendedorismo individual, as instalações, por mínimas que possam parecer, sempre serão necessárias.

Mesmo em tempos de comércio eletrônico, ensino a distância, empresas de tecnologia, *coworking*, colégios invisíveis e colégios virtuais, os gastos com uma base com infraestrutura física sempre existirão. Ainda que essa infraestrutura utilizada para atividade econômica seja um cômodo da própria residência, haverá despesas com água, luz, internet, comunicação, alimentação, higiene e limpeza, entre outros. Tais despesas devem ser consideradas pelo gestor como essenciais para a operação do negócio, por mais virtual que este seja.

Investimentos

Os investimentos podem ser compreendidos como os recursos despendidos para o aumento da capacidade produtiva instalada, como os gastos com a aquisição de máquinas e equipamentos que permitam a abertura de mais um turno de produção. Da mesma maneira ocorre com a substituição por equipamentos mais avançados, eficientes, com tecnologia diferenciada ou que vise à redução de desperdícios. Tais gastos proporcionam uma forma de a empresa alocar os recursos conseguidos ao longo da operação gerando lucro, com aporte de recursos ou por meio de empréstimos para atendimento de pedidos sazonais ou de metas estratégicas. Quando observarmos esse tipo de gasto, precisamos pensar em mobilizar recursos para crescer.

Esse conhecimento é importante em uma competição de jogo de empresas, porque, em algum momento, a equipe terá de investir para crescer. Assim, é importante compreender que investimento requer planejamento, principalmente se envolver a compra de novas máquinas e equipamentos para ampliar a capacidade produtiva, pois normalmente os valores envolvidos são expressivos.

Alguns simuladores ofertarão duas ou três versões de máquinas e equipamentos durante o período da competição, por isso é necessário bom senso no momento da decisão de investimento, porque a equipe pode investir em tecnologia que será atualizada nas próximas jogadas. E, quanto mais moderna for a tecnologia, maior será a produtividade das máquinas e dos equipamentos.

Perdas

As perdas podem ocorrer em qualquer operação produtiva ou de atendimento ao cliente e podem ser intrínsecas ao processo. Por exemplo, em uma peça de tecido para fazer cortinas, os primeiros centímetros e também os últimos serão descartados para que a peça produzida tenha uniformidade. As perdas também podem ser observadas nas frutas adquiridas por quilo, pois, quando são descascadas, o peso diminui. Logo, um mamão com peso de 1 kg pode não representar 1 kg de geleia de mamão.

Na prática, o percentual de perda do processo deve ser o mínimo possível porque o valor é repassado ao custo da produção e, consequentemente, impactará no preço de venda ao mercado consumidor.

Martins (2003, citado por Schier, 2011) explica que a perda é o bem ou o serviço consumido de maneira eventual e involuntária e não deve ser confundida com custos ou despesas, porque não representa sacrifício em prol de receitas. São exemplos de perdas as decorrentes de incêndios, vazamentos, produtos fora do prazo de validade ou obsoletos nos estoques, greves, sinistros e outros.

Desperdícios

Os desperdícios são considerados gastos desnecessários ao processo de produção que podem ser eliminados sem prejudicar a qualidade dos bens, dos serviços ou dos produtos gerados. São exemplos: algum retrabalho ou logística excessiva com estocagem ou mobilidade de produtos, colaboradores ou matérias-primas além do necessário à produção (Martins, 2003, citado por Schier, 2011).

As empresas devem buscar identificar todas as possibilidades de ocorrência de desperdícios, pois estes elevam os custos produtivos de forma não justificada. Identificar e eliminar os desperdícios tornaram-se práticas essenciais para as empresas que pregam a melhoria contínua.

A seguir, apresentamos a classificação que a empresa Toyota Motor Co., referência em qualidade mundial, criou para os desperdícios.

Figura 8.3 – Classificação de desperdícios segundo a Toyota

Os sete desperdícios:
- Transporte
- Estoque
- Defeitos
- Processamento
- Movimento
- Tempo de espera
- Superprodução

Macrovector/Shutterstock

Fonte: Elaborado com base em Rodrigues, 2014, p. 21.

Esses sete desperdícios podem ser identificados em toda e qualquer organização, independentemente do porte ou do segmento. De acordo com Rodrigues (2014), uma forma resumida de descrevê-los é a seguinte:

- **Transporte** – Ocorre por *layouts* inadequados que fazem com que colaboradores, estoques e equipamentos de movimentação interna realizem percursos maiores, geralmente "desvios", o que aumenta o tempo necessário para concluir a produção de uma peça.

- **Estoque** – Peças semiacabadas ou produtos finalizados em quantidades maiores que a perspectiva de venda oneram o valor do bem e exigem mais infraestrutura.
- **Defeito** – Produção de bens fora da especificação, o que provoca refugos, retrabalhos ou até mesmo sucatas.
- **Processamento** – Excesso de procedimentos, atividades desnecessárias, equipamentos superdimensionados para produção também podem ocasionar desperdício de tempo e de recursos.
- **Movimento** – Refere-se ao movimento entre as estações de trabalho pelo posicionamento inadequado de máquinas, equipamentos e ferramentas.
- **Tempo de espera** – Está relacionado ao tempo de espera dos colaboradores pelo *setup* da máquina ou pela chegada ou troca de ferramentas e dispositivos.
- **Superprodução** – Esse tipo de desperdício está vinculado à quantidade produzida em excesso. É comum os planejadores da produção buscarem otimizar o *setup*, ou seja, produzir a maior quantidade possível de determinado produto para aproveitar o preparo da máquina, mas, se não há demanda para a quantidade produzida, o estoque aumentará, o que é prejudicial às empresas.

Essa classificação apresentada foi criada por Taiichi Ohno e Shigeo Shingo na Toyota e são utilizadas em organizações pelo mundo todo. No entanto, com o passar do tempo, foi observado que outros desperdícios ocorrem, como:

- **Desperdícios de capital intelectual (pessoas)** – Acontece quando um colaborador é alocado em uma função da qual não tem conhecimento ou com a qual não tem afinidade, por exemplo, contratar como vendedor externo uma pessoa

tímida e introspectiva. Isso não significa dizer que esse colaborador não se tornará um bom vendedor, pois é possível que ele se desenvolva com o tempo, mas isso pode demorar e o colaborador ficará infeliz na atividade que exerce.
- **Desperdício por falha na especificação do produto ou serviço** – Quando o setor comercial ou de *marketing* não consegue mapear corretamente a expectativa do cliente e o produto é concebido de maneira que não agrada ao cliente ou ao mercado. Isso pode ocasionar desperdícios de diversas naturezas para a empresa.

Controle dos custos e orçamento

Após conhecer os elementos formadores de custos nas organizações, é importante pensar em como controlá-los. A utilização de sistemas informatizados pode facilitar essa tarefa. Mas, para isso, é necessário que os colaboradores registrem as atividades de forma efetiva, com rigor e assertividade. É muito importante que a empresa saiba onde o recurso financeiro tem sido aplicado a fim de identificar se o retorno tem sido interessante.

Wildauer (2012) explica que o *Guia PMBOK* de 2004, publicado pelo *Project Management Institute* (PMI), enfatiza as seguintes iniciativas que devemos tomar quando estamos desenvolvendo um projeto – são dicas que podem (e devem) ser utilizadas para manter os custos controlados nas organizações em geral:

- *Controlar os fatores que criam mudanças na linha de base de custos.*
- *Garantir que houve um acordo em relação às mudanças solicitadas.*
- *Monitorar as mudanças reais quando e conforme ocorrem.*

- *Garantir que os possíveis estouros nos custos não ultrapassem o financiamento autorizado periodicamente e no total para o projeto.*
- *Monitorar o desempenho de custos para detectar e compreender as variações em relação à linha de base dos custos.*
- *Evitar que mudanças incorretas, inadequadas ou não aprovadas sejam incluídas nos custos relatados ou na utilização dos recursos.*
- *Informar as partes interessadas adequadas sobre as mudanças aprovadas.*
- *Agir para manter os estouros nos custos esperados dentro dos limites aceitáveis.* (Wildauer, 2012, p. 231-232)

As dicas apresentadas indicam que é preciso registrar o que se pretende investir e monitorar, e isso pode ser facilmente realizado por um bom planejamento orçamentário. Considerando que as empresas de boas práticas planejam antecipadamente suas atividades, o orçamento é ferramenta essencial para controle de custos e é útil para manter o custo, afinado com as pretensões da organização. Em outras palavras, significa dizer que a empresa só deve (ou deveria) gastar aquilo o que foi projetado no orçamento.

O preparo do orçamento empresarial é uma atividade a ser realizada pelos gestores da organização visando garantir os recursos necessários para as operações no próximo período. Se a empresa conta com um Planejamento Estratégico (PE) direcionador para o crescimento dos próximos cinco ou dez anos, poderá ter um orçamento global para esse período, o qual será desmembrado ano a ano. Os elementos usuais de um orçamento são as perspectivas de entradas (receitas) e as de saídas (despesas).

Perspectivas de entradas (receitas)

- Perspectiva de vendas para o período do planejamento (pode ser para o próximo ano, por exemplo) – preferencialmente em números factíveis.
- Perspectiva de crescimento ou redução do mercado, o que pode ser avaliado produto a produto ou por família de produtos. Nesse caso, é necessário ter um número específico em unidades ou pelo menos o percentual de crescimento esperado.
- Planejamento de recebimentos de vendas, aluguéis, franquias, direitos autorais, *royalties*, resgates de títulos, aplicações, entre outros.

Perspectivas de saídas (despesas)

- Aumento dos custos de aquisição, produção e distribuição.
- Aumento dos custos com a mão de obra (salários, alimentação, benefícios, gratificações, entre outros).
- Provisão para os impostos.
- Aumento de custos com consultorias contábeis, jurídicas e financeiras.
- Valores pretendidos para as ações mercadológicas (feiras, eventos de lançamento, propaganda e publicidade, patrocínios e outros).
- Planejamento de ampliação ou manutenção da infraestrutura física.
- Planejamento com devedores duvidosos.
- Consideração do percentual de inadimplência.
- Custos financeiros com financiamentos ou empréstimos em andamento ou a contratar.
- Consideração de custos com ações trabalhistas, indenizações em andamento ou iminentes, entre outros.

Os elementos citados representam uma pequena parcela no universo de contas que são consideradas no momento de planejar um orçamento financeiro, mas são os mais visíveis na maioria das organizações.

Para criar orçamentos mais efetivos, além do monitoramento e da revisão frequente, é possível simulá-los antecipadamente, de acordo com cenários otimistas, neutros ou pessimistas. Isso é perfeitamente possível na competição de jogos de empresas porque os simuladores disponibilizam as informações para que os gestores possam construir os orçamentos com base nas perspectivas de vendas e nos compromissos da empresa.

Para finalizar, é importante considerar que um orçamento não é estático, ou seja, deve ser revisto frequentemente, uma vez que as condições econômicas e financeiras do mercado são mutantes. Com isso, as empresas podem desenhar estratégias que lhes permitam trabalhar com contingências em momentos de crise.

Síntese

Apresentamos, neste capítulo, o estudo dos custos como essencial para uma boa gestão financeira e orçamentária das organizações. Sob esse viés, apresentamos e classificamos os gastos em custo, despesa, investimento, perda e desperdício, representando, assim, as diversas formas de o recurso financeiro deixar o caixa das empresas. Contudo, frisamos quão importante é o entendimento de cada elemento, e também que aquilo que é custo para uma empresa pode ser despesa para outra, reforçando a ideia de que é preciso conhecer a empresa e seu negócio principal.

Abordamos o custo em suas categorias: direto, quando está vinculado à produção do bem, como a matéria-prima, e indireto, quando não é possível atribuir seu valor a um único produto. Informamos ainda que o custo fixo é aquele que independe da quantidade produzida (ou não); o custo variável, por sua vez, oscila de acordo com o tamanho da produção (quando produz mais, utiliza mais matéria-prima); e, por último, os custos híbridos se mantêm constantes até determinada quantidade utilizada ou produzida e depois variam conforme o consumo.

Afirmamos que as despesas representam os gastos que a empresa tem por existir e ocorrerão sempre, mesmo com valor variado, como água, luz, internet e outros. Já os investimentos foram conceituados como gastos esporádicos para a empresa ampliar a capacidade produtiva ou de atendimento. Reforçamos que as perdas são inerentes ao processo e devem ser conhecidas, controladas e minimizadas; os desperdícios, por outro lado, são considerados gastos desnecessários e devem ser identificados e eliminados, pois não agregam valor ao negócio da empresa.

Para finalizar, comentamos a respeito da importância do controle dos custos na organização, e o planejamento orçamentário foi citado como ferramenta essencial de apoio.

Para os gestores dos jogos de empresas, a identificação dos fatores de custos, planejamento, monitoramento e controle será a base para a estratégia visando à competitividade. A equipe que conseguir reconhecer, em ações práticas, esses elementos apresentados teoricamente terão mais base para as tomadas de decisões, ampliando a chance de sucesso na estratégia desenhada.

Questões para revisão

1. Sobre os custos, é possível afirmar:
    I. Os custos diretos da produção estão relacionados à obtenção de matérias-primas e mão de obra direta.
    II. Os custos fixos se alteram de acordo com a quantidade produzida e são representados pelas matérias-primas.

III. Os salários dos colaboradores da fábrica e o aluguel das instalações fabris são considerados custos diretos.

IV. Em uma indústria, a formação de custos é geralmente estruturada por investimentos, custos, despesas, perdas e desperdícios.

V. A mão de obra dos gerentes, colaboradores administrativos, motoristas e vendedores é considerada custo direto.

Agora, marque a alternativa que indica as afirmações corretas:

a) I e II.
b) I, II e III.
c) I e IV.
d) III e IV.
e) IV e V.

2. Com base na definição de custos e despesas apresentada na obra, analise as sentenças a seguir para verificar se são verdadeiras (V) ou falsas (F).

( ) As despesas estão relacionadas aos desembolsos necessários para fazer com que a empresa funcione.

( ) Os custos podem ser divididos em diretos, indiretos, fixos, variáveis e híbridos, e dependem do tipo de negócio.

( ) O valor que a empresa gasta com internet, luz, água e telefonia são considerados custos diretos da atividade.

( ) Existe certa dificuldade em programar os custos fixos porque eles dependem da quantidade produzida de bens ou serviços.

( ) Em uma campanha de imunização de crianças, a vacina utilizada será considerada uma despesa administrativa do centro de saúde.

Agora, assinale a alternativa que apresenta a sequência correta:

a) V, V, F, F, F.
b) F, F, V, F, V.
c) V, F, V, F, V.
d) F, F, F, V, V.
e) V, F, F, F, V.

3. Analise as duas afirmações a seguir e a provável correlação entre elas:
   I. A gestão eficiente de custos se faz imprescindível para todas as organizações, uma vez que a formação do preço de venda já não aceita mais a equação: custo da produção + margem de lucro desejada pelo fabricante.
   II. Porque, na atualidade, além de a concorrência ser mais acirrada, o cliente está mais crítico e somente se dispõe a pagar o valor que considera justo para a obtenção de determinado produto ou serviço.

   Analisando as afirmações, conclui-se:
   a) Ambas afirmações são falsas e a II justifica a I.
   b) Ambas afirmações são falsas e não se justificam.
   c) Ambas afirmações são verdadeiras e a II justifica a I.
   d) A afirmação I é verdadeira, mas a afirmação II é falsa.
   e) A afirmação I é falsa, mas a afirmação II é verdadeira.

4. Em uma organização podem ocorrer diversos desembolsos financeiros para que a operação possa ocorrer. Nesse sentido, a família de gastos é a mais representativa porque é formada por: custo, despesa, investimento, perda e desperdício. Diferencie conceitualmente *despesa* de *investimento*.

5. Dois elementos da família de gastos que costumam preocupar as empresas são as perdas e os desperdícios. As perdas foram apresentadas como algo inerente ao processo e devem ser conhecidas e mantidas em quantidades ou percentuais mínimos. Já os desperdícios foram apresentados como gastos desnecessários que podem e devem ser eliminados. Pensando na diferença conceitual apresentada entre perda e desperdício, liste os sete desperdícios classificados pela Toyota Motor Co.

Questão para reflexão

1. A busca por focos de desperdício nas organizações é frequente e isso é bom, porque, a cada foco eliminado, o custo de produção é reduzido. No entanto, os desperdícios não ocorrem apenas nas empresas, e sim em qualquer situação cotidiana que possa ser analisada. Você já pensou que desperdiça um precioso tempo de vida quando, por exemplo, deixa algo para fazer na última hora e precisa ficar em uma fila aguardando para ser atendido?

Para saber mais

Conhecer, identificar, reduzir e até eliminar custos são elementos que fazem parte do dia a dia do gestor. Para ampliar sua noção sobre os custos no comércio, acesse a página do Sebrae e leia as dicas oferecidas:

SEBRAE – Serviço Brasileiro de Apoio às Micro e Pequenas Empresas. **Custos no comércio**. Disponível em: <http://www.bibliotecas.sebrae.com.br/chronus/ARQUIVOS_CHRONUS/bds/bds.nsf/C437771CF43C7067032 57146005BACDE/$File/NT00031FBA.pdf>. Acesso em: 22 maio 2018.

9

DEMONSTRATIVOS E ÍNDICES ECONÔMICO-FINANCEIROS

Conteúdos do capítulo:
- Importância da análise dos demonstrativos contábeis.
- Demonstrativo de Fluxo de Caixa (DFC).
- Demonstrativo do Resultado do Exercício (DRE).
- Balanço Patrimonial (BP).
- Índices econômico-financeiros.

Após o estudo deste capítulo, você será capaz de:
1. identificar os principais demonstrativos contábeis;
2. examinar a situação do Fluxo de Caixa (FC) de uma empresa;
3. entender a gestão das receitas e das despesas pela análise do DRE;
4. diferenciar as contas do ativo e passivo do BP;
5. distinguir os principais índices econômico-financeiros utilizados pelas empresas.

A CADA RODADA encerrada no jogo de empresas haverá modificações nos resultados. Isso significa que cada equipe deve estar preparada para analisar os demonstrativos gerados e compreender a situação da empresa no momento. Porque, para gerenciar com segurança, é muito importante monitorar os "números da empresa", ou seja, acompanhar se ela tem conseguido gerar riqueza, se está remunerando adequadamente o capital investido, além de ser um termômetro da qualidade da gestão econômica, financeira e contábil do negócio. Para isso, os gestores podem usar os demonstrativos contábeis como ferramentas de análise e suporte às decisões.

Importância dos demonstrativos contábeis

A utilização de demonstrativos auxilia na tomada de decisão pautada por números factíveis, que retratam a realidade da empresa no momento da análise e permitem a construção de novas estratégias. Esse conhecimento é extremamente útil nas empresas reais assim como nas empresas do mundo simulado. As informações fornecidas pelos demonstrativos serão úteis para o jogo de empresas porque, durante a simulação, haverá uma fase crucial para o sucesso das jogadas, bem como para o crescimento das organizações: o entendimento do comportamento dos demonstrativos econômico-financeiros. É uma dúvida comum, principalmente nas primeiras jogadas, entender se a empresa está no caminho certo ou se necessita de mudança de estratégia.

A cada encerramento de jogada, os gestores terão de analisar os efeitos das decisões tomadas no período anterior para traçar a próxima estratégia. Para isso, os principais subsídios presentes nos simuladores de jogos de empresas (e também nas empresas reais, sem dúvida) são: Demonstrativo do Fluxo de Caixa (DFC), Demonstrativo do Resultado do Exercício (DRE), Balanço Patrimonial (BP) e alguns índices econômico-financeiros. Tais elementos serão apresentados de maneira simplificada para a equipe identificar os principais fatores envolvidos em cada situação.

Demonstrativo do Fluxo de Caixa

De maneira geral, o DFC é uma ferramenta de controle da entradas e saídas de recursos financeiros da organização. Higa e Altoé (2015, p. 131) explicam que o DFC "é um relatório mais detalhado, pois deve contemplar três atividades: operacionais, investimentos e financiamentos".

Um bom sistema de gestão informatizado (ERP – *Enterprise Resource Planning*, em português, Sistema de Gestão Empresarial) traz em seu módulo financeiro o esquema do Fluxo de Caixa (FC), mas nada impede que o gestor também o desenvolva em Excel. O FC tem como objetivo disponibilizar rapidamente informações sobre o estado de liquidez da empresa ou a necessidade de recursos e pode ser desenvolvido de duas maneiras: direta e indireta, conforme esquema a seguir proposto por Higa e Altoé (2015).

Figura 9.1 – Métodos do Fluxo de Caixa

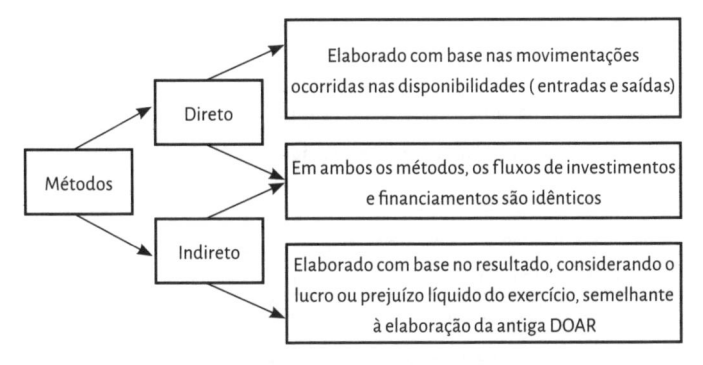

```
                    ┌──────────┐   Elaborado com base nas movimentações
                 ┌─▶│  Direto  │─▶ ocorridas nas disponibilidades (entradas e saídas)
                 │  └──────────┘
  ┌──────────┐   │              ┌─▶ Em ambos os métodos, os fluxos de investimentos
  │ Métodos  │───┼──────────────┤   e financiamentos são idênticos
  └──────────┘   │              │
                 │  ┌──────────┐   Elaborado com base no resultado, considerando o
                 └─▶│ Indireto │─▶ lucro ou prejuízo líquido do exercício, semelhante
                    └──────────┘   à elaboração da antiga DOAR
```

Fonte: Higa; Altoé, 2015, p. 132.

Para facilitar o entendimento de como um FC pode ser esquematizado e quais são suas principais informações, abordaremos os dois modelos: direto e indireto.

Tabela 9.1 – Exemplo de DFC pelo método direto

EMPRESA FICTÍCIA LTDA.	
CNPJ: 00.000.000/0001-10	
DEMONSTRAÇÃO DO FLUXO DE CAIXA PELO MÉTODO DIRETO – 20XX	
Fluxo de caixa das atividades operacionais	
Recebimento de clientes	60.300,00
Pagamentos de fornecedores e empregados	(55.200,00)
Caixa gerado pelas operações	5.100,00
Juros pagos	(540,00)
Imposto de Renda (IR) e Contribuição Social sobre o Lucro Líquido (CSLL)	(1.600,00)
Imposto de Renda na fonte sobre dividendos recebidos	(200,00)
(=) Caixa líquido das atividades operacionais	**2.760,00**
Fluxo de caixa das atividades de investimentos	
Aquisição de Imobilizado	(1.800,00)

(continua)

(Tabela 9.1 – conclusão)

Alienação de imobilizado	500,00
Juros recebidos	170,00
Dividendos recebidos	170,00
(=) Caixa líquido das atividades de investimentos	**(960,00)**
Fluxo de caixa das atividades de financiamentos	
Integralização de capital	(500,00)
Recebimento de empréstimo de longo prazo	500,00
Juros pagos por empréstimos	(180,00)
Pagamentos de lucros e dividendos	(2.400,00)
(=) Caixa líquido das atividades de financiamentos	**(1.580,00)**
Aumento líquido de caixa e equivalentes de caixa	220,00
Saldo inicial de caixa	240,00
Saldo final de caixa	480,00

Fonte: Higa; Altoé, 2015, p. 132-134.

Tabela 9.2 – Exemplo de DFC pelo método indireto

EMPRESA FICTÍCIA LTDA.
CNPJ: 00.000.000/0001-10
DEMONSTRAÇÃO DO FLUXO DE CAIXA PELO MÉTODO DIRETO – 20XX

Fluxo de caixa das atividades operacionais	
Lucro Líquido antes do IR e CSLL [Recebimento de clientes]	6.700,00
Ajuste por:	
Depreciação	900,00
Perda cambial	80,00
Resultado de Equivalência Patrimonial	(1.000,00)
Despesas de juros	800,00
	7.480,00
Aumento nas contas a receber de clientes e outros	(1.000,00)
Diminuição nos Estoques	2.100,00

(continua)

(Tabela 9.2 – conclusão)

Diminuição nas Contas a Pagar (fornecedores)	(3.480,00)
Caixa gerado pelas operações	5.100,00
Juros pagos	(540,00)
Imposto de Renda (IR) e Contribuição Social sobre o Lucro Líquido (CSLL)	(1.600,00)
Imposto de Renda na fonte sobre dividendos recebidos	(200)
(=) Caixa líquido das atividades operacionais	**2.760,00**
Fluxo de caixa das atividades de investimentos	
Aquisição de Imobilizado	(1.800,00)
Alienação de Imobilizado	500,00
Juros recebidos	170,00
Dividendos recebidos	170,00
(=) Caixa líquido das atividades de investimentos	**(960,00)**
Fluxo de caixa das atividades de financiamentos	
Integralização de capital	500,00
Recebimento de empréstimo de longo prazo	500,00
Juros pagos por empréstimos	(180,00)
Pagamentos de lucros e dividendos	(2.400,00)
(=) Caixa líquido das atividades de financiamentos	**(1.580,00)**
Aumento líquido de caixa e equivalentes de caixa	220,00
Saldo inicial de caixa	240,00
Saldo final de caixa	480,00

Fonte: Higa; Altoé, 2015, p. 132-134.

Na prática, o método indireto é o mais utilizado porque, se a empresa utilizar o método direto, terá de realizar as notas explicativas (no padrão contábil internacional) sobre fatos passados que impactem em seu resultado. Por praticidade, frequentemente optam pelo modelo indireto.

Ao finalizar uma jogada, o mediador do jogo fechará o sistema e computará as decisões tomadas por todas as equipes. Feito isso, o simulador disponibilizará os relatórios com os resultados alcançados.

Mas o que analisar no DFC?

O DFC nos informa como foi a gestão financeira da empresa no período considerado. Nesse caso, o gestor pode verificar como começou o mês (dia, ano, bimestre) em termos de valores no caixa e quais movimentações (entradas e saídas) ocorreram. O DFC conceitual apresentado pelo método indireto iniciou com o recebimento de clientes no valor de R$ 6.700,00 e todas as movimentações foram registradas, chegando ao final do período analisado em R$ 480,00 positivos.

O resultado positivo representa que a empresa conseguiu movimentar suas operações no período sem entrar no vermelho, no entanto, há pouco capital em caixa.

No jogo de empresas, essa análise também será realizada a cada fechamento de jogada. Uma dica é comparar o FC previsto com o FC que realmente aconteceu. Com essa comparação, é possível observar se os valores ficaram próximos e qual foi a conta que mais comprometeu o resultado.

Demonstrativo do Resultado do Exercício

Seguindo com a apresentação básica dos demonstrativos, o próximo item é o DRE, elaborado em conjunto com o BP. O DRE é basicamente um resumo financeiro das operações da organização e pode nos oferecer as seguintes informações:

> receita com vendas; devoluções; abatimentos; impostos calculados; custo da mercadoria vendida ou o custo do produto vendido; despesas operacionais (administrativas, de vendas e financeiras); receita ou

a despesa não operacional; impostos sobre a renda e a contribuição social; participação de funcionários nos lucros da empresa; o lucro final. (Cortiano, 2014, p. 120-121)

Para facilitar a visualização de um DRE, apresentamos a seguir um modelo aplicado.

Tabela 9.3 – DRE aplicado

Supra Materiais de Consumo S.A.
Demonstrações dos Resultados dos Exercícios (DREs) findos em 31 de dezembro – em milhares de reais

	2005	2004
Receita bruta de vendas e/ou serviços	331.236	416.135
Deduções da receita bruta	(66.776)	(88.016)
Receita líquida de vendas e/ou serviços	**264.460**	**328.119**
Custo de bens e/ou serviços vendidos	(169.948)	(239.041)
Resultado bruto	**94.512**	**89.078**
Despesas/receitas operacionais	(126.657)	(139.898)
Com vendas	(39.319)	(44.497)
Gerais e administrativas	(29.169)	(34.455)
Financeiras	(52.851)	(58.903)
Receitas financeiras	17.057	24.640
Despesas financeiras	(69.908)	(83.543)
Outras receitas operacionais	0	0
Outras despesas operacionais	(697)	(1.127)
Resultado da equivalência patrimonial	(4.621)	(916)
Resultado operacional	**(32.145)**	**(50.820)**
Resultado não operacional	(6.268)	74.614
Receitas	8.282	105.152
Despesas	(14.550)	(30.538)
Resultado antes tributação/participações	**(38.413)**	**23.794**
Provisão para IR e contribuição social	0	0
IR diferido	10.887	(3.328)
Participações/contribuições estatutárias	0	0
Participações	0	0
Contribuições	0	0
Lucro/prejuízo do exercício	**(27.526)**	**20.466**

Fonte: Camargo, 2007, p. 175.

No jogo de empresas, a análise do DRE inicia com a Receita Bruta de Vendas, ou seja, o valor bruto recebido dos clientes. Mas, como as operações têm custos, o DRE vai descontando o valor dessas operações até chegar ao lucro ou ao prejuízo apurado no exercício.

O DRE também é gerado a cada jogada. Dessa forma, é possível acompanhar sua evolução e identificar mais facilmente a conta que está impactando positiva ou negativamente no resultado. Assim como no DFC, é interessante comparar o DRE do projetado com o realizado para identificar possíveis equívocos nas decisões da equipe.

Balanço Patrimonial

O BP, além de ser uma demonstração obrigatória, é o principal demonstrativo contábil, oferecendo aos usuários um panorama geral da saúde financeira da organização e evidenciando se a gestão está conseguindo equilibrar as contas do ativo e do passivo.

De acordo com Bazzi (2014, p. 206): "busca evidenciar, por meio do Ativo, Passivo e Patrimônio Líquido, todos os investimentos e os capitais da empresa, demonstrando a situação patrimonial, suas origens e aplicações. Para isso, o Balanço Patrimonial segmenta as contas em Circulantes e Não Circulantes".

A seguir, apresentamos um BP aplicado de acordo com Camargo (2007).

Tabela 9.4 – Exemplo aplicado de um BP

Supra Materiais de Consumo S.A.
Balanços Patrimoniais em 31 de dezembro – em milhares de reais

Ativo	2005	2004	Passivo	2005	2004
Ativo Circulante	109.026	90.195	**Passivo Circulante**	**117.357**	**118.563**
Disponibilidades	893	826	Empréstimos e financiamentos	46.910	38.066
Créditos	30.075	31.513	Debêntures	1.053	3.431
Clientes	64.003	72.863	Fornecedores	19.156	33.256
Títulos descontados	(31.340)	(39.649)	Tributos	34.129	27.292
Provisão para CL duvidosa	(2.588)	(1.701)	Outros	16.109	16.518
Estoques	21.592	19.643	Salários e ordenados	7.525	8.489
Outros	56.466	38.213	Outras contas a pagar	8.584	8.029
Títulos a receber	44.393	28.112	**Passivo exigível a LP**	**499.963**	**471.866**
Créditos tributários	3.443	0	Debêntures	1.049	1.973
Impostos a recuperar	2.751	3.834	Provisões	31.894	17.889
Outras contas a receber	5.879	6.267	Para contingências	30.719	16.918
Ativo realizável a LP	**341.257**	**317.459**	Para perda de investimentos	1.175	971
Créditos com pessoas	174.012	160.030	Dívidas com pessoas ligadas	8.297	11.699
ligadas	174.012	160.030	Outros	458.723	440.305
Com controladas	167.245	157.429	Impostos e Contr. sociais	401.669	389.912
Outros	48.848	40.088	IR e Contr. Social diferido	45.378	49.979
Impostos diferidos	11.224	11.224	Outras contas a pagar	11.676	414
Imóveis destinados à venda	25.296	23.332	**Resultados de exercícios futuros**	**0**	**0**
Outros direitos realizáveis	51.175	81.985	**Patrimônio Líquido**	**105.667**	**103.714**
Títulos a receber	30.702	0	Capital social realizado	61.249	61.249
Créditos tributários	**272.704**	286.489	Reservas de capital	45.944	11.512
Ativo Permanente	46.466	55.071	Reservas de reavaliação	76.875	88.3324
Investimentos	46.433	54.851	Ativos próprios	63.519	72.583
Participação em	33	220	Controladas/ coligadas	13.356	15.741
controladas	226.113	231.231	Reservas de lucro	15.669	15.669
Outros investimentos	125	187	Legal	971	971
Imobilizado			De lucros a realizar	14.698	14.698
Diferido			Lucros/prejuízos acumulados	(94.070)	(73.040)
Ativo total	**722.987**	**694.143**		**722.987**	**694.143**

Fonte: Adaptado de Camargo, 2007, p. 166.

Assim como na vida real, no jogo de empresas, a análise do BP nos oferece uma leitura mais ampla de como foi a evolução patrimonial de um exercício para o outro.

No exemplo oferecido, é possível observar que ocorreu prejuízo nos dois anos analisados. A liquidez imediata (Ativo Circulante) é menor do que as obrigações imediatas (Passivo Circulante). Esse tipo de informação é de extrema utilidade para o gestor, pois, de posse desses dados, o administrador poderá traçar um plano de ação para identificar e suprimir o revés que está causando prejuízos contínuos.

Índices econômico-financeiros

Para que os gestores analisem a saúde financeira da empresa, eles contam com algumas possibilidades, como solicitação de referências comerciais de outros fornecedores, de clientes, de instituições bancárias ou, ainda, informações de empresas prestadoras de serviços especializados, como o Serasa (Centralização de Serviços dos Bancos). Mas uma ferramenta bastante útil para embasar as tomadas de decisões são as análises dos índices econômico-financeiros, os quais podem ser extraídos das demonstrações contábeis que as empresas trocam entre si: BP, Balancetes, DRE, entre outras.

De acordo com Saporito (2015, p. 150), "os índices econômico-financeiros são números, decimais ou percentuais, obtidos por meio de divisões de valores de contas ou grupo de contas das demonstrações contábeis". Diante disso, é possível afirmar que parte das informações que indicam como está a saúde financeira de uma empresa pode ser conseguida de forma gratuita, cabendo ao gestor saber interpretar os dados disponibilizados.

Ainda segundo o autor, "os índices financeiros podem ser divididos em três diferentes categorias, conforme o quesito que pretendemos avaliar por meio de sua utilização. Há índices para avaliar liquidez, estrutura e rentabilidade" (Saporito, 2015, p. 150).

A seguir, apresentamos os principais índices que um investidor analisa no momento de decidir em qual empresa investirá seus recursos financeiros.

Índices de liquidez

Para compreender se a empresa tem condições financeiras de honrar suas dívidas, é possível analisar os índices de liquidez, os quais são extraídos do BP. Os principais indicadores dessa categoria são apresentados no quadro a seguir

Quadro 9.1 – Índices de liquidez

Índice	Definição	Fórmula	Padrão de análise
Liquidez imediata	Indica a porcentagem de dívidas de curto prazo que podem ser liquidadas imediatamente.	Disponível ÷ Passivo Circulante	Esse indicador tende a ser muito baixo, pois não é interessante manter excesso de recursos em caixa.
Liquidez seca	Indica a capacidade de curto prazo de pagamento da empresa com a utilização das contas do disponível e dos valores a receber.	Ativo Circulante − estoques − despesas antecipadas ÷ Passivo Circulante	Quanto maior o resultado do cálculo, melhor é a capacidade de pagamento no curto prazo, pois maior será a quantidade de reais a receber sem depender da realização de estoques para cada real a pagar no curto prazo.

(continua)

(Quadro 9.1 – conclusão)

Índice	Definição	Fórmula	Padrão de análise
Liquidez corrente	Mostra a quantidade existente do ativo circulante a cada R$ 1,00 de dívida a curto prazo.	Ativo Circulante ÷ Passivo Circulante	Nesse cálculo, você deve considerar: >1,0: Capital circulante positivo =1,0: Capital circulante nulo <1,0: Capital circulante negativo
Liquidez geral	Indica a liquidez de curto e longo prazos da empresa. Esse indicador oferece também uma ideia da segurança financeira da empresa no longo prazo.	Ativo Circulante + Realizável a longo prazo ÷ Passivo Circulante + Exigível a longo prazo	Quanto maior o resultado do cálculo, melhor é a capacidade geral de pagamento, pois maior será a quantidade de reais a receber para cada real a pagar, independentemente dos prazos de vencimentos.

Fonte: Elaborado com base em Seleme, 2010, p. 158-159; Saporito, 2015, p. 153-154.

Ao encerrar uma jogada, a equipe terá de encontrar os resultados dos índices gerados pelas últimas decisões e analisar como está a condição da empresa. Está conseguindo honrar seus compromissos? Tem capital para honrar suas contas de curto e longo prazo?

Ao analisar os índices, é bom conhecer as médias do mercado para o segmento em questão, a fim de avaliar se o comportamento da empresa está nos padrões ou se a disparidade com a concorrência é muito acentuada.

Índices de estrutura patrimonial

Já para compreender se a empresa está muito dependente de financiamentos externos, analisam-se os índices de estrutura patrimonial, conforme consta no quadro a seguir.

Quadro 9.2 – Índices de estrutura patrimonial

Índice	Definição	Fórmula	Padrão de análise
Participação de capitais de terceiros	Revela quanto a organização utiliza de capitais de terceiros (Passivo Circulante + realizável longo prazo) para cada R$ 1,00 de capital próprio (Patrimônio Líquido)	Passivo Circulante + Exigível a longo prazo ÷ Patrimônio Líquido	Quanto maior a proporção de capitais de terceiros na estrutura financeira da empresa, maior será o endividamento e também o risco de insolvência.
Grau de endividamento total	Mede o nível de comprometimento da empresa para com terceiros em relação ao total de financiamentos.	Passivo Circulante + Exigível a longo prazo ÷ Total do Passivo	Quanto menor o grau de endividamento da instituição, melhor sua situação financeira e menor sua dependência para com terceiros.
Composição do endividamento	Identifica como estão distribuídas as obrigações da entidade ao longo do tempo, ou seja, qual é a proporção de dívidas a curto prazo e, por dedução, qual é a porção de dívidas a longo prazo em relação ao total dos capitais de terceiros.	Passivo Circulante ÷ Passivo Circulante + Exigível a longo prazo	Um índice elevado mostra uma participação acentuada de dívidas que vencem dentro do próximo ano, o que pode significar aperto financeiro caso a empresa não tenha os recursos necessários no mesmo prazo.

(continua)

(Quadro 9.2 – conclusão)

Índice	Definição	Fórmula	Padrão de análise
Imobilização do investimento	Revela quanto dos recursos totais aplicados na organização foram destinados para investimentos de caráter permanente, os quais não devem, a princípio, ser convertidos em numerários.	Total permanente ÷ Total Ativo	Um grau de imobilização do investimento alto pode ser prejudicial por afetar a capacidade de pagamento da instituição.
Imobilização do capital próprio	Revela a parcela dos recursos próprios que foi utilizada para financiar a compra de Ativos Permanentes.	Total permanente ÷ Patrimônio Líquido	Quanto menor o grau de imobilização do Patrimônio Líquido, melhor para a instituição, pois um montante maior de recursos estará disponível para giro das atividades.

Fonte: Elaborado com base em Camargo, 2007, p. 194-197.

A equipe terá a oportunidade de avaliar a eficiência da gestão do patrimônio da organização. Isso serve para compreender quão comprometedor está o endividamento da empresa, pois, quanto mais endividada, maior o risco de falência.

Índices de atividade

Para compreender se as atividades principais estão sendo gerenciadas de maneira eficaz, os gestores podem analisar os índices de atividade, que abrangem importantes tarefas, como a gestão dos estoques, o recebimento das vendas e o pagamento das compras, conforme exposto a seguir.

Quadro 9.3 – Índices de atividade

Índice	Definição	Fórmula	Padrão de análise
Giro do ativo	Mostra a relação entre as vendas e o ativo total, de modo a indicar a velocidade com que o segundo se renova.	Vendas ÷ Ativo total	Quanto [maior] número de vezes, mais rápido é o giro do ativo.
Prazo médio de recebimento de vendas (PMRV)	Indica o tempo estimado para o recebimento das vendas, ou seja, por quanto tempo, em média, a empresa financia seus clientes. A resposta é obtida em número de dias.	Clientes × 360 ÷ Vendas	Quanto [menor] o PMRV, melhor.
Prazo médio de renovação de estoques (PMRE)	Indica o tempo estimado para que a empresa renove seus estoques. A resposta é obtida em número de dias.	Estoques × 360 ÷ CPV	Quanto [menor] o PMRE, melhor.
Prazo médio de pagamento de compras (PMPC)	Indica o tempo estimado para o pagamento de compras, ou seja, por quanto tempo, em média, a empresa é financiada por seus fornecedores. A resposta é obtida em número de dias.	Fornecedores × 360 ÷ Compras	Quanto [maior] o PMPC, melhor.

Fonte: Adaptado de Saporito, 2015, p. 195.

A análise desses índices auxilia as equipes a compreender como está a gestão dessas importantes operações. Os valores apresentados servirão de base para a tomada das decisões para os próximos períodos. Por exemplo, se o Prazo Médio de Renovação de Estoques (PMRE) estiver baixo, significa que as vendas não estão acontecendo na mesma velocidade das compras. Com isso, não podemos esquecer que o estoque é dinheiro parado e ainda gera custos com armazenagem. Por isso, quanto maior for o índice encontrado de giro dos estoques (renovação dos estoques), melhor será para a empresa.

Índices de rentabilidade

Para compreender se a gestão tem conseguido fazer com que os investimentos sejam devidamente remunerados, pode ser feita a análise dos índices de rentabilidade.

A equipe avaliará tais índices para conhecer sua atratividade de mercado, ou seja, se a empresa tem conseguido gerar bons negócios e se tem sido rentável. Observe o Quadro 9.4, a seguir.

Quadro 9.4 – Índices de rentabilidade

Índice	Definição	Fórmula	Padrão de análise
Giro do Ativo	Mostra a relação entre as receitas geradas pela empresa e o total de investimentos feitos.	Receita líquida ÷ Total do Ativo	Quanto maior o giro dos ativos, melhor a situação econômica da empresa, pois mais recursos ela consegue gerar com a mesma estrutura de investimentos.

(continua)

(Quadro 9.4 – conclusão)

Índice	Definição	Fórmula	Padrão de análise
Margem líquida	Revela qual a margem de lucratividade depois de reduzidos todos os gastos da empresa, comparativamente a suas vendas líquidas.	Lucro líquido ÷ Receita líquida	Quanto maior o resultado, melhor para a empresa, pois obteve maior lucratividade sobre o faturamento no período. Pode ser interpretado também como o lucro líquido obtido com cada R$ 1,00 de receitas líquidas.
Retorno sobre o Ativo	Indica o potencial de geração de lucros da empesa porque relaciona os lucros líquidos com o total de investimentos do exercício.	Lucro líquido ÷ Total Ativo	Quanto maiores os resultados revelados por esse índice, melhor será a situação econômica da empresa, pois menor será o tempo necessário para obter de retorno o montante investido.
Retorno sobre o capital próprio	Mostra qual foi a rentabilidade da instituição sobre os recursos investidos pelos sócios ou acionistas, ou, de outra forma, quanto sobrou para os sócios depois de descontados os custos, as despesas, os impostos do período em relação a cada R$ 1,00 investido por eles.	Lucro líquido ÷ Patrimônio Líquido	Quanto maior o retorno sobre os capitais próprios, melhor para as empresas, por remunerar seus proprietários satisfatoriamente, o que deve garantir a manutenção dos investimentos.

Fonte: Elaborado com base em Camargo, 2007, p. 206-208.

Após conhecer os principais índices a serem analisados, é interessante refletir sobre quais ou quantos deles devem ser utilizados. Saporito (2015, p. 150) salienta:

> o fator mais importante que devemos apreciar em um índice é seu conteúdo informativo. De nada vale a utilização de um grande número de índices para fins de análise; ao contrário, o excesso pode ser prejudicial, correndo o risco de levar à perda de foco da análise e dos pontos relevantes que efetivamente devem ser estudadas em maior profundidade.

Na aplicação dos jogos de empresas, o mais importante é que os gestores tenham claros os objetivos das análises, ou seja, o resultado que a empresa precisa ver nesse momento. Para isso, algumas questões podem ser levantadas: Tem rendido lucro para os acionistas? Está muito endividada? O estoque está parado? Não tem prazo para pagar as compras, mas tem oferecido prazo para seus clientes?

Essas e outras questões serão as norteadoras das estratégias dos gestores de jogos de empresas. Para dar certo, é preciso prestar atenção nas análises, ter certeza de que os números estejam corretos e usar o bom senso na tomada de decisões.

Síntese

Como saber se a empresa está no caminho certo se não se sabe o que deve ser analisado? Com esse questionamento, o conteúdo deste último capítulo foi preparado para auxiliar os gestores a relembrar conceitos conhecidos ou acessar novas informações.

Para que os gestores das empresas do mundo simulado saibam o que terão que analisar após o fechamento de uma jogada, apresentamos os demonstrativos mais comumente utilizados pelos simuladores: DFC, DRE, BP e alguns índices.

O DFC foi apresentado como a ferramenta que suporta a análise das entradas e saídas de valores monetários do caixa da empresa. Isso é importante para os gestores avaliarem se estão conseguindo manter essa conta equilibrada. Também comentamos que as empresas podem utilizar os métodos direto e indireto para apresentar o comportamento do FC. Muitas empresas optam pelo modelo indireto para não precisar inserir notas explicativas nesse demonstrativo.

O DRE foi apresentado como uma forma rápida de apurar como está a gestão das receitas e despesas. Já o BP foi apresentado como demonstrativo obrigatório, ou seja, todas as empresas necessitam desenvolvê-lo. Nele, consta o resumo da situação da empresa em termos de direitos e obrigações.

Para finalizar, abordamos, em linhas gerais, o conceito dos índices econômico-financeiros que podem ser analisados pelos gestores para compreender se a empresa está saudável financeiramente. Tais índices foram divididos em quatro categorias: índices de liquidez, estrutura patrimonial, de atividade e de rentabilidade. Cada índice apresentado trouxe o conceito, a fórmula e a análise básica a ser realizada em cada um deles.

As informações que apresentamos neste capítulo podem proporcionar subsídios para a análise dos resultados (dos números) alcançados pelas equipes do jogo de empresas em cada jogada, além de contribuir para a idealização da estratégia das próximas jogadas.

Questões para revisão

1. Analise as alternativas a seguir, que versam sobre os demonstrativos contábeis, e assinale aquela que traz aqueles utilizados nas tomadas de decisões estratégicas para as empresas do mundo simulado:

a) Orçamento, informativo interno, indicadores de processo.
b) Fluxograma de processo, código de ética, percentual das comissões.
c) Relatório de vendas, manual do colaborador, gráfico de *market share*.
d) Instrução de trabalho, gestão da controladoria, manual de procedimento.
e) BP, DFC, DRE.

2. De acordo com Ávila (2011, p. 160): "A Demonstração do Resultado do Exercício (DRE) consiste em uma exposição ordenada de todas as contas de resultado da empresa em determinado período, com a finalidade de verificação do lucro ou do prejuízo deste".

Com base nesse enunciado, analise as sentenças a seguir e assinale aquela que traz informação correta sobre o DRE:

a) O DRE é um demonstrativo utilizado para definir o preço de venda do produto, bem como o custo de distribuição.
b) É possível visualizar se as contas do ativo e do passivo estão equilibradas pela análise das informações do DRE.
c) Entre as informações que o DRE fornece, é possível elencar: impostos calculados, receitas, despesas, devoluções e abatimentos.
d) O DRE é um demonstrativo que contempla três importantes atividades: operacionais, investimentos e financiamentos.
e) Os gestores conseguem apurar rapidamente como está a liquidez da empresa por meio das informações disponibilizadas pelo DRE.

3. Analise as sentenças a seguir, que comentam sobre os índices de liquidez.
   I. Os índices de liquidez se apresentam em quatro configurações: geral, seca, imediata e corrente.
   II. Identifica-se o PMRE usando os índices de liquidez.
   III. Analisam-se os índices de liquidez para identificar como está a participação do capital de terceiros.
   IV. A liquidez corrente mostra a quantidade existente do ativo circulante a cada R$ 1,00 de dívida do curto prazo.

   Agora, marque a alternativa que indica as afirmações corretas:

   a) I e II.
   b) I e IV.
   c) II e III.
   d) II e IV.
   e) III e IV.

4. Entre os índices econômico-financeiros estão os de atividade. Como você explicaria os conceitos de prazo médio de recebimento de vendas (PMRV) e prazo médio de pagamento de compras (PMPC)?

5. Os empreendedores criam suas empresas e investem seus recursos financeiros com o objetivo de obter uma rentabilidade adequada ao negócio. Um índice utilizado para obter essa informação é o retorno sobre o capital próprio. Explique no que consiste esse índice.

Questão para reflexão

1. A contabilidade para as micro e pequenas empresas nem sempre é tarefa fácil. Quanto mais conhecimento o gestor, administrador, gerente, coordenador ou proprietário tiver, mais garantia terá para evitar falhas no processo de gerenciamento financeiro e contábil da organização. Em um jogo de empresas, você conseguiria analisar os índices apresentados neste capítulo (liquidez, atividade, estrutura e rentabilidade) e tomar decisões com base neles?

■ ——————————— **Para saber mais**

Todas as empresas (pequenas, médias ou grandes) necessitam da contabilidade. Para que você entenda a importância dessa função, sugerimos o vídeo disponível no *site* do Sebrae de Goiás:

SEBRAE – Serviço Brasileiro de Apoio às Micro e Pequenas Empresas. **A importância da contabilidade para as micro e pequenas empresas**. 28 maio 2017. Disponível em: <https://www.youtube.com/watch?v=F6wZpN-E9L4>. Acesso em: 22 maio 2018.

——————————————————— ■

Estudo de caso

A experiência da jogada de teste

A instituição de ensino "Formando o futuro" oferta a disciplina Jogos de Empresas no terceiro ano do curso de Administração. Nesse semestre, foram formadas seis equipes de cinco estudantes cada uma, o que resultou em seis empresas e sete regiões de atuação. O produto-alvo desse jogo de empresas é a produção em grande escala de sacolas *ecobags*, exemplificadas a seguir.

Figura 3.5 – *Ecobags*

M. Stacy/Shutterstock

Todas as equipes passaram pela capacitação inicial, na qual o mediador do jogo apresentou os conceitos essenciais para que pudessem compreender o mundo simulado. Já no laboratório de informática da instituição, foi apresentado o *software* que seria utilizado, cadastrado *login* e senha para as equipes e sugerido que nomeassem suas empresas, para criar um sentimento de pertencimento da equipe com o negócio. Os nomes escolhidos foram: Flor-de-lis, Gardênia, Magnólia, Girassol, Orquídea e Tulipa e as empresas assumiram suas regiões, conforme o Gráfico 3.1:

Gráfico 3.1 – Regiões assumidas pelas empresas

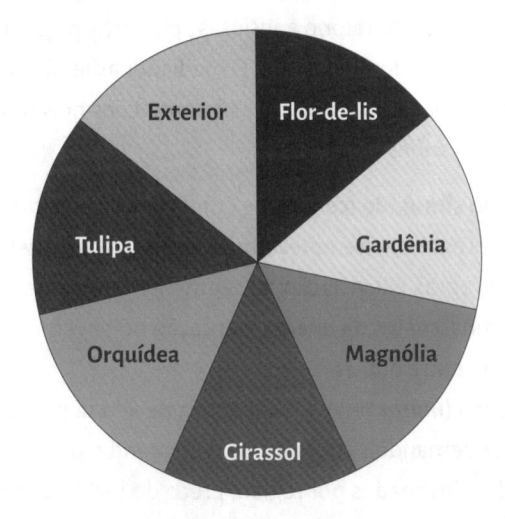

[Gráfico de pizza com as regiões: Exterior, Flor-de-lis, Gardênia, Magnólia, Girassol, Orquídea, Tulipa]

Com as empresas formadas e nomeadas, os integrantes dividiram as funções em: presidente da companhia, gerente financeiro, gerente de produção, gerente de gestão de pessoas e gerente de *marketing*. Ficou acordado que as decisões seriam tomadas em conjunto, após consenso entre os gestores.

A partir disso, o mediador se encarregou de discutir com os novos gestores as principais regras do jogo e as variáveis que mais impactam em uma jogada. Como estavam no laboratório e conectados ao jogo, os participantes puderam navegar pelas telas do *software*, familiarizar-se com o *layout* e identificar onde buscar informações, inserir dados, simular as jogadas, entre outros detalhes.

Para dar início ao jogo, o mediador propôs uma jogada de teste em que as equipes poderiam simular todas as decisões necessárias e, ao fim, confirmar a jogada. Feito isso, uma análise crítica seria realizada nos resultados das empresas, os quais seriam desconsiderados, ou seja, o placar voltaria a ser exatamente igual para todas as empresas participantes. Nessa condição, todos aceitaram.

Na data prevista para a jogada de teste, todas as equipes estavam a postos no laboratório e ansiosas pela participação, fato que o mediador considerou positivo. O mediador as lembrou de que deveriam começar procurando as informações no simulador e analisar as grandes áreas:

- **Mundo simulado (cenário)** – Condições da economia; informações externas à empresa, mas que impactam diretamente, como regras e legislação do segmento, oferta de recursos (insumos, custos da energia); atuação do governo e dos sindicatos; entre outros.
- **Clientes (*marketing*)** – Perspectiva de venda prevista (análise da demanda); inserções de propaganda; percentuais de vendas destinadas por região; preço do produto; cobrança de frete; condição de pagamento que será concedida aos clientes; análise da concorrência; acompanhamento do comportamento do mercado; entre outros.
- **Empresa (produção)** – Como o produto é produzido; matérias-primas necessárias; quantidade de produto em estoque; *lead time* dos fornecedores; capacidade produtiva das máquinas (hora/máquina disponível ou quantidade de máquinas); capacidade produtiva dos colaboradores (hora/homem disponível ou quantidade de colaboradores); entre outros.
- **Colaboradores (gestão de pessoas)** – Definir contratação, remuneração (salários, benefícios, gratificações), férias, décimo terceiro salário, encargos sociais, entre outros.
- **Finanças (financeiro e custos)** – Análise dos custos das matérias-primas (preços ofertados pelos fornecedores, mais tributos, mais custos do frete, mais descontos por quantidade); custo da hora dos colaboradores; custo das propagandas; empréstimos; aplicações; prazo de pagamento a fornecedores; entre outros.

Após essas colocações, o mediador liberou o sistema para que as equipes se conectassem a suas respectivas empresas e iniciassem a jogada de teste.

Por duas horas, as equipes buscaram as informações dentro do *software* de simulação, discutiram, levantaram hipóteses, avaliaram incertezas, fizeram testes, calcularam compras e vendas, simularam vários cenários. O mediador solicitou que finalizassem as estratégias e confirmassem as decisões.

Como o mediador já sabia, por experiências anteriores, que as equipes não teriam muita noção do que fazer nas primeiras jogadas, ele fez alguns apontamentos úteis para as próximas:

- **Empresa Flor-de-lis** – Obteve o maior *market share* da jogada de teste. Realizou compras e vendas, contratou colaboradores para o próximo período, comprou mais duas máquinas de costura e investiu em *marketing*. Para ganhar *market share*, baixou muito o preço do produto, que vendeu bem, mas o faturamento ficou comprometido.
- **Empresa Gardênia** – Praticou preço *premium*, ou seja, o maior do mercado; com isso, o faturamento foi bom, mas sobrou produto no estoque. Investiu em *marketing* e contratou colaboradores, mas comprou muita matéria-prima e não parcelou o pagamento, deixando o caixa comprometido pelo pagamento à vista.
- **Empresa Magnólia** – Obteve desempenho mediano, não alterou o preço, ou seja, assumiu o preço que o simulador trouxe e que as fontes de informações citaram como "preço médio de mercado". Vendeu toda sua produção, comprou com parcelamento, vendeu com parcelamento, mas investiu pouco em *marketing*, o que não é aconselhável no início das jogadas porque, como na vida real, as empresas ainda não são conhecidas.

- **Empresa Girassol** – Também apresentou desempenho mediano, praticou preço ligeiramente maior que o inicial, mas não vendeu toda a produção. Não contratou colaboradores, não comprou máquinas e adquiriu pouca matéria-prima, o que pode inibir o crescimento da empresa na próxima jogada. Por ser uma jogada de teste (sem continuidade), isso não afeta a empresa, mas, no caso das jogadas contínuas, pode ser um risco.
- **Empresa Orquídea** – Foi a que mais investiu em propaganda na jogada e vendeu tudo o que produziu. Optou por baixar um pouco o preço e vendeu tudo à vista, o que deixou a situação financeira da empresa saudável. Contratou colaboradores e comprou mais três máquinas de costura, o que representa vontade de crescer. No entanto, a equipe esqueceu-se de comprar matérias-primas para o próximo período. Para produzir, terá de comprar do fornecedor com entrega imediata (dentro do período), mas que tem o preço mais alto e somente vende à vista, podendo comprometer o caixa da empresa.
- **Empresa Tulipa** – Foi a que mais discutiu os custos, simulou vários cenários, escolheu os fornecedores de menores custos, programou aquisição de matérias-primas, contratou colaboradores, comprou duas novas máquinas e investiu determinado valor que considerou que sobraria em caixa. A estratégia adotada estava coerente com as pretensões, mas os gestores se esqueceram de investir em *marketing*.

Esses apontamentos, após a jogada de teste, são imprescindíveis para as equipes compreenderem os pontos a que precisam ficar atentas, pois, no início, é tudo muito nebuloso. Depois disso, o mediador perguntou às equipes como se sentiram durante a primeira tentativa de jogar.

Os comentários mais citados foram: demoraram muito para encontrar as informações; não conseguiam conectar o conhecimento que tinham das disciplinas com as decisões a serem tomadas; alguns componentes da equipe ficaram estressados com a situação; alguns dominaram o jogo, ou seja, centralizaram as decisões, e outros, ainda, não opinaram ou não contribuíram por se sentirem inseguros.

Todos os comentários, tanto do mediador como das equipes, são normais no início dos jogos de empresas e não devem ser considerados motivo para desânimo, e sim desafios a serem superados durante as jogadas.

Para finalizar, os apontamentos realizados pelo mediador nessa primeira tentativa farão com que as equipes analisem mais detalhadamente as informações disponíveis no mundo simulado, bem como planejem estrategicamente as ações e atentem às tomadas de decisão que ocorrerão em todas as jogadas vindouras.

Para concluir...

Ao concluir a leitura desta obra, esperamos que você se sinta pronto para enfrentar o simulador e as regras dos jogos de empresas. Não existem fórmulas para vencer a competição, mas estar preparado pode fazer diferença.

Nesse contexto, buscamos resgatar ou apresentar os principais conteúdos vistos nos cursos da área de gestão para que possam servir de suporte a estudantes ou treinandos que não sejam exatamente dessa área. Isso considerando que profissionais de outras áreas (contabilidade, economia, engenharia, farmácia, produção, logística e outros) possam participar de algum curso que oferte jogo de empresas como ferramenta complementar de capacitação.

Procuramos enfatizar a importância de propiciar a estudantes e treinandos a experiência de um jogo de empresas que, em muitos casos, será a única oportunidade para testarem seus conhecimentos de forma integrada.

Mesmo com as restrições dos simuladores em retratar todas as variáveis de impacto do mundo organizacional real, o mundo simulado consegue traduzir eficientemente inúmeras situações cotidianas das empresas de maneira muito similar à realidade. Isso é positivo porque expõe os participantes ao gerenciamento e à tomada de decisões que impactam em diversas áreas da empresa. Pela simulação, é possível vislumbrar que, para cada ação da gestão, haverá uma reação, seja da própria empresa, seja do mercado como um todo.

Esperamos ter deixado claro o quanto é importante utilizar o lúdico também na formação de adultos, pois o jogo de empresas permite que o estudante ou treinando aprenda de maneira mais dinâmica – dentro de um jogo que termina sempre com um vencedor. Mesmo assim, os mediadores dos jogos de empresas não enfatizam a questão do jogo apenas pelo viés da competição, em que uma empresa é vencedora e as demais são perdedoras; eles aproveitam também para ressaltar a importância de se desenvolver os conhecimentos e as competências necessárias para se tornar um bom gestor, além de trabalhar com questões éticas e comportamentais dos participantes.

A razão de ser do jogo é fazer as equipes tomarem decisões. Para isso, o mundo simulado e os principais *stakeholders* foram apresentados, a fim de que os participantes saibam com o que estão lidando e formulem estratégias coerentes com o negócio que se apresenta. Depois de conhecer o mundo simulado, os *stakeholders* e as principais funções dos gestores, chegou o momento de conhecer a empresa. Isso aconteceu quando foram apresentadas as principais áreas das organizações reais e também do mundo simulado. Para isso, demos noções de estratégia e abordamos conceitos de *marketing*, produção, gestão de pessoas, gestão financeira, custos e demonstrativos financeiros. Essas informações devem auxiliar você a desenvolver boas estratégias e a tomar decisões assertivas.

Que comecem os jogos!

Referências

ABREU, R. A. de. **Qual o papel de um sindicato?** Movimento pró-sindicato das(os) sociológas(os) do Estado do Ceará. Disponível em: <https://sindicatosociologosce.wordpress.com/qual-o-papel-de-um-sindicato/>. Acesso em: 22 maio 2018.

ALVES, P. V. **Jogos e simulações de empresas**. Rio de Janeiro: Alta Books, 2015.

ANDRADE, C. F. de. **Marketing**: O que é? Quem faz? Quais as tendências? Curitiba: InterSaberes, 2012. (Série Marketing Ponto a Ponto).

ANPAD – Associação Nacional de Pesquisa e Pós-Graduação em Administração. **Orientações para elaboração de casos para ensino**. Disponível em: <http://www.anpad.org.br/Normas_Casos_para_Ensino_2012.pdf>. Acesso em: 22 maio 2018.

ÁVILA, C. A. de. **Gestão contábil para contadores e não contadores**. Curitiba: InterSaberes, 2012.

BARÇANTE, L. C.; PINTO, F. C. **Jogos, negócios e empresas**: business games. Rio de Janeiro: Qualitymark, 2007.

BAZZI, S. **Contabilidade em ação**. Curitiba: InterSaberes, 2014. (Série Gestão Financeira).

BCB – Banco Central do Brasil. **FAQ**: empréstimos e financiamentos. mar. 2018. Disponível em: <http://www.bcb.gov.br/pre/bc_atende/port/servicos9.asp>. Acesso em: 22 maio 2018.

BNDES – Banco Nacional de Desenvolvimento Econômico e Social. **O que é manufatura avançada ou "indústria 4.0"?** Disponível em: <https://www.bndes.gov.br/wps/portal/site/home/conhecimento/noticias/noticia/manufatura-avancada>. Acesso em: 22 maio 2018.

BOROCHOVICIUS, E.; TORTELLA, J. C. B. Aprendizagem baseada em problemas: um método de ensino-aprendizagem e suas práticas educativas. **Ensaio: Avaliação e Políticas Públicas em Educação**, Rio de Janeiro, v. 22, n. 83, p. 263-294, abr./jun. 2014. Disponível em: <http://www.scielo.br/scielo.php?script=sci_arttext&pid=S0104-40362014000200002>. Acesso em: 22 maio 2018.

BRASIL. Decreto n. 19.770, de 19 de março de 1931. **Diário Oficial da União**, Poder Executivo, Rio de Janeiro, 29 mar. 1931. Disponível em: <http://www2.camara.leg.br/legin/fed/decret/1930-1939/decreto-19770-19-marco-1931-526722-publicacaooriginal-1-pe.html>. Acesso em: 22 maio 2018.

_____. Lei Complementar n. 70, de 30 de dezembro de 1991. **Diário Oficial da União**, Poder Legislativo, Brasília, DF, 31 dez. 1991. Disponível em: <http://www.planalto.gov.br/ccivil_03/leis/LCP/Lcp70.htm>. Acesso em: 22 maio 2018.

_____. Lei n. 5.172, de 25 de outubro de 1966. **Diário Oficial da União**, Poder Legislativo, Brasília, DF, 27 out. 1966. Disponível em: <http://www.planalto.gov.br/ccivil_03/leis/l5172.htm>. Acesso em: 22 maio 2018.

_____. Lei n. 7.783, de 28 de junho de 1989. **Diário Oficial da União**, Poder Legislativo, Brasília, DF, 29 jun. 1989. Disponível em: <https://www.planalto.gov.br/ccivil_03/leis/l7783.htm>. Acesso em: 22 maio 2018.

_____. Lei n. 8.078, de 11 de setembro de 1990. **Diário Oficial da União**, Poder Legislativo, Brasília, DF, 12 set. 1990. Disponível em: <http://www.planalto.gov.br/ccivil_03/leis/l8078.htm>. Acesso em: 22 maio 2018.

BRASIL. Governo Federal. **Conheça o eSocial**. 29 mar. 2017. Disponível em: <http://portal.esocial.gov.br/institucional/conheca-o>. Acesso em: 22 maio 2018.

BRASIL. Ministério da Fazenda. Receita Federal. **Como calcular multa de mora (acréscimos legais)**. 28 abr. 2015a. Disponível em: <http://idg.receita.fazenda.gov.br/orientacao/tributaria/pagamentos-e-parcelamentos/pagamento-em-atraso/como-calcular-multa-de-mora-acrescimos-legais>. Acesso em: 22 maio 2018.

_____. **Pagamento em atraso**. 6 mar. 2015b. Disponível em: <http://idg.receita.fazenda.gov.br/orientacao/tributaria/pagamentos-e-parcelamentos/pagamento-em-atraso>. Acesso em: 22 maio 2018.

CAMARGO, C. **Análise de investimentos e demonstrativos financeiros**. Curitiba: Ibpex, 2007.

CAMPOS, L. M. F. **Marketing industrial**. Curitiba: InterSaberes, 2012. (Série Marketing Ponto a Ponto).

CARVALHO, D. E. de et al. Construção de cenários: apreciação de métodos mais utilizados na administração estratégica. In: ENCONTRO DA ANPAD, 35., 2011, Rio de Janeiro. **Anais...** Rio de Janeiro: Anpad, 2011. Disponível em: <http://www.anpad.org.br/admin/pdf/ESO1387.pdf>. Acesso em: 22 maio 2018.

CASAROTTO, C. Os 81 tipos de marketing principais, explicados e com exemplos visuais para você. **Marketing de Conteúdo**, 3 jul. 2015. Disponível em: <http://marketingdeconteudo.com/tipos-de-marketing/>. Acesso em: 22 maio 2018.

CASTANHEIRA, N. P. **Noções básicas de matemática comercial e financeira**. Curitiba: InterSaberes, 2012. (Série Matemática Aplicada).

CESCO, S.; MOREIRA, R. J.; LIMA, E. de F. N. de. Interdisciplinaridade, entre o conceito e a prática: um estudo de caso. **Revista Brasileira de Ciências Sociais**, v. 29, n. 84, p. 57-71, fev. 2014. Disponível em: <http://www.scielo.br/pdf/rbcsoc/v29n84/03.pdf>. Acesso em: 22 maio 2018.

CHIAVENATO, I. **Gerenciando com as pessoas**: transformando o executivo em um excelente gestor de pessoas. 5. ed. Barueri: Manole, 2015.

_____. **Gestão de pessoas**: o novo papel dos recursos humanos nas organizações. 4. ed. Barueri: Manole, 2014a.

_____. **Gestão financeira**: uma abordagem introdutória. 3. ed. Barueri: Manole, 2014b.

COBRA, M. **Marketing básico**: uma perspectiva brasileira. 4. ed. São Paulo: Atlas, 2009.

CONSALTER, M. A. S. **Elaboração de projetos**: da introdução à conclusão. Curitiba: InterSaberes, 2012.

CORTIANO, J. C. **Processos básicos de contabilidade e custos**: uma prática saudável para administradores. Curitiba: InterSaberes, 2014. (Série Gestão Financeira).

COSTA, E. A. da. **Gestão estratégica**: da empresa que temos para a empresa que queremos. 2. ed. São Paulo: Saraiva, 2010.

CROCCO, L. et al. **Fundamentos de marketing**: conceitos básicos. São Paulo: Saraiva, 2010a. (Coleção de Marketing, v. 1).

_____. **Decisões de marketing**: os 4 Ps. São Paulo: Saraiva, 2010b. (Coleção de Marketing, v. 2).

CRUZ, J. A. W. **Gestão de custos**: perspectivas e funcionalidades. Curitiba: Ibpex, 2011.

CRUZ, J. A. W. et al. **Formação de preços**: mercado e estrutura de custos. Curitiba: InterSaberes, 2012.

DUBOIS, A.; KULPA, L.; SOUZA, L. E. de. **Gestão de custos e formação de preços**: conceitos, modelos, e instrumentos – abordagem do capital de giro e da margem de competitividade. 3. ed. São Paulo: Atlas, 2009.

EMPRESAS investem em games para estimular funcionários a bater metas. **G1**, Pequenas Empresas & Grandes Negócios, 21 maio 2017. Disponível em: <http://g1.globo.com/economia/pme/pequenas-empresas-grandes-negocios/noticia/2017/05/empresas-investem-em-games-para-estimular-funcionarios-bater-metas.html>. Acesso em: 22 maio 2018.

ENDEAVOR BRASIL. **Como achar o preço ideal para seus produtos ou serviços?** A resposta pode ser o markup. 7 ago. 2015a. Disponível em: <https://endeavor.org.br/markup/>. Acesso em: 22 maio 2018.

_____. **Design thinking**: ferramenta de inovação para empreendedores. 27 jul. 2015b. Disponível em: <https://endeavor.org.br/design-thinking-inovacao/>. Acesso em: 22 maio 2018.

ESCORSIN, A. P.; WALGER, C. **Liderança e desenvolvimento de equipes**. Curitiba: InterSaberes, 2017.

ESPM. **Cases**. Encontre um caso. Disponível em: <http://www2.espm.br/pesquisa/central-de-cases/banco-de-casos>. Acesso em: 22 maio 2018.

FERRACCIU, J. de S. S. **Marketing promocional**: a evolução da promoção de vendas. 6. ed. São Paulo: Pearson Prentice Hall, 2007.

FRANCISCO FILHO, V. P. (Org.). **Finanças**. São Paulo: Pearson Education do Brasil, 2014.

GAITHER, N.; FRAZIER, G. **Administração da produção e operações**. 8. ed. São Paulo: Cengage Learning, 2006.

GHEMAWAT, P. **A estratégia e o cenário dos negócios**: textos e casos. 3. ed. Porto Alegre: Bookman, 2012.

GIANESI, I. G. N.; CORRÊA, H. L. **Administração estratégica de serviços**: operações para a satisfação do cliente. São Paulo: Atlas, 2007.

GRAMIGNA, M. R. M. **Jogos de empresa e técnicas vivenciais**. 2. ed. São Paulo: Pearson Prentice Hall, 2007a.

_____. **Jogos de empresa**. 2. ed. São Paulo: Pearson Prentice Hall, 2007b.

GRAY, D.; BROWN, S.; MACANUFO, J. **Gamestorming**: jogos corporativos para mudar, inovar e quebrar regras. Rio de Janeiro: Alta Books, 2012.

GUINDANI, A. A. et al. **Planejamento estratégico orçamentário**. Curitiba: InterSaberes, 2012. (Série Administração Estratégica).

HERRERO FILHO, E. **Balanced Scorecard e a gestão estratégica**: uma abordagem prática. 10. ed. Rio de Janeiro: Campus/Elsevier, 2005.

HIGA, N.; ALTOÉ, S. M. L. **Contabilidade em processo**: da escrituração à controladoria. Curitiba: InterSaberes, 2015.

KAPLAN, R. S.; NORTON, D. P. **A estratégia em ação**: Balanced Scorecard. Tradução de Luiz Euclydes Trindade Frazão Filho. 4. ed. Rio de Janeiro: Campus/Elsevier, 1997.

KOTLER, P. **Administração de marketing**: análise, planejamento, implementação e controle. 5. ed. São Paulo: Atlas, 2011.

KOTLER, P.; ARMSTRONG, G. **Princípios de marketing**. Tradução de Arlete Simille Marques e Sabrina Cairo. 9. ed. São Paulo: Pearson Prentice Hall, 2003

_____. _____. Tradução de Arlete Simille Marques e Sabrina Cairo. 12. ed. São Paulo: Pearson Prentice Hall, 2007.

KOTLER, P.; KELLER, K. L. **Administração de marketing**. Tradução de Mônica Rosenberg, Cláudia Freire e Brasil Ramos Fernandes. 12. ed. São Paulo: Pearson Education do Brasil, 2006.

_____. _____. Tradução de Arlete Simille Marques e Sabrina Cairo. 9. ed. São Paulo: Pearson Education do Brasil, 2012.

LEADER EDUCACIONAL. **Tag**: retenção do aprendizado. 25 jul. 2016. Disponível em: <https://leadereducacional.wordpress.com/tag/retencao-do-aprendizado/>. Acesso em: 22 maio 2018.

LOBATO, D. M. et al. **Estratégia de empresas**. 8. ed. Rio de Janeiro: FGV, 2006.

MACEDO, J. de J.; CORBARI, E. C. **Análise de projeto e orçamento empresarial**. Curitiba: InterSaberes, 2014. (Série Gestão Financeira).

MARTINS, E. **Contabilidade de custos**. 9. ed. São Paulo: Atlas, 2003.

MARTINS, P. G.; ALT, P. R. C. **Administração de materiais e recursos patrimoniais**. 2. ed. São Paulo: Saraiva, 2006.

MARTINS, P. G.; LAUGENI, F. P. **Administração da produção**. 2. ed. São Paulo: Saraiva, 2006.

MARTINS, T. S.; GUINDANI, R. A. **Estratégia e competitividade**. Curitiba: InterSaberes, 2013.

MAXIMIANO, A. C. A. **Teoria geral da administração**: da revolução urbana à revolução digital. São Paulo: Atlas, 2009.

MEGLIORINI, E. **Custos**: análise e gestão. 3. ed. São Paulo: Pearson Prentice Hall, 2012.

MINTZBERG, H.; AHLSTRAND, B.; LAMPEL, J. **Safári de estratégia**. São Paulo: Bookman, 2000.

MINTZBERG, H. et al. **O processo da estratégia**: conceitos, contextos e casos selecionados. Porto Alegre: Bookman, 2009.

MOREIRA, D. A. **Administração da produção e operações**. 2. ed. São Paulo: Cengage Learning, 2008.

MORENO, A. I. **Administração de cargos e salários**. Curitiba: InterSaberes, 2014.

MUNARO, J. Olhar virtual para o futuro. **G1**, Pequenas Empresas & Grandes Negócios, 17 set. 2017. Disponível em: <http://g1.globo.com/economia/pme/pequenas-empresas-grandes-negocios/noticia/2017/09/olhar-virtual-para-o-futuro.html>. Acesso em: 22 maio 2018.

ORSI, A. **Remuneração de pessoas nas organizações**. Curitiba: InterSaberes, 2015.

PAIXÃO, M. V. **A influência do consumidor nas decisões de marketing**. Curitiba: InterSaberes, 2012a.

_____. **Pesquisa e planejamento de marketing e propaganda**. Curitiba: InterSaberes, 2012b.

PEREZ JUNIOR, J. H.; OLIVEIRA, L. M. de; COSTA, R. G. **Gestão estratégica de custos**: textos, casos práticos e testes com as respostas. 7. ed. São Paulo: Atlas, 2011.

PORTAL TRIBUTÁRIO. **Os tributos no Brasil**. 19 jun. 2017. Disponível em: <http://www.portaltributario.com.br/tributos.htm>. Acesso em: 22 maio 2018.

PORTER, M. E. **Estratégia competitiva**: técnicas para análise de indústrias e da concorrência. Tradução de Elizabeth Maria de Pinho Braga. 2. ed. Rio de Janeiro: Campus/Elsevier, 2004.

POZO, H. **Administração de recursos materiais e patrimoniais**: uma abordagem logística. 4. ed. São Paulo: Atlas, 2007.

_____. _____. 6. ed. São Paulo: Atlas, 2010.

REDATOR ROCK CONTENT. Aprenda de vez o que é marketing multinível, qual é o conceito e quais empresas praticam. **Marketing de Conteúdo**, 28 abr. 2016. Disponível em: <http://marketingdeconteudo.com/marketing-multi-nivel/>. Acesso em: 22 maio 2018.

REICHELT, V. P. **Fundamentos de marketing**. Curitiba: InterSaberes, 2013. (Série Administração e Negócios).

REZ, R. Tipos de marketing: conheça as principais áreas e suas funções. **Nova Escola de Marketing**, 8 maio 2014. Disponível em: <http://www.novaescolademarketing.com.br/marketing/tipos-de-marketing/>. Acesso em: 22 maio 2018.

RIBEIRO, L. F. (Org.). **Marketing social e comportamento do consumidor**. São Paulo: Pearson Education do Brasil, 2015.

RITOSSA, C. M. **Tópicos especiais em marketing**. Curitiba: InterSaberes, 2012.

ROBBINS, S. P. **Comportamento organizacional**. Tradução técnica de Reynaldo Cavalheiro Marcondes. 9. ed. São Paulo: Pearson Prentice Hall, 2002.

_____. _____. 11. ed. São Paulo: Pearson Prentice Hall, 2005.

RODRIGUES, M. V. **Entendendo, aprendendo e desenvolvendo**: sistema de produção Lean Manufacturing. Rio de Janeiro: Campus/Elsevier, 2014.

ROMÃO, L. da S. S.; GONÇALVES, M. S.; ANDRADE, M. A. R. Jogos de empresa como estratégia de ensino nas instituições de ensino superior. In: SIMPÓSIO DE EXCELÊNCIA EM GESTÃO E TECNOLOGIA, 9., 2012, Resende. **Anais**... Resende-RJ: SEGeT, 2012. Disponível em: <https://www.aedb.br/seget/arquivos/artigos12/32716288.pdf>. Acesso em: 22 maio 2018.

SANTOS, M. da C. M. dos. **Orientações de linhas de crédito para as micro e pequenas empresas e o microempreendedor individual**: compilação das informações. out. 2014. Disponível em: <http://www.sebrae.com.br/Sebrae/Portal%20Sebrae/UFs/AP/Anexos/Cartilha%20de%20linhas%20de%20credito%20para%20MPEs%20e%20MEI.pdf>. Acesso em: 22 maio 2018.

SAPORITO, A. **Análise e estrutura das demonstrações contábeis**. Curitiba: InterSaberes, 2015. (Série Gestão Financeira).

SAUAIA, A. C. A. **Laboratório de gestão**: simulador organizacional, jogo de empresas e pesquisa aplicada. 3. ed. Barueri: Manole, 2013.

SCHIER, C. U. da C. **Gestão de custos**. 2. ed. rev., atual. e ampl. Curitiba: Ibpex, 2011.

SCHMITZ, E. X. da S. **Sala de aula invertida**. 2016. Disponível em: <https://nte.ufsm.br/images/PDF_Capacitacao/2016/RECURSO_EDUCACIONAL/Material_Didatico_Instrucional_Sala_de_Aula_Invertida.pdf>. Acesso em: 22 maio 2018.

SEBRAE – Serviço Brasileiro de Apoio às Micro e Pequenas Empresas. **A importância da contabilidade para as micro e pequenas empresas**. 28 maio 2017. Disponível em: <https://www.youtube.com/watch?v=F6wZpN-E9L4>. Acesso em: 22 maio 2018.

_____. **Custos no comércio**. Disponível em: <http://www.bibliotecas.sebrae.com.br/chronus/ARQUIVOS_CHRONUS/bds/bds.nsf/C437771CF43C706703257146005BACDE/$File/NT00031FBA.pdf>. Acesso em: 22 maio 2018.

_____. **Entenda o design thinking**. 3 out. 2017. Disponível em: <https://www.sebrae.com.br/sites/PortalSebrae/artigos/entenda-o-design-thinking,369d9cb730905410VgnVCM1000003b74010aRCRD>. Acesso em: 22 maio 2018.

SEBRAE – Serviço Brasileiro de Apoio às Micro e Pequenas Empresas. **Saiba o que é a Indústria 4.0 e descubra as oportunidades que ela gera**. 21 dez. 2016. Disponível em: <https://www.sebrae.com.br/sites/PortalSebrae/artigos/saiba-o-que-e-a-industria-40-e-descubra-as-oportunidades-que-ela-gera,11e01bc9c86f8510VgnVCM1000004c00210aRCRD>. Acesso em: 22 maio 2018.

SELEME, R. B. **Diretrizes e práticas da gestão financeira e orientações tributárias**. Curitiba: Ibpex, 2010.

SERRANO, D. P. Marketing e estratégia. **Portal do Marketing**, 20 jul. 2011. Disponível em: <http://www.portaldomarketing.com.br/Artigos3/Marketing_e_estrategia.htm>. Acesso em: 27 jun. 2018.

SLACK, N.; CHAMBERS, S.; JOHNSTON, R. **Administração da produção**. 2. ed. Atlas, 2009.

SOUZA, I. O que são e como funcionam os sindicatos no Brasil? **Guia do Estudante**, 27 abr. 2017. Disponível em: <https://guiadoestudante.abril.com.br/blog/atualidades-vestibular/o-que-sao-e-como-funcionam-os-sindicatos-no-brasil/>. Acesso em: 27 jun. 2018.

SUN TZU. **A arte da guerra**: os treze capítulos originais. Adaptação e tradução de André da Silva Bueno. São Paulo: Jardim dos Livros, 2012.

TADEU, H. F. B. (Org.). **Gestão de estoques**: fundamentos, modelos matemáticos e melhores práticas aplicadas. São Paulo: Cengage Learning, 2010.

TUBINO, D. F. **Planejamento e controle da produção**: teoria e prática. 2. ed. São Paulo: Atlas, 2009.

WILDAUER, E. W. **Plano de negócios**: elementos constitutivos e processo de elaboração. Curitiba: InterSaberes, 2012. (Série Plano de Negócios).

Respostas

Capítulo 1

1. e

    De acordo com o cone do conhecimento de Edgar Dale, a participação em discussões faz você ser ativo na construção de seu conhecimento e amplia suas chances de aprendizado em até 70%.

2. b

    Um jogo de empresas necessita de um espaço (pode ser virtual, em uma sala de aula, em uma sala de treinamento, em um laboratório, em campo ou outro); limites (tempo e espaço); regras para interação (concordância entre os participantes das regras que o mundo do jogo opera); artefatos (computadores, *softwares*, simuladores, relatórios, jornais do setor, mapas, dicas); e meta (saber quando o jogo acaba e quem foi o vencedor).

3. b
São objetivos dos jogos de empresa: trabalho em equipe; vivência de uma tomada de decisão, o que é muito importante para estudantes ou profissionais que ainda não fazem parte de áreas de decisão; prática do exercício do planejamento e do exercício da liderança.

4.
1. Maior compreensão de conceitos, antes considerados abstratos.
2. Maior possibilidade de comprometimento do grupo com resultados.
3. Reconhecimento do potencial e das dificuldades individuais.

5. O jogo realizado de forma interativa e com regras claras pode ser utilizado como instrumento de verificação de quanto a pessoa apreendeu de conhecimento. Também propicia ao participante demonstrar as capacidades, habilidades e competências que já tem, além de evidenciar qual postura teria em situações de pressão: estresse, euforia, cansaço, tristeza.

Capítulo 2

1. e
Um dos objetivos dos jogos de empresas é reproduzir a realidade empresarial, o que é alcançado com a representação do mundo simulado.

2. b
É comum os simuladores retratarem a produtividade do colaborador como consequência do impacto das condições de trabalho ofertadas. É verdadeiro também que os simuladores apresentam o governo como a instituição mais forte do jogo e que decide sobre a política econômica do país.

3. e

As proposições I e II são falsas porque, no mundo simulado, nem todas as fontes de informações têm custo; na maioria dos casos, apenas o serviço de consultoria. Além disso, não se pode afirmar que apenas informações pagas tenham qualidade.

4.
   1. Fornecer e receber *feedback* de forma efetiva.
   2. Adotar posturas de cooperação.
   3. Ceder espaços para os colegas.

5.
   1. Capacidade produtiva das máquinas.
   2. Quantidade de máquinas disponíveis da empresa.
   3. Programação dos insumos necessários para montar um produto.
   4. Quantidade necessária de hora/homem e de hora/máquina para montar um produto.

Capítulo 3

1. b

As sentenças II e IV são verdadeiras porque é possível determinar como meta ser a empresa com o maior *market share* da competição, bem como os gestores utilizarem como recursos de análise para realizar um bom planejamento a capacidade produtiva e os efeitos das ações de *marketing*, entre outros dados.

2. d

A proposição I está correta porque, em um jogo de empresas, os dados da última jogada são analisados para embasar a tomada de decisão para o próximo período. Já a proposição II está incorreta porque a estratégia da empresa é impactada pelas ações dos clientes, fornecedores e concorrentes.

3. c

As sentenças II e III estão corretas porque a análise de cenário efetivamente utiliza os dados econômico-financeiros do mundo simulado, bem como avalia a atuação dos concorrentes para desenhar uma estratégia mais assertiva. Por outro lado, se considerar apenas as informações internas, a análise de cenário não será tão efetiva, pois a visão precisa ser sistêmica. Ainda assim, não há necessidade de informações sigilosas da concorrência.

4. A matriz SWOT pode fazer com que os gestores avaliem quais são as forças e as fragilidades da empresa perante seus concorrentes e também que conheçam as limitações internas ou as oportunidades de alavancagem. Além disso, pode propiciar que os gestores construam cenários condizentes com as respostas encontradas.

5. Cenário otimista: As condições econômico-financeiras do mercado estão adequadas, a inflação e os juros estão controlados e a empresa tem possibilidade de crescer, já que a demanda existe para o produto ou serviço.

Cenário mediano: As condições gerais de mercado estão estagnadas, não há crescimento, mas também não há crise. Momento de cautela para os gestores, pois as condições podem mudar repentinamente.

Cenário pessimista: As condições do mercado estão críticas, há desemprego, juros altos e inflação descontrolada. A demanda está baixa e a concorrência está atuando fortemente.

Capítulo 4

1. d

A alternativa "d" está correta porque uma forma de o *marketing* e a logística interagirem é definir como distribuir o produto no mercado. Já o financeiro disponibiliza os recursos para as ações de *marketing*, que discute o orçamento. Com o setor de desenvolvimento do produto, discute os requisitos do cliente; com a produção, discute se a capacidade produtiva é suficiente para atender à demanda prevista; e, com a área comercial, discute a previsão de demanda.

2. b

O *marketing* pessoal é utilizado pelas pessoas que desejam construir uma imagem diante da sociedade, bem como no ambiente de trabalho e no familiar; o *marketing* social se ocupa das campanhas públicas; o *marketing* tradicional, das relações de compras e vendas; o *marketing* das redes sociais se aproxima do público-alvo; e o *marketing* de relacionamento se ocupa em criar relacionamentos duradouros com os clientes.

3. e

As sentenças I, II e V estão corretas porque o SIM facilita a coleta de informações, direcionando conforme a necessidade da empresa, o que auxilia a responder mais rapidamente às mudanças de mercado, além de possibilitar aos gestores monitorar o mercado de maneira mais efetiva. No entanto, para que o SIM seja efetivo, são necessárias informações internas e externas. Ele ainda pode ser utilizado complementarmente com outras ferramentas e metodologias de gestão.

4.

Introdução: O produto está em fase de lançamento no mercado e ações promocionais devem ser realizadas para fomentar a venda do produto.

Crescimento: Nesse estágio, o produto já está sendo conhecido do mercado, as vendas estão crescendo e o investimento inicial começa a ser amortizado (pago).

Maturidade: O produto já está maduro no mercado, os consumidores já o conhecem. O produto tende a estabilizar as vendas ou até reduzi-las.

Declínio: Fase em que as vendas caem, o produto já foi substituído no mercado por novas versões, principalmente da concorrência. Nesse momento, a empresa precisa decidir o que fazer com o produto.

5.
Produto: O produto é o resultado do esforço da empresa, o qual é entregue ao cliente. Pode ser tangível (bens duráveis) e intangível (serviços).

Preço: É a remuneração do produto ou serviço pago pelo cliente para possuir o produto ou consumir o serviço.

Praça: É o local onde o produto será distribuído/entregue, definido pelo *marketing* em conjunto com a logística.

Promoção: É responsável por promover o produto e faz isso comunicando ao cliente-alvo da empresa o que é o produto, onde encontrá-lo, quanto custa, entre outros.

Capítulo 5

1. b

A sentença está correta porque são considerados como recursos de entrada os itens citados: mão de obra, tecnologia e muitos outros. A entrega de um produto ou serviço é considerada *output* (saída, resultado); já a apresentação de uma peça teatral e as atividades durante a operação (lavagem de roupas, fabricação de geleias) são consideradas processo.

2. d

Para a escolha da localização de uma indústria, é comum os analistas considerarem os elementos citados, como rodovias, portos, mão de obra, entre outros. Elementos como facilidade de acesso para clientes, desenvolvimento regional, amplo estacionamento para clientes, custo de aluguel, entre outros, estão mais voltados para empresas varejistas e prestadoras de serviços.

3. e

O sistema de produção por projeto inicia na prospecção do cliente e de suas necessidades. Apenas depois disso o produto é idealizado, desenvolvido e finalmente produzido.

4. Os colaboradores da linha de frente (*front office*) são aqueles que atendem o cliente, como vendedores, recepcionistas, promotores de vendas, médicos, professores, frentistas, entre outros. Já os colaboradores da retaguarda (*back room*) fazem parte da equipe do suporte, porque atuam nos "bastidores". Nem sempre os clientes os veem, mas o papel da retaguarda é fundamental para um atendimento de qualidade.

5. São considerados nocivos porque ocupam espaço para armazenagem e necessitam de mais colaboradores para organizar, controlar e manusear os estoques e de mais sistemas informatizados para controle, licenças de *softwares*, além dos riscos de perdas, furtos, roubos e obsolescência.

Capítulo 6

1. d

As seis frentes básicas que o gestor de GP precisa otimizar são: agregar, aplicar, recompensar, desenvolver, manter e monitorar pessoas. As demais tarefas e atitudes não participam desse novo escopo como frentes básicas a serem otimizadas, pois são mais operacionais (de recursos humanos propriamente dito).

2. e

As duas afirmações são falsas porque o recrutamento interno costuma ser mais rápido e menos burocrático que o externo. Além disso, no recrutamento externo, a integração e a adaptação à tarefa costumam ser mais demoradas, porque o colaborador ainda não conhece o processo e até mesmo a cultura da empresa.

3. d

São reconhecidas como recompensas não financeiras: ascensão profissional, oportunidades de desenvolvimento, reconhecimento, gratificação pessoal obtida pelo trabalho realizado ou por seus resultados. As demais alternativas citam recompensas financeiras.

4. Recentemente, as corporações compreenderam que são as pessoas que fazem a diferença nas organizações e que de nada adianta ter tecnologia de última geração se o colaborador não está preparado para utilizar o recurso. Ainda, são as pessoas que fazem a diferença na qualidade do serviço prestado ou na produção de bens.

5.
- Incentivo à colaboração e redução da competição interna.
- Rapidez na solução de problemas, pois uma equipe tem acesso a mais informações que uma pessoa sozinha.
- Maior engajamento por parte dos colaboradores, porque se sentem parte de um projeto, de uma mudança e da empresa (sentimento de pertencimento).
- Melhora no relacionamento interpessoal dos membros ou vêm à tona os conflitos que atrapalham o crescimento, o que é positivo, pois nasce a oportunidade de resolvê-los.
- Atividades mais dinâmicas e desafiantes para os membros, o que os deixa mais motivados.

Capítulo 7

1. d

Das atividades citadas, fazem parte da área financeira de uma organização os pagamentos e os recebimentos. As demais atividades fazem parte de outras áreas.

2. c

   Memória de cálculo:

   M = ?

   M = C × (1 + i × n)

   M = 5.000,00 × (1 + 0,075 × 3)

   M = 5.000,00 × (1 + 0,225)

   M = 5.000,00 × 1,225

   M = 6.125,00

3. d

   A incidência pode ser **direta**, quando o contribuinte quita diretamente o tributo, entre outras formas, por meio de boletos ou desconto na fonte.

4. São considerados desperdícios financeiros: pagamento de juros por atraso e antecipação de recebíveis. É possível reduzir o primeiro gasto pagando em dia e, para isso, um monitoramento se faz necessário. Já para não perder com a antecipação de recebíveis, o ideal é não utilizar essa prática, mas, se utilizar, cotar com várias instituições financeiras e negociar a melhor taxa possível.

5. As contribuições de melhoria são um tipo de tributo que ocorre quando alguma melhoria é realizada pelos governos de quaisquer esferas e que agregam valor ao bem do contribuinte, como a pavimentação asfáltica em determinada via, que valoriza os imóveis.

Capítulo 8

1. c

   As sentenças I e IV estão corretas porque, em uma fábrica, a formação de custos abarca os cinco elementos: investimentos, custos, despesas, perdas e desperdícios. Entre os elementos dos custos de produção estão matérias-primas e mão de obra direta.

Os custos fixos ocorrem independentemente de haver produção ou não e contemplam os custos dos colaboradores e do aluguel da fábrica. Já os salários dos gerentes e do administrativo são considerados custos indiretos.

2. a

   As duas primeiras sentenças são verdadeiras porque despesas representam os gastos relacionados às atividades da empresa que ocorrem simplesmente pelo fato de ela existir e sempre estarão presentes enquanto estiver aberta, como internet, energia, água e telefone. Os custos fixos são passíveis de serem programados porque ocorrem todos os meses e independem da quantidade produzida. Já no caso da campanha, a vacina será considerada um custo porque será entregue ao cliente durante a prestação do serviço.

3. c

   As duas afirmações são verdadeiras porque, no passado, a equação custo de produção + margem de lucro era praticada e aceita pelo mercado, mas, na atualidade, isso não é possível, porque a concorrência força a baixa de preços e o cliente só se dispõe a pagar o que considera justo em relação ao benefício x custo do produto adquirido.

4.
   As despesas representam os gastos relacionados às atividades da empresa que ocorrem simplesmente pelo fato de ela existir e sempre estarão presentes enquanto estiver aberta.
   Investimento: Os investimentos podem ser compreendidos como os recursos despendidos para o aumento da capacidade produtiva instalada, como os gastos com a aquisição de máquinas e equipamentos que permitam a abertura de mais um turno de produção.

5. (1) Transporte, (2) superprodução, (3) estoque, (4) tempo de espera, (5) defeitos, (6) processamento e (7) movimento.

Capítulo 9

1. e

    São considerados demonstrativos úteis: Demonstrativo do Fluxo de Caixa (DFC), Demonstrativo do Resultado do Exercício (DRE), Balanço Patrimonial (BP). Os demais demonstrativos citados não são classificados como contábeis.

2. c

    Entre as informações que o DRE disponibiliza, encontram-se impostos calculados, receitas, despesas, devoluções e abatimentos. O foco do DRE não é definir o preço de venda e, além disso, as contas do ativo e do passivo são visualizadas no Balanço Patrimonial. O demonstrativo que contempla as três importantes atividades e informa a liquidez da empresa é o Fluxo de Caixa, e não o DRE.

3. b

    As sentenças I e IV estão corretas porque os índices de liquidez apresentados foram: seca, geral, imediata e corrente. Essa última mostra a quantidade existente no Ativo Circulante a cada R$ 1,00 de dívida a curto prazo. O PMRE é um índice de atividade, e não de liquidez. Já a participação de capital de terceiros pode ser identificada por meio dos índices de estrutura patrimonial.

4. O PMRV refere-se ao tempo estimado para o recebimento das vendas, ou seja, por quanto tempo, em média, a empresa financia seus clientes. Já o PMPC indica o tempo estimado para o pagamento de compras, ou seja, por quanto tempo, em média, a empresa é financiada por seus fornecedores. A resposta para ambos os casos é obtida em número de dias.

5. O índice de retorno sobre capital próprio mostra qual foi a rentabilidade da instituição sobre os recursos investidos pelos sócios ou acionistas, ou, de outra forma, quanto sobrou para os sócios depois de descontados os custos, as despesas, os impostos do período em relação a cada R$ 1,00 investido por eles.

Sobre os autores

Rosinda Angela da Silva
Bacharel em Administração pelo Centro Universitário Campos de Andrade (Uniandrade); MBA em Comércio Internacional, especialista em Gestão da Logística, em Tutoria na Educação a Distância e em Metodologia do Ensino Superior pelo Instituto Brasileiro de Pós-Graduação e Extensão (Ibpex) e também em Administração Estratégica de Compras pela Sociedade Internacional de Santa Catarina (Sociesc). É ainda mestranda em Desenvolvimento Profissional em Desenvolvimento de Tecnologia pelos Institutos Lactec em conjunto com o Instituto de Engenharia do Paraná (IEP) e em Negócios Internacionais pela Universidad de Ciencias Empresariales y Sociales (UCES), em Buenos Aires. Trabalhou nas áreas de comércio e serviços de 1991 até 2001, quando ingressou em uma indústria do segmento de metalurgia na área de suprimentos industriais, na qual trabalha até os dias atuais. Nessa empresa, coordena o setor de suprimentos, é presidente de

um grupo de melhorias, que trabalha em três frentes: 5S, meio ambiente e reciclagem. É ainda auditora interna ISO 9001 e faz parte do grupo de logística, o qual busca soluções para os problemas do cotidiano da fábrica. A partir de 2005, tornou-se docente nos cursos de graduação e pós-graduação no Centro Universitário Internacional Uninter, lecionando as disciplinas de Gestão da Produção, Gestão de Materiais e Estoques, Gestão da Qualidade e Gestão de Logística, nas modalidades presenciais e ensino a distância (EaD). Orienta trabalhos de estágios acadêmicos, trabalhos interdisciplinares e trabalhos de conclusão de curso (TCCs).

Paulo Roberto Franco
Engenheiro Civil pela Universidade Federal do Paraná (UFPR); mestrando em Desenvolvimento de Tecnologia pelos Institutos Lactec em conjunto com o Instituto de Engenharia do Paraná (IEP); especialista em Engenharia de Produção pela Pontifícia Universidade Católica do Paraná (PUCPR) e em Planejamento, Gestão de Transportes e Meio Ambiente pelo Instituto Nacional de Pós-Graduação de São José dos Campos (INPG). Docente desde 2013 do Instituto Internacional de Projeciologia e Conscienciologia (IIPC), instituição de ensino e pesquisa científica em que atua como voluntário e pesquisador desde 2009. Profissionalmente, atua desde 2008 como funcionário da Urbanização de Curitiba S.A. (URBS), empresa que gerencia o transporte coletivo na capital paranaense, no desenvolvimento de projetos relacionados a melhorias no transporte coletivo, simulações de trânsito, sinalização viária, mobilidade urbana e acessibilidade. Suplente em 2016 e 2017 e membro titular em 2018 na Câmara Técnica de Acessibilidade (CTA – Dec. Mun. n. 266, de 31 de março de 2016), retomando, a partir de agosto de 2017, o desenvolvimento de projetos de sinalização viária da Setran, órgão municipal responsável pelo trânsito em Curitiba.

Este produto é feito de material proveniente de florestas bem manejadas certificadas FSC® e de outras fontes controladas.

FSC
www.fsc.org
MISTO
Papel produzido
a partir de
fontes responsáveis
FSC® C107644

Impressão: Gráfica Mona
Julho/2020